此心优雅，自在从容

那些奇女子的爱与愁

娴雅◎著

当代世界出版社
THE CONTEMPORARY WORLD PRESS

图书在版编目（CIP）数据

此心优雅，自在从容：那些奇女子的爱与愁 / 娴雅
著. –– 北京：当代世界出版社, 2018.2
　　ISBN 978-7-5090-1307-6

　　Ⅰ.①此… Ⅱ.①娴… Ⅲ.①女性－名人－生平事迹
－中国 Ⅳ.①K828.5

中国版本图书馆 CIP 数据核字 (2018) 第 002784 号

书　　　名：此心优雅，自在从容：那些奇女子的爱与愁
出版发行：当代世界出版社
地　　　址：北京市复兴路4号（100860）
网　　　址：http://www.worldpress.org.cn
编务电话：（010）83907332
发行电话：（010）83908409
　　　　　（010）83908455
　　　　　（010）83908377
　　　　　（010）83908423（邮购）
　　　　　（010）83908410（传真）
经　　　销：全国新华书店
印　　　刷：三河市三佳印刷装订有限公司
开　　　本：880毫米×1230毫米　1/32
印　　　张：9.5
字　　　数：210千字
版　　　次：2018年6月第1版
印　　　次：2018年6月第1次
书　　　号：ISBN 978-7-5090-1307-6
定　　　价：39.80元

"女人有她温柔的空气，如听箫声，如嗅玫瑰，如水似蜜，如烟似雾，笼罩着我们，她的一举步，一伸腰，一转眼，都如蜜在流，水在荡……"朱自清先生笔下的女人如水一样柔软，像风一样迷人，似花一样绚丽，这样的女子谁不羡慕？

"最是那一低头的温柔，像一朵水莲花不胜凉风的娇羞。"徐志摩《沙扬娜拉一首》中的这句诗是赠给日本女郎的吗？依我看，该赠给全天下优雅从容的女子。

世间女子，风情万种，或有着百合般的高贵典雅，或有着水仙般的清雅幽香，或有着荷花般的清新素容。即使貌不惊人，也有着一种内在的气质，或静的凝重，或动的活泼，或坐的端庄，或行的洒脱……在不同时代，彰显着独特的个性，成就了一道道迷人的风景。

古人云："传奇者，因奇而传。"这让我想到了乱世中的佳人，她们有的生于豪门，高贵无比；有的天生丽质，处乱世而逍遥；有的则才情万千，一生曲折离奇……

——瞧那寂寞而高冷的张爱玲，充斥着阴霾的童年使她的作品无论结局是好是坏都给人一种悲凉的感觉，与胡兰成的倾城之恋并没有带给她幸福，反而成了她的劫数。"我是不甘死灭的，所以我只有拼命去抓住一点真实与安稳。人生有飞扬，我飞扬不起来；人生有热闹，我亦热闹不起来。我可以逃离一切，但我逃不出这生命的苍凉。苍凉是飞扬与热闹之中的安稳与真实。"这，也许正是张爱玲的别样风情。

——瞧那书写人间四月天的林徽因，徐志摩再别康桥时也许她正站在桥的那一边，正当人们认定这对才情男女时，她却遵从父母之命嫁给了梁思成。从此，这对建筑世界里的伉俪用灵魂筑造着一个又一个惊人的奇迹，少了份跌宕，却多了份幸福。

——瞧那托生梨园世家的孟小冬，豆蔻年华便成为风靡九城的红角，与旦角"伶王"梅兰芳结成剧坛佳偶，却因命运捉弄终成陌路，最后辗转依托于上海皇帝杜月笙。昔日的冬皇，听她一曲，绕梁三日，余音犹存，当繁花落尽时，这一切却像从未发生过。

——瞧那一代才女陆小曼，读诗书、精外文、学钢琴、会跳舞、习山水绘画，仪态万千，才情兼备。与徐志摩的传奇之恋已成经典，虽然她挥霍着钱财与容貌，挥霍着才情与爱情，挥霍着自己独一无二的青春与人生，但她却成了一道不可不看的风景。

——瞧那有"文学洛神"之称的萧红，明明满腹诗书，才情四溢，却悲观地告诉世人："我一生最大的痛苦和不幸却是因为我是个女人。"在她的眼里，"女性的天空是低的，羽翼是稀薄的"，她渴望高飞远翔，却被"时代"束缚了脚步，被"命运"折断了翅膀。

......

民国时期的豪门才女凌叔华，旧上海的交际女王唐瑛，民国最美影后胡蝶，一代画魂潘玉良，美丽如昙花的女人阮玲玉，音影皇后周璇，永远的"甜姐儿"黎莉莉，影坛"坏女人"上官云珠，上海滩上一枝梅龚秋霞……这些传奇女子皆是不凡，她们身上几乎云集了女人一生所有的梦想，在岁月中行走，在经历中成熟，在沉淀中坚持，在优雅中迸发，最后成为我们今天看到的样子。

当然，因奇而传的女子远不止这些，本书只是从众多奇女子中选择了颇具影响力的十几位作为一个时代的缩影，对其出身、才学、爱情、家庭等方面进行全新解读，力求还人物一个客观丰满的形象，创造性地再现她们的爱和愁。

笑看云卷云舒，静观花开花落，我们不能宠辱不惊地面对人生的风起云涌和命运的跌宕起伏，但却能从这些奇女子悲喜交加的一生中，或多或少看到自己的影子。她们的故事更像是一面明镜，隔着漫长的岁月仍清晰可见。

红颜易老，青春易逝，岁月总是无情地带走青春和生命，带走一个又一个时代，但那些时代塑造的奇女子们的优雅和从容却是永恒的，值得每一位现代女性品读。

目录
Contents

第三章

张爱玲：因为懂得，所以宽容

第四章

孟小冬：我愿为你洗尽铅华

第五章

凌叔华：富有野心与激情的闺秀

第六章

萧红：苦难冰河绽孤红

第七章

唐瑛："交际女王"的情缘人生

第八章

胡蝶：人生不负笑美人

第九章

潘玉良：凤凰涅槃，浴火重生

第十章

阮玲玉: 你是无声的离歌

第十一章

周璇: 用我一生，赴你花样年华

第十二章

龚秋霞:上海滩上一枝梅

第十三章

上官云珠:哀愁如一江春水

第十四章

黎莉莉：银幕女神的世纪光影

第一章

林徽因：你若安好，便是晴天

　　她不仅有美丽的外貌，更有优雅的气质。她是具有创造才华的作家、诗人，是中国第一位女性建筑家，被胡适誉为中国一代才女。

林家的"天才女儿"

一个女人，该有多聪慧才能做到像林徽因那样。翻译家文洁若曾说："林徽因是我生平见过的最令人神往的东方美人。她的美在于神韵——天生丽质和超人的才智，与后天良好高深的教育相得益彰。"林徽因之于民国就是一个传奇，她的出身，她的容颜，她的才情，她的气质，她的阅历，她的生活，无不让人好奇，令人想一探究竟。

1904 年 6 月 10 日，这个"山色空蒙雨亦奇"的夏日，在陆官巷的一个大院子里，一代才女林徽因出生了。父亲林长民乐得合不拢嘴，祖父林孝恂更是喜悦地吟起了诗经里的诗句："思齐大任，文王之母思媚周姜，京室之妇。大姒嗣徽音，则百斯男。"他为孙女取名徽音，希望孙女可以继承良好的美德，也希望从徽音开始，林家可以儿孙满堂。后来因为这个名字和当时的一位作家相似，林薇音便将"徽音"改为"徽因"。

出身名门的林徽因，既秉承了大家闺秀的风度，又兼具现代女性的独立精神。林家旧时是望族，到林徽因祖父这一辈虽已式微，但在当地依旧受人尊敬。

幼年时期的林徽因对于父亲的印象很模糊。在她的世界里，"父亲"是一封封从远方寄来的家书，自己和母亲仅仅能在家书的末尾得到一声问候。而母亲由于性格原因失宠于父亲，也失宠于林家上下，在怨怼中度过一天又一天。

作为长女，林徽因不可避免地要面对怨妇一样的母亲，倾听无尽的抱怨。因此，小小的林徽因对母亲又爱又同情。也许是源于母亲的倾诉，也许是源自于江南女子与生俱来的柔弱，林徽因具有一种忧郁的气质。她的忧郁隐藏在她的性格之中，埋藏在她的内心深处……

　　林徽因的启蒙教育来源于同住一起的大姑母。林徽因异母弟林暄曾回忆："林徽因生长在这个书香家庭，受到严格的教育。父亲不在时，由大姑母督促。大姑母比父亲大三岁，为人忠厚和蔼，对我们姊兄弟亲胜生母。"林徽因五岁的时候，林家举家迁到蔡家巷，姑姑林泽民虽已出嫁但仍居住在林家。林泽民是个极富才情的女子，于是林家一群小孩子的教育任务便落在了她的身上。林徽因那时和表姐们一起跟着姑姑读书，她年纪最小，也最调皮可爱。姑姑每天会给她们布置功课，虽然林徽因不如表姐们努力认真，但她每次都能按时完成功课。

　　姑姑见林徽因如此聪明，更加喜欢她，不仅教授了她许多诗词文章，还对她十分照顾，可以说是关怀备至。林徽因在母亲那里缺失的情感，在"腹有诗书气自华"的姑姑那里得到了弥补。六岁的时候，林徽因出水痘被隔离在后院，不能出门，也没有姐妹来找她玩。那时候人们把水痘称为"水珠"。林徽因生了"水珠"，不仅不像其他孩子那样烦躁、苦恼，反而觉得是值得骄傲的一件事。她一点儿也不觉得"水珠"可怕，很喜欢"水珠"这个名字，唯一的困扰就是不能出后院，不能让更多的人知道她得了"水珠"。

　　祖父病故以后，林徽因的父亲在北京忙于政事，林徽因和家里的其他人则住在天津。当时十二三岁的林徽因就成了天津家里的主心骨，她伺候母亲，照应弟妹，乃至搬家打点行李这些烦琐沉重的家务，也都落在了她身上，这使她比同龄的孩子显得成熟。

父亲林长民也把她当做大人看待，她天资聪颖、多愁善感又颇有才华，深得父亲的喜爱。可这种喜爱对林徽因来说，还不足以弥补母亲的怨怼给她造成的心理伤害。她过于早熟，一方面是长女的身份带给她的心理压力，更多的则是母亲的遭遇让她过早地体会了世态的炎凉，人情的冷暖。

1916 年，林长民全家定居北京，林徽因进了有名的培华女子中学读书。那段日子是幸福的。林徽因喜欢文学，也热爱阅读，在培华女子中学，她不只学到了知识，还培养了才气——一种由于学识和思想的提升而自然散发出的才气。如果说一个女子拥有美丽的容貌是极大的福气，那么既拥有让人过目不忘的姿容，又具有让人不敢亵渎的气质就更加令人羡慕不已。林徽因正是这样，十几岁年纪的她出落得清丽动人，她具有江南女子的温婉却不过分矫情。随着年龄的增长，她已经学会用自己独特的视角去体味生活，去思考人生；她已经在岁月的洗涤中，逐渐褪去幼稚与懵懂。

康桥之恋

如果说建筑是林徽因在伦敦遇到的第一个预料之外的惊喜，那么徐志摩就是第二个。林徽因16岁那年，因父亲林长民要去英国讲学，她跟着父亲前往英国读书，开始了欧洲之行。

林长民在出行前告诉林徽因："我此次远游携汝同行。第一要汝多观察诸国事物增长见识。第二要汝近我身边能领悟我的胸次怀抱……第三要汝暂时离去家庭烦琐生活，俾得扩大眼光，养成将来改良社会的见解与能力。"林徽因走的时候也许心里有很多幻想，可她或许没有预料到，在异国他乡，她会爱上一种凝固的艺术，爱上一个诗一样的男人。

站在轮船甲板上，林徽因凭栏远眺，海天一色，辽阔无垠。视野开阔的同时，她觉得自己的心胸也开宽了起来。她跟随父亲去了法国、瑞士、德国等国，浏览了巴黎、伦敦、日内瓦等欧洲著名的城市，异国风情令林徽因惊叹不已。

在旅居英国将近两年的日子里，林徽因也感到寂寞，尤其是当父亲去开会的时候。她才十六七岁，又是在异国他乡。后来林徽因这样回忆那时的情景："我独自坐在一间顶大的书房里看雨，那是英国的不断的雨。我爸爸到瑞士国联开会去，我在楼上能嗅到楼下厨房里炸牛腰子同洋咸肉。到晚上又是在顶大的饭厅里独自坐着，一个人吃饭，一面咬着手指头哭——闷到实在不能不哭！"

异乡、烟雨、孤独、寂寞使林徽因对浪漫的爱情生出了无限的遐想。其实，人生有什么是可遇不可求的？对林徽因来说，一个是自己可以奉献终身的艺术，一个是情趣相投可以一生相伴的恋人。第一个，她遇到了；第二个，她曾认为自己遇到了，可后来因为一些原因不得不放手。这是她第一段恋情，一段让双方都刻骨铭心的恋情……

事情要从 1920 年说起，那一年的秋天，林徽因考入伦敦圣玛利学校学习。这天，伦敦的天气一如往常，雾蒙蒙的，夹杂着蚕丝一般的雨，一个年轻人来到林家寓所拜访林长民，他就是徐志摩。

那时，徐志摩刚从美国来到伦敦，他久闻林长民的大名，一到伦敦便和留学于伦敦大学的张奚若一起前去拜访。徐志摩和林长民都被对方的才学和气度深深地吸引，很快结成忘年之交。他们不仅谈政治，还探讨社会、人生、艺术。林徽因喜欢听他们谈话，也期待有一天能够和他有一场这样的谈话。

人生有时候就是这么不可思议，有时候人们相遇相知最后却越走越远；而有时候，人们不经意间的遇见却成就了一生的美好情谊。这也许就是缘分，让人靠近，让人分离，也让人能够用一生去铭记一份美好。

一个是浪漫的诗人，热情奔放，才华横溢；一个是娉婷的才女，天生丽质，温文善感。也许是从那几次谈话开始，徐志摩注意到了林徽因，他发现林徽因讲话很有逻辑，条理清晰，有着与寻常女子不同的远见卓识，对文学的见解独特而新颖……这一切都让徐志摩感到从未有过的兴奋与欣喜，这是他可以用生命去追求的女人。

那是 1921 年的春天，微凉的春风在几日之内吹绿了伦敦的树木。人们都感叹这春来的突然，而对徐志摩来说，他唯一感叹的是自己对林徽因狂热的迷恋。他发了疯似地喜欢林徽因，他喜欢她的笑，喜欢她微微上翘的嘴角和笑起来时那浅浅的梨涡；他喜欢她思考的神态，喜欢她眉目间的神采和思索时微微皱眉的可爱模样；他更喜欢和她的每一次交谈，她新奇的想法和跳跃的思维让他惊奇又叹服……

那个阳光和煦的春日，微风吹拂着河边的杨柳，柳条扭动着纤细的腰肢。林徽因与徐志摩并排走在剑桥的校园里，断断续续地聊一些话题。

林徽因微笑地看着徐志摩，虽然那时的徐志摩已经 24 岁了，可是在林徽因眼里，他有时更像一个单纯的孩子。他们谈得越来越多，心也靠得越来越近。徐志摩越来越坚信林徽因就是他命中注定的恋人，于是开始追求林徽因。

徐志摩的信一封接着一封，17岁的林徽因在紧张、忐忑之余也有了心动，她想起他们冬日里在壁炉前长谈的美好，想起他们春日里在康河边漫步的浪漫，想起徐志摩谈话时的睿智，想起他冒雨看彩虹的天真，更想起他们无言对望时心有灵犀的默契……这一切的一切如梦一般，让林徽因沉浸其中，无法自拔。

这样在情感中纠结的日子不知过了多久，一天，徐志摩邀请林徽因到家里做客，也就是那一天，林徽因见到了徐志摩的妻子张幼仪。林徽因从徐家回来，内心久久不能平静。她觉得张幼仪贤惠又能干，同时又觉得她很可怜。张幼仪有一个两岁的儿子，有一个出色的丈夫，在外人看来似乎很幸福，可是徐志摩不爱她，徐志摩看着张幼仪的时候，眼神里尽是疏离和冷漠。这让林徽因想起了自己的母亲，外人看来风光无限，可现实却是独守空闺的寂寞和无助。林徽因想着自己的母亲，内心一点一点坚定起来，她有了自己的打算。

为了不伤害徐志摩的妻子和儿子，林徽因选择了逃避，她不辞而别离开了伦敦，回到了中国。命运已然有了安排，也不必再有更多的奢望。

"悄悄是别离的笙箫，夏虫也为我沉默，沉默是今晚的康桥……"这是徐志摩重游康桥时所写的诗句。诗中的康桥还是如往日一般，只是物是人非，写下《再别康桥》的时候，林徽因已嫁作他人妇，成为了梁思成的妻子。

人的力量实在小得很，人世间的爱情也确实有太多的牵绊。他们曾相知相恋，最终无法相守，遂将爱情转化为纯真的友谊。站在时间的长河上，放眼当年的时光，无论是对徐志摩还是对林徽因，都是值得一生铭记和怀念的吧！

情有归属结良缘

林徽因回国之后，继续在培华中学读书。后来，在父亲与梁启超的极力撮合之下，林徽因与梁思成再次见面了，多年前他们曾有过一面之缘。也许是第一次的见面有些仓促，林徽因对梁思成没有什么印象，而对于梁思成来说，那日的遇见足以令他在以后的日子里对林徽因念念不忘。

后来，林徽因随父亲远游欧洲，两人的事情便搁置了。在阔别多年之后再相见，逐渐褪去稚嫩的两个人，见识和思想都有了很大进步。他们谈论文学、社会、政治，谈论古今中外的不同；他们惊异于对方的才学，竟有了一种相见恨晚的感觉。也许是因为颇多的共同话题和相似的年纪，他们很快熟络起来，并时常见面。

林徽因和梁思成的要好成了京城里的一段佳话，大家都觉得他们两个在一起堪称绝配。梁启超更是在给女儿梁思顺的信中提到："林徽因、思成二人婚事早有'定言'"。

有人说林、梁二人的相识、相恋是源于双方父亲的极力撮合。其实两人的爱恋又何尝不是相互的吸引呢？一个妙龄女子，清雅秀丽，气质超群；一个有为青年，俊朗非凡，才华横溢。这样两个优秀的人一相遇便会相互吸引，越走越近……

林徽因由于家庭的原因在内心深处一直有一种忧郁，当她和诗一样的徐志摩在一起时，她觉得那种忧郁被放大，甚至还会被徐志摩感伤的情绪所感染，和徐志摩在一起，她觉得想写诗。而和梁思成在一起却截然相反，梁思成积极乐观的性格不断影响着林徽因，让她暂时抛开一切烦恼，沉浸在美丽又温馨的梦想之中。和梁思成在一起，她可以畅谈自己钟爱的建筑艺术，她可以分享自己的喜悦，最重要的是，两个怀有梦想的年轻人，可以一起实现共同的建筑梦。

其实，对林徽因来说，选择梁思成无论是对林家的大家族，还是对自己，甚至是对社会的舆论，都是一个很好的交代。如果说一开始和梁思成交往是因为合适，那么后来爱上梁思成则更多是因为共同的梦想和一次意外的灾难。

随着林徽因和梁思成交往的密切，两家决定等梁思成从清华毕业后便送二人去美国深造。梁思成和林徽因都很满意这样的安排，谈到去美国的专业选择，林徽因说她想学建筑。相同的爱好让两个人的心靠得更近，可谁也不知道，灾祸会在这个时候降临。

1923 年 5 月 7 日，是袁世凯签订丧权辱国"二十一条"的国耻纪念日，梁思成和弟弟梁思永骑摩托车赶往长安街与同学们会合，参加游行示威。摩托车行到长安街被军阀金永炎的汽车撞倒，梁思成受伤住院，这对梁家可谓是不小的打击，可是这一场伤痛，也让林徽因认清了对梁思成的感情。

1924 年 6 月初，林徽因与梁思成离开祖国去往美国学习建筑。又一次站在邮轮的甲板上，林徽因思绪良多。她望着海面，想起自己在车站送别徐志摩时的情景——她透过车窗看到了徐志摩湿润的眼睛。可是看到又怎样，自己终究负了他……

建筑世界里的灵魂皈依

1928 年 8 月，梁思成和林徽因回国了，一起受聘于东北大学建筑系。林徽因在入职前先回福州探亲，应福州师范学校和英华中学之请，作了《建筑与文学》和《园林建筑艺术》的演讲。又为她的叔叔林天民设计了福州东街文艺剧场。翌年，到东北大学讲授雕饰史和专业英语。

20 年代末期，时任东北大学建筑系副教授的林徽因参加了由张学良出资发起的征集东北大学校徽图案大奖赛，林徽因设计的"白山黑水"图案一举夺魁，拿下了比赛的最高奖金。

1932 年是林徽因一生当中最重要的一年。这一年的 3 月份，她公开发表了自己的第一篇学术论文——《论中国建筑之几个特征》。从林徽因的文章中我们可以看出，她不是一时头脑发热才喜欢建筑，而是真正的有研究、有阅读、有思考。

这一年的 8 月份，林徽因在北平西郊的家里诞下了儿子，取名为"从诫"，以表达他们对天才建筑师李诫的尊敬。此后，她的事情明显增多了，家务占据了她大部分的时间，儿子和女儿占据了她大部分的精力。

这一年的 10 月份，林徽因终于从家务的琐碎中挣脱了出来，她和梁思成一起对北平郊区的古建筑进行了考察，并且写出了调查报告，发表在《中国营造学社会刊》1932 年 11 月第三卷第 4 期。自此以后，他们每考察一个古建筑，就会马上写出调查报告，并且每一篇都会得到国际性关注。

1937 年，林薇因和梁思成到了五台山的佛光寺，迈过那高大的门槛，里面宽有七跨，在一个很大的平台上，有一尊菩萨的坐像，侍者们环其而立，犹如一座仙林。在平台左端，坐着一个真人大小的着便装的女人，在仙人丛中显得渺小又猥琐。和尚告诉他们，这就是篡位的武后。经过七天的紧张考察，他们终于认定这是晚唐时期的作品，建于唐大中十一年（公元857年），这一重大发现成为了梁思成和林薇因研究中国古建筑的重要成就！正当林徽因要进行深入研究时，"七七"事变爆发了，她被迫中断野外考察工作。不久，北平沦陷，林薇因全家辗转逃难到昆明，次年，她为云南大学设计了具有民族风格的女生宿舍。

1940年，她随梁思成的工作单位中央研究院迁到四川宜宾附近的李庄，住在低矮破旧的农舍里。抗战胜利后，林徽因全家返回北平。新中国成立后，林徽因受聘为清华大学建筑系教授，担任《中国建筑史》课程并为研究生开设《住宅概论》等专题课。从1949年9月到1950年6月，她与清华大学建筑系的几位教师一起完成了中华人民共和国国徽图案的设计。

经历了十年战乱的北平故都，终于又重新走回了林徽因的梦里。但是她知道，生活之水不会倒流，十年前的北平同十年前的自己一样，已经一去不复返了。

梁思成到清华大学任建筑系主任，他们把家也安置在了较为安静的清华园里。直到病逝前，林徽因一直是梁思成最重要的助手和合作伙伴，也正是二人的共同努力，才使中国古代建筑研究成果走向了世界。

1952年，北京市各街道交通事故频发，而罪魁祸首被认为是大街上的牌楼。市公安局交通管理处建议市建设局养路工程事务所拆除影响交通的牌楼，一场拆除牌楼与保护牌楼的斗争一触即发。

1953年，林徽因率先提出要保护居民住宅建筑，这在中国，即使在国际上都是十分先进的思想。她敏锐的思维和洞察力，为中国建筑学术做出了前瞻性思考，力主保护古城墙建筑，并与当时的北京市副市长吴晗发生了正面冲突。林徽因处在绝望之中，她不明白，为什么人们为了发展将珍贵的古建筑毁坏？为什么能在战火中幸存下来的文物却要在和平年代化为废墟？这一切的不解伴随着文物的相继毁灭越积越多。

在这样苦闷的日子里，写诗成了林徽因宣泄心中苦闷的唯一慰藉。也许只有在诗的世界里，她才能活得轻松自在，才能活的有希望、有灵魂。在那段日子里，她相继写出了《六点钟在下午》《人生》《小诗》《恶劣的心绪》等等，从诗的名字就可以看出她当时的心境，悲观、失望、孤独、寂寥。

林徽因有与生俱来的文人风骨，有些东西是她终其一生追求的。哪怕是要踏过满是荆棘的路途，哪怕是要忍受心灵上的煎熬，她仍然愿意坚守。就像北京这座城，虽然饱经风雨，历经坎坷，但是这里有林徽因追逐的文人气息，有林徽因魂牵梦绕的文学积淀，有她难以割舍的情愫。

蓝颜知己金岳霖

在世人的眼中，林徽因是个传奇，是只能仰望的女子。她早已隔着如许烟波岁月，美成书页中的一个剪影。大家都知道她有大批爱慕者，都津津乐道于她与徐志摩的绯闻轶事，但事实上，相比徐志摩对林徽因轰轰烈烈的爱，金岳霖的沉默与深情更令人动容与感怀。

林徽因的一生被三个男人深爱，徐志摩爱得热烈，为了她，不惜抛弃妻子；梁思成爱得深沉，给予她无限的理解和关爱；金岳霖爱得智慧，不求生生世世，只愿在有生之年能给她最好的一切……

最终，林徽因选择了梁思成，可在她的心里，一定有那么一个人让她动摇过，那个人就是金岳霖。

金岳霖是中国一流的哲学家，和徐志摩、梁思成一样，在自己的领域里是一代宗师。20 世纪 30 年代，梁家住在北平北总布胡同 3 号，由于林徽因的关系，家里常常高朋满座。林徽因扮演的是"闲谈主持人"的角色，她向来是一个群体的中心，总是一群男人如壁脚灯一样抬头仰望她，用柔和的光线烘托她，愈发显得她眼波灵转，顾盼生姿。

1931 年 6 月的一个周末，北平文化圈子里的人来到梁家院子里小聚，他们喝着新茶，吃着精致的小点心，谈论着文学与政治。

这时候，徐志摩姗姗来迟。

"我来了！还带了一位大教授！"徐志摩笑呵呵地进门，紧接着一位身材高大，仪表端庄的中年男人随着徐志摩走了进来。

"金博士！"大家对这位新来的客人都熟悉得很，可林徽因却是第一次见，不过听有人称他金博士，林徽因便也猜到，来的这位便是大名鼎鼎的哲学家金岳霖。

初见金岳霖，林徽因的目光并未在他身上过多停留，她只当他是个普通的客人，照顾周到，不失礼节。而初见林徽因的金岳霖，却被林徽因的风采深深地吸引了。据说那时的金岳霖正与一位外国女郎同居，从梁家回来后，他就离开了那位金发碧眼的女郎，退了租住的房子，转而租下了梁府的后院，从此和梁、林比邻而居。这件事的真实性无从考证，不过金岳霖和梁家住在一所房子的前后院确是事实。

独身的金岳霖热情好客，每个星期六下午，朋友们常常聚在金家。

金岳霖特意请了一位西方厨师，给大家制作巧克力和冰激凌。夏日里，朋友们坐在金家的客厅说说笑笑，品尝着凉爽可口的冰激凌，实在是一种不错的享受。

这天，大家又聚在了一起，开始谈论最近发生的新鲜事，可老金却打不起精神来。林徽因可是从来不迟到的，今天她却没来。

"思成，林徽因怎么没来？"沈从文问身旁的梁思成。

"她有事，得过一会儿才能到。"梁思成回答。

老金听到林徽因能来，一下子又来了精神。

"我来晚了！"随着一声清脆的声音响起，林徽因到了，她一进门便向大家解释迟到的原因："我刚准备出门，赵妈就把我叫住了，没办法，我让思成先来，然后问赵妈找我有什么事情。赵妈对我说，我们西隔壁的邻居是一户老实人家，最近天不是冷了嘛，这家人住的房子是刮风漏风，下雨漏雨，根本没法住。可是他们家实在太穷了，根本无力支付修房子的工钱，所以这家人只好请赵妈，请我和房东说说情，给他们修修房子。"

林徽因喝了一口茶，继续说："我想这也是人之常情啊，租户租了你的房子，房东当然得负责给修补，于是我随赵妈过去看了看，那房子确实破损得很严重，我让赵妈找了房东，可房东却说，这家房客打乾隆年间就租了他们家的房子，一直住到现在，都已经住了好几辈人了，一共三间房，每月只收他们50个铜板，200多年来一直就没涨过，因为根据祖上的租房契约，只要住户中间不搬走，就不能提高房租。房东和我说的时候别提多委屈了。"

"那后来怎么样了？"大家问。

"后来，我听房东说的有道理，可这住户也实在可怜，于是我自己拿出一些钱给了房东，让他帮这家人修房子。"林徽因笑道。

金岳霖看着林徽因，嘴角浮现出一丝笑意，无法抑制对她的喜爱。林薇因不仅外貌清丽、满腹才学，更难能可贵的是她有一颗柔软的心，她能同情弱者，并尽力施以援手，这让老金感动。

这位戴着眼镜的浪漫先生，以严谨的逻辑和坚实的理性征服了林薇因。

1932年夏天，梁思成从河北考察古建筑回来，林徽因哭丧着脸说："思成，我痛苦极了，我现在同时爱上了两个人，不知怎么办才好。"林徽因对梁思成毫不隐讳，坦诚得如同小妹求兄长指点迷津一般。梁思成自然矛盾痛苦至极，苦思一夜，比较了金岳霖优于自己的地方，他告诉妻子："你是自由的，如果你选择金岳霖，那我祝你们永远幸福。"在生活的分岔路口，林薇因再一次选择了梁思成。

金岳霖从来没有对林徽因说过要爱她一辈子，也没说过要等她。他只是沉默地、无言地守护在她身边。爱她却不舍得她痛苦选择，因此只得这样沉默。多年以后，当金岳霖已是八十高龄，年少时的旖旎岁月，已经过去近半个世纪，可当有人拿来一张他从未见过的林徽因的照片来请他辨别的时候，他仍会凝视良久，嘴角渐渐往下弯，像有千言万语哽在那里。最后一语不发，紧紧握着照片，生怕照片中的人飞走似的。许久后，像小孩一样苦苦哀求对方："给我吧！"此情此景怎能不动人？

你是人间四月天

新中国成立后，林徽因迸发出前所未有的旺盛精力，不但出色地完成了所担负的工作和教学任务，而且与梁思成合作写了《城市规划大纲》《中国建筑发展的历史阶段》等学术论文。以外，还为《新观察》等刊物撰写了十几篇介绍我国古建筑的通俗读物。但到 1954 年，她的身体已极度衰弱，所承担的《中国建筑史》课程，几乎一大半是躺在床上讲授的。

生病的林徽因却有了更多属于自己的时间，竟发现时间可以这样缓缓地度过。以前工作的时候总觉得时间不够用，还没干什么事情，一天就过去了。现在，林徽因终于可以安下心来，静静地享受这难得的安稳。

病重的她明白，世间的所有事物都不可能永生，最终都将散场。那些鲜花和掌声，就像璀璨的烟火一般，最终只能落地生凉。是啊，不管你的人生多么丰富多彩，拥有多么高的荣耀，人生这幕戏最终都要收场。

1955 年 3 月的最后一天，林徽因高烧不退，昏迷不醒，医院组织了最有经验的医生进行抢救，可是肺部感染像是一场无形的大火，吞噬了林徽因的整个身体。

1955 年 4 月 1 日，婉丽若莲的一代才女，沐着人间四月天最初的美丽，绝尘而去芳菲尽，时年 51 岁。

美丽的年华终究走到了尽头，那朵清高的白莲终于逃不过凋零的命运。她的一生爱过，也被爱过；感性过，也理性过。

林徽因的世界里有过病痛，却没有黑暗；有过贫穷困苦，却没有卑微懦弱；有过悲怆凄惨，却没有低贱鄙俗。相对以后的风云突变，或许林徽因走得正是时候。以她那细腻敏感的心思，怎能承受住 1957 年的狂风暴雨；以她那纯正高雅的天性，怎么能面对 1966 年后的那些唾骂侮辱。

　　林徽因走了，在这一年 4 月的第一天，一个风和日丽的清晨。滚滚红尘中有着无尽的迷离纷扰，那么多的春，那么多的秋，有多少人拿来感伤悲怀，而林徽因却有着自己的四月天。

第二章

陆小曼：我转身，邂逅一生的执念

　　她如绽放的烟花，是那个时代最绚烂的色彩，为了自由与爱恋，活在奢侈浮华里，活在万众瞩目里，借着风情与才华氤氲出一幅幅惊艳的水墨丹青。她是 20 世纪流动的诗篇，是历经劫难后不衰的红颜。

一代名媛，风华绝代

陆小曼，一位集美丽与聪慧于一身的女子，集南方之秀气与北方之率真于一身的女子，被誉为"京城第一美人"。她的美貌，被胡适赞为："北京城一道不可不看的风景。"

陆小曼1903年出生于上海官宦世家，其家世及自身才学，与林徽因不相上下。她从小在蜜罐里长大，因父母望女成凤，家教极其严厉，陆小曼可以说是真正的大家闺秀，优厚的家庭条件使她受到了那个时代最好的教育。出身于有钱有势还有社会地位的家庭，父母又是中年得女，所以陆小曼在家里的地位非同小可。

陆小曼在父母的熏陶下，古文功底精深，丹青功底精纯。所以，用"一代名媛，风华绝代"来形容陆小曼，绝非恭维。顾维钧曾当着陆小曼父亲的面对一位朋友说："陆建三的面孔一点也不聪明，可是他女儿陆小曼小姐却那样漂亮、聪明。"可以说，陆小曼集江南之灵秀莹润与北方之大气端庄于一身，自小便气度非凡，有着常人所没有的沉静从容。

这个美丽的女孩，从小便展现出一种不同寻常的风度，面对别人的责难与诋毁，泰然自若，宠辱不惊。

15岁那年，陆小曼转入北京圣心学堂。圣心学堂是法国人创办的，当时人们叫它"法国学堂"，那是一所极为典型的名媛学校。在当时的中国，禁锢女性数千年的封建枷锁渐渐松动，男权社会所推崇的"夫为妻纲""女子无才便是德"的论调也正在被轰轰烈烈的女学运动推翻。许多思想开化的有识名流，早早预见了这一趋势，他们纷纷将自己的女儿送入学堂，陆定便是其中之一。圣心学堂的学生多是居住在北京的外国青少年，附带招收少数中国学生，课程有英文、法文、钢琴、油画等，收费高，是贵族化的学校，北京军政界部长级家庭的小姐才能进得去，如曹汝霖的女儿当年也在圣心学堂读书。

比起中国人办的学校，陆小曼似乎更喜欢外国人办的学校，无论是英文还是法文都表现得出类拔萃，她除了能将钢琴弹奏得或铿锵或恬静，还能将中式戏曲把握得"离形而取意，得意而忘形"；她可以绘出一纸丹青的富丽明快，又能用油画绘出浪漫主义的色彩。从初次有些胆怯的当众演讲，到能够出口成章辩才无阂；她从初登舞台的生涩表演，到成为主角博得满堂喝彩；从只愿提工笔绘出金粉金沙的宁静，到学会游泳、骑马，动静皆宜，在圣心学堂进步很快。

她是如此出彩，不仅才艺出众，还出落得越来越漂亮了。徐志摩说："一双眼睛也在说话，睛光里漾起心泉的秘密。"就连徐志摩的前妻张幼仪也说她是个天生的美人胚子。聪明活泼的陆小曼，十分善于表达，在圣心学堂极受欢迎，是学校各种活动和演出的重要人物。许多年轻小伙子巴结、讨好她，但她却对他们趾高气扬、不屑一顾，骄傲得像公主。在那里，很多外国人称她为"东方美人"，中国的男学生们则暗地里封她为"校园皇后"。陆小曼，就像一只在山花烂漫处展翅飞舞的蝴蝶，影随身动，带给人无限遐想。

名媛需要一个瞩目的舞台绽放光彩。陆小曼正是一块名媛的好材料，她很快红遍北京城，成为名媛中的名媛。因此，当外交部长顾维钧要求圣心学堂推荐一名精通英法文又年轻漂亮的女学生，参加外交部接待外国使节的工作时，陆小曼成了首选。她顺理成章地成为外交部的临时成员。

活跃在社交舞台上的陆小曼不卑不亢，用自己独特的魅力引得无数人注目，她用夺目的光芒宣扬着专属于她的美好。3 年的外交翻译生涯是陆小曼人生中的一个新起点，虽然她当时才 17 岁，在很多人眼里还是个孩子，但却在工作中屡屡显示出随机应变的能力，用她的机智幽默竭力维护国家和中国人的人格尊严。

假如陆小曼不嫁人，而是做一名专职的外交人员，或许她会和章含之一样出色。如果她成为一名外交官夫人，或许也是极好的选择。因为她喜欢社交生活，当工作和生活方向一致时，与两任丈夫也许就不会有那么多矛盾。如果那样，说不定她的人生要成功得多，她的生活也会幸福得多。

首度婚恋为世困，人前欢笑人后泪

有道是"乱花渐欲迷人眼"。经历过盛世的赞美后，陆小曼注定再也忍受不住寂寞，再也禁不住孤独。1922 年，19 岁的陆小曼，面貌清秀可人，身材婀娜娉婷，出落得更加漂亮了。她刚刚走出校门，就屈从于父母的安排，嫁给了一个大她 7 岁、任职北洋陆军部的青年军官王庚。

说到王庚，不得不多写几笔。对于军旅出身的王庚，有些文人把他塑造成了一个丘八，甚至有人说王庚"拔枪威胁徐志摩"之类的鬼话。其实，王庚与徐志摩早年就相识，当时徐志摩是影响力极大的诗人，王庚则在政治上一帆风顺，担任五省联军总司令部参谋长。徐志摩横刀夺爱的时候王庚正在孙传芳手下做事，他若随便安排两个瘪子兵，几颗子弹就能把诗人解决掉，看你还怎么写"悄然挥袖去，不携一片云"之类的诗。北洋割据乱糟糟的世道，军阀视人命如草芥，王庚深爱的女人与徐志摩私奔，他退一步成全二人，这无疑是大度和宽容的。

王庚出生于 1895 年 5 月 15 日，家境一般，他发誓要刻苦学习，重振门庭。他 1911 年从清华大学毕业后被保送到美国留学，最初入密歇根大学，不久改入哥伦比亚大学，后到美国普林斯顿大学读哲学，1915 年获普林斯顿大学文学学士学位。他又到西点军校攻军事，与美国名将艾森豪威尔是同学。1918 年 6 月，王庚以第十名的优异成绩毕业回国。这样一位留洋 8 年，既有文科修养又有西点军校背景的年轻人，在军阀混战时期，必定是一位不可多得的人才，他的前途不可限量。

王庚与陆小曼的婚姻，是当时上流社会典型的绅士配淑女的婚姻。极有自信和野心的王庚需要一位中西融通、娘家财力雄厚、社交网络广博的太太相助，以开拓事业。而名媛淑女陆小曼则需要一位将来能够给她带来荣华富贵的丈夫，这是一桩利益均等的婚姻。

在这场婚姻中，陆小曼自始至终是一个被摆布的木偶，但她本人也是同意的。婚姻于 19 岁的陆小曼而言，是个从未涉足过的领域，婚姻的重大意义、婚姻将带来的影响和改变，她又懂得多少呢？他们互相看到的都是对方的外在条件，婚后才发现彼此的性格和人生态度反差太大。

王庚在美国待了多年，一切都按西式的工作方式行事，对自己要求极严，是一个尽心尽职的军官。在大家的眼中，他是一个称职的军官、公民、男人。为了尽快得到提升，给妻子更好的生活，王庚几乎把全部精力都花在了工作上。

尽管他对陆小曼喜爱有加，但总是"爱护有余，温情不足"，更多的时候，倒像哥哥爱护妹妹一样对她。而陆小曼是一个任性、多情，被男人们宠坏了的女人。她渴望丈夫的呵护与疼爱，温存与浪漫，渴望他天天能带她出去玩，可是丈夫偏偏不那么善解人意，整天就知道为他的仕途着想，把老婆娶进门就不管了，放在家里当摆设。陆小曼需要自由，需要激情。两人在性格方面的差异，导致矛盾重重，日积月累，两人越来越疏远、冷漠，甚至成为怨偶。

如果陆小曼是一个传统的女人，对于丈夫的冷落也许只会背地里生气，而夫贵妻荣，她应该为这样的男人感到骄傲和自豪。可事实上，陆小曼已不是母亲辈的名媛淑女，她接受了现代的教育，又涉足交际界多年，过惯了明星一样被追捧的生活，懂得什么是快乐，也有了自我的启蒙。让她再回到家中，像笼中鸟一样生活，已经不可能了。

陆小曼不能忍受这种被冷落的生活，她希望丈夫多关心、体贴自己，多分一点时间陪伴自己，她渴望爱情，需要被男人呵护，她不想忍气吞声做一个花瓶和摆设。作为新女性，活着已不仅仅是为了丈夫和孩子，她还要张扬个性，还要找到快乐的感觉。陆小曼曾在日记中写道："她们（母亲）看来夫荣子贵是女子的莫大幸福，个人的喜、乐、哀、怒是不成问题的，所以也难怪她不能明了我的苦楚。"

在认识徐志摩之前，陆小曼只是消极反抗。她在《爱眉小札》中写道："在我们（她与徐志摩）见面的时候，我是早已奉了父母之命媒妁之言同别人结婚了，虽然当时也痴长了十几岁的年龄，可是性灵的迷糊竟和稚童一般。婚后一年多才稍微懂人事，明白两性的结合不是可以随便听凭别人安排的，在性情和思想上不能相谋而勉强结合是人世间最痛苦的一件事。当时因为家庭间不能得着安慰，我就改变了常态，埋没了自己的意志，葬身在热闹生活中去忘记我内心的痛苦。又因为我骄蛮的天性不允许我吐露真情，于是直着脖子在人面前唱戏似的唱着，绝对不肯让一个人知道我是一个失意者，是一个不快乐的人。这样的生活一直到无意间认识了徐志摩，叫他那双放射神辉的眼睛照彻了我内心的肺腑，认明了我的隐痛。"

与徐志摩的传奇之恋

"从前多少女子，为了怕人骂，怕人背后批评，甘愿牺牲自己的快乐与身体，怨死闺中，要不然就是终身得了不死不活的病，呻吟到死。这一类的可怜女子，我敢说十个里面有九个是自己明知故犯的，她们可怜，至死不明白是什么害了她们。"陆小曼在日记中一针见血，道出了她与王庚二人婚姻破裂的原因。

陆小曼认识到了这一点，不想成为这一类女人，她毕竟比上一代的女性接受了更多的教育，不再认同过去传统女性的生活。她渴望冲出围城，获得自由，就在这时，风流倜傥的大诗人徐志摩像天外来客一样闯进了她的生活。

1924 年的一场舞会，造就了这段惊世绝恋。当踏入舞会的徐志摩看到翩翩起舞的陆小曼时，立刻被她的美丽吸引。在朋友的引荐下，两人相识，徐志摩为陆小曼优雅的气质、睿智的思想、幽默的语言所折服。

此后，徐志摩经常拉着胡适以各种借口去找陆小曼，要么是上戏院，要么是赶舞会。他们两个，一个是窈窕淑女，情意绵绵；一个是江南才子，风度翩翩。一个是含露的玫瑰，一个是抒情的新诗，怎么会不迸发出爱情的火花？跟陆小曼熟悉后，徐志摩连胡适也不叫了，成了王庚家的常客。徐志摩和王庚都是梁启超的弟子，算是同门师兄弟。王庚专注于自己的工作，他很欣赏徐志摩，更乐得有人侍候娇妻。陆小曼想出去玩，他就说："我没空，叫志摩陪你去吧！"当徐志摩邀请他们夫妇出去的时候，他就说："我今天很忙，叫陆小曼陪你玩吧。"

于是，在王庚的默许甚至是"撮合"下，两人很快坠入爱河，无法自拔。王庚这年调任哈尔滨警察局局长，要妻子随同前往，陆小曼不好拒绝，只得依依不舍地与北京的友人告别，到哈尔滨住了一段时间。

冰城显然没有北京繁华，陆小曼很快就不适应了，不多时便回到北京娘家，与王庚分居。王庚无奈，只得写信托好友胡适和张歆海（徐志摩前妻张幼仪的哥哥）照料陆小曼，信中写道："谢谢你们两位种种地方照顾陆小曼，使我放心得多。"

跟陆小曼在一起的日子里，徐志摩文思泉涌，他毫无顾忌地向世人宣示自己对陆小曼的爱："我的诗魂的滋养全得靠你，你得抱着我的诗魂，像母亲抱着孩子似的。他冷了你得给他穿，他饿了你得喂他食——有你的爱他就不愁饿不怕冻，有你的爱他就有命！"

遇到陆小曼的时候，正是徐志摩异常痛苦、绝望、灰心的时候。他苦苦追求林徽因 4 年而不得，林徽因的离开，几乎带走了他的一切希望和生趣，将他打入十八层地狱。他是一个灰心的失败者，在情感的地狱中受着煎熬，这不是他要的生活。他要打破这痛苦、灰冷、沉闷的生活，他要一个女人温暖的手抚平他心灵的创伤，安慰他破碎的心，重新给予他快乐的感觉。徐志摩说："弱水三千，我只取她那一瓢饮。"北京城里的千金小姐千千万，他非她不娶。为了得到她，他说："我有时真想拉你一同死去……我真的不留恋这形式的生命，我只求一个同伴。"

徐志摩在《春的投生》中写道："桃花早已开上你的脸，我更敏锐地消受你的媚，吞咽你的连珠的笑；你不觉得我的手臂更迫切地要求你的腰身，我的呼吸投射到你的身上，如同万千的飞萤投向光焰？这些，还有别的许多说不尽的，和着鸟雀们的热情的回荡，都在手携着手赞美着春的投生。"为了他们的恋爱，徐志摩什么都不怕，他说："别说得罪人，到必要时天地都得捣烂他哪！"这就是徐志摩的情感——热烈、执着，这就是诗人徐志摩。

爱情来得热烈，势不可当，陆小曼不自觉地从婚姻中"越轨"了。世上没有不透风的墙，对于两个恋情如火的人来说，即便想隐蔽，也难挡真情的自然流露，何况他们原本就没有遮遮挡挡。王庚终于听到了风声，成为最后一个得知内情的人。

王庚知道，是时候打破这个局面了。他知道跟自己一起生活，陆小曼没有乐趣，她是一朵娇贵的花，需要用心去呵护。他不能给陆小曼所希冀的那种生活，不如早点放手，给彼此留下一些美好的回忆。四年的婚姻时光，王庚深知自己是爱陆小曼的。陆小曼和徐志摩是否真的相配，又是否真的适合，他不知道。他现在能为这个心爱的女人做的，只有成全。

1925 年底，陆小曼与王庚解除了 4 年的婚姻关系，离婚时陆小曼年仅 23 岁。与王庚离婚后，陆小曼便可以与徐志摩在一起了，幸福似乎近在咫尺，但这时的陆小曼却陷入了深深的痛苦之中，因为她在离婚后不久发现自己有了王庚的骨肉。如果生下这个孩子，那她就无法和徐志摩结合；如果打掉，又觉得对不起小孩，对不起王庚。

考虑再三，为了爱情和自由，陆小曼选择了流产。这件事情她既没有告诉徐志摩，也没有告诉王庚，而是自己偷偷带了个贴身丫头，找一个德国医生做了手术，对外则谎称身体不好去休养一段时间。谁料手术非常失败，导致陆小曼终身无法再生育。

灯火阑珊处，当爱已成往事

虽然陆小曼和王庚离婚了，但她和徐志摩的婚事却障碍重重，一是陆小曼的母亲吴曼华反对，二是徐志摩的父母也反对。自己的母亲反对还好说，陆小曼撒撒娇、外人劝解一下、徐志摩再走动一下，吴曼华的气很快就消了，也同意了两人的婚事。

但徐家的反对就没有那么容易化解了。徐志摩的父亲徐申如是浙江省海宁县硖石镇的一个富绅，他认为儿子离婚已是大逆不道，再娶一个有夫之妇更是有辱门风。后来，在多番协调下，经历了分家、找前妻对质协商条件、二人的婚礼费用自理等一系列事件，徐父终于不再言语。

1926 年 10 月 3 日，农历七夕，在牛郎织女相会的日子，陆小曼与徐志摩在北海公园举行了盛大的婚礼。证婚人是梁启超，主持人是胡适，观礼人员也多是当时大名鼎鼎的人物。然而，谁也没想到的是，梁启超先生在婚礼现场的证婚词，却成为后人常常谈论的话题。

梁先生在征婚词中说道："徐志摩，你这个人性情浮躁，所以在学问方面没有成就。你这个人用情不专，以致离婚再娶。以后务要痛改前非，重新做人！……徐志摩、陆小曼，你们听着！你们都是离过婚，又重新结婚的，都是过来人！我作为徐志摩的先生——假如你还认我为先生的话——又作为今天这场婚礼的证婚人，我送你们一句话：祝你们这是最后一次结婚！"

梁启超先生一直看不惯陆小曼的为人处世风格，认为陆小曼是一个只想着吃喝玩乐的轻浮女子，但不管怎么样，陆小曼和徐志摩终于如愿以偿地走到一起了。

陆小曼的第二段婚姻开始了，从严谨呆板的王庚，变成浪漫细腻的徐志摩，婚后的生活会怎么样，谁都不知道。今天看来，所有老人的反对似乎都有道理。徐志摩和陆小曼那段不顾世俗反对的爱情传奇，最终因为两人个性上的弱点而走向对彼此的"残害"，不能不让人遗憾。

爱情是美好浪漫的，生活却是十分现实的。两人婚后的生活并没有像原来憧憬的那样甜蜜。陆小曼与徐志摩结婚之后，便一同回到了徐志摩的老家——浙江海宁硖石镇，准备开始甜蜜的新婚生活。然而，现实却未如人愿。在平淡的柴米油盐与不和谐的公婆关系中，陆小曼的美好憧憬一点一点消磨殆尽。

陆小曼不会讨二老的欢心，也不与他们多交流，加上她比较任性，最终两位老人嗔怨离家，去了北京张幼仪那里。这是陆小曼与徐志摩婚后在徐家受到的第一个打击。不久后，陆小曼得了肺病，很长一段时间后，她的身体才慢慢恢复。

1927 年 1 月，陆小曼和徐志摩被迫移居上海。对于上海，陆小曼无疑是非常热爱的，她生于上海，死于上海，一生中最美好的日子，最凄苦的日子都是与上海这个大都市耳鬓厮磨的。上海是女人的天堂，她们穿着旗袍，涂着鲜艳的指甲，踩着高跟鞋，哒哒哒地走在水泥地上，然后一个优雅的转身，华丽丽地牵绊住了众多男人的心。然而，徐志摩对于这种生活却并不感兴趣，他曾经说："我认定奢华的生活并非高尚的生活。爱，在俭朴的生命中，是有真生命的，像一朵朝露浸着的小草花；在奢华的生活中，即使有爱，不能纯粹，不能自然，像是热屋里烘出来的花，一半天就有衰萎的忧愁。"

当时，徐志摩到光华大学任教，陆小曼在家。这样的日子，开始还是甜蜜的，但时间不长，陆小曼又在闲散中生出颓废的心情来。陆小曼成天耽于玩乐，不操心家事，而徐志摩此时完全没有她那样的玩心。两人的感情吃紧，大部分也来自于经济压力。那时陆小曼每个月至少要花掉五六百大洋，相当于现在的 25000 ~ 30000 元。这样庞大的开支让徐志摩挣扎得很辛苦。而徐申如由于对陆小曼极度不满，在经济上早与他们夫妇一刀两断。徐志摩只好兼任光华大学、东吴大学、大夏大学三所学校的教职，课余还要写诗文赚稿费。

尽管徐志摩将陆小曼视为至死不渝的灵魂伴侣，但现实生活却让夫妻间有了越来越多的厌倦和苦恼。

1931 年 11 月 11 日，徐志摩与陆小曼大吵了一架。郁达夫回忆："当时陆小曼听不进劝，大发脾气，随手把烟枪向徐志摩脸上掷去，志摩连忙躲开，幸未击中，金丝眼镜掉在地上，玻璃碎了。"这一举动令徐志摩一怒之下，负气出走。

1931 年 11 月 18 日，徐志摩乘早车到南京，住在何竞武家。他本来打算乘张学良的福特式飞机回北平，临行前张学良通知他因事改期。徐志摩为了赶上林徽因那天晚上在北平协和小礼堂向外宾作的关于中国古代建筑的演讲，于是在 19 日迫不及待地搭乘了一架邮政机飞往北平。怎料到第二天中午，飞机在济南触山爆炸，机上三人无一生还，徐志摩时年 36 岁。

徐志摩的突然去世，对陆小曼是一个不小的打击。她没有想到，前两天还在眼前和自己说笑话的徐志摩，就这样离开了人世。接到徐志摩飞机失事的消息后，陆小曼哭晕好几次。然而，再多的眼泪都换不回自己的丈夫。徐志摩死后，陆小曼不再出去交际。

爱是一场相互妥协，失去哪一方的努力，最终都会分崩离析。在困顿的生活与翁媳极度紧张的关系中，原本热烈而甜蜜的爱情逐渐冷却，他们二人渐行渐远。诗人累了，在一场飞机事故中写完了人生最后一首绝命诗。斯人远去，陆小曼洗净铅华，甘愿淡泊，绝迹于曾经留下旖旎风光的地方，消失在人们的视线里。

亲人翁瑞午

也许爱情只是因为寂寞，需要找一个人来爱，即使没有任何结局。陆小曼一生的感情可以说是一出悲剧，她的悲剧源于自己的性情、性格，也源于环境，更源于她的遭遇。在陆小曼的一生中，有三个重要的男人，王庚、徐志摩和翁瑞午。陆小曼与王庚可以说是相识，与徐志摩是相识相爱，与翁瑞午则是相识相守。她与翁瑞午相濡以沫地走过了三十余年人生。

翁瑞午，江苏常熟人，清光绪皇帝老师翁同龢之孙。徐志摩夫妇从北京回到上海不久，就与翁瑞午相识，经常串门聚会，相约一起登山游湖。他的北方话说得不错，性格活络又风趣。他喜欢唱戏、画画，又教陆小曼学会了吸鸦片，与陆小曼可以说趣味相投。

徐志摩飞机失事后，翁瑞午便全盘照料起陆小曼的生活，并散尽钱财让陆小曼学习绘画。陆小曼天性爱美，又喜作画，翁瑞午便投其所好，时时馈赠名画，以博其欢心。

陆小曼和翁瑞午这种不清不楚的关系让徐志摩的亲友很是不满，他们纷纷劝说陆小曼记住自己是徐志摩遗孀的身份，不要毁坏徐志摩的名声，这其中胡适是比较激进的一个，他向陆小曼提出，要她与翁瑞午断交，以后一切费用由他全权负责。陆小曼委婉地拒绝了胡适的要求，胡适显得很不高兴，就说："如果你不终止与翁的关系，那就是要和我绝交了。"陆小曼不置可否，听之任之。

在徐志摩死后的岁月里，陆小曼几乎是众叛亲离。徐家长辈只愿意付给陆小曼很少的生活费，这对于奢侈惯了的陆小曼来说，无异于杯水车薪。一开始，徐志摩的前妻张幼仪还想办法接济陆小曼，后来张幼仪随徐家去了香港，就没有人再给陆小曼扶助。这个时候，翁瑞午来到了陆小曼身边，他一直供养着她，对她嘘寒问暖。在照顾陆小曼的过程中，翁瑞午最喜欢被称为"大好佬"了，陆小曼一旦有什么事情，他总习惯说："我来，我来！"陆小曼也乐得看他忙碌。

不久，陆小曼便与翁瑞午同居了。其实翁瑞午的担子并不轻，他要负责三个家庭的生计：一个是他自己的家庭，夫人和五个孩子；一个是他同父异母哥哥的家庭，哥哥早已去世，留下一个太太和九个孩子；一个就是陆小曼的家庭，家中除了陆小曼，还有她的表妹带着两个儿子，以及十几个佣人。

翁瑞午靠给人看病、当账席、炒股票赚钱，后来还在江南造船厂当会计。可是这些并不够，于是他开始变卖家传的字画、家具等。他倾其所有满足陆小曼的需求，说到底，就是想给她一个"现世安稳、岁月静好"的童话世界，任凭外面战火连天，陆小曼依旧可以过她的神仙日子，不为柴米油盐皱眉头。

陆小曼说她对翁瑞午"只有感情，没有爱情"。就算是这样的感情，也是难能可贵的，并不该遭受他人的鄙薄。试想，一个无依无靠，被社会公众所遗弃，没有能力生存的女子，面对那么多的责难，那么多人的鄙弃，不为所动，甚至拒绝了胡适的援助，只因胡适的条件是要她断绝与翁瑞午的关系。

"翁瑞午虽贫困已极，但始终照顾得无微不至，二十多年了，我怎么能在现在把他赶走呢？"陆小曼有丈夫之气，胡适空认识了陆小曼一场，却提出这样一个对于陆小曼来说，违背其心性品格的条件来。

在陆小曼原来的感情生活里，到处是纠结。王庚可谓正人君子社会栋梁，可陆小曼偏偏不喜欢；徐志摩与她的爱情可谓惊天地泣鬼神，可生活中冲突频频，婚姻几乎濒临破裂；而翁瑞午，一个上海滩的遗少，却和她和睦相处长达33年。其实三十多年相处下来，他们早已荣辱与共、相濡以沫，不是夫妻胜似夫妻，谁也离不开谁。他们在思想、观念、感情、趣味、生活习惯上已经有太多的一致，他们互相为伴，互为需要。尽管双方都曾否认这是爱情，但这种情谊是他们走过真实平凡岁月里最温馨的良方。

一道不可不看的风景

说起陆小曼，大家能想到的多是她和徐志摩的情事，而忽略了她在诗文、绘画方面的才能。在徐志摩和陆小曼婚姻中扮演重要角色的刘海粟曾说，陆小曼是风采兼文采，豪情兼柔情。用现代的眼光看陆小曼，她是一个最具勇气，毫不伪饰，敢于追求个人幸福的真女子，而绝不是什么"祸水"。

陆小曼的文学创作涉猎甚广，如散文、戏曲、小说、诗歌、译作等等。她和林徽因一样亦是一代才女，擅长戏剧，曾与徐志摩合作创作《卞昆冈》五幕话剧。她谙昆曲，也能演皮黄，写得一手好文章，有深厚的古文功底和扎实的文字修饰能力。她长于油画，还会弹钢琴，被胡适誉为"一道不可不看的风景"。

在徐志摩飞机失事后，陆小曼见到了现场唯一的一件遗物——一幅山水画长卷。这幅画是陆小曼于1931年春创作的，堪称陆小曼早期的代表作，风格清丽，秀润天成。

1933年清明节，陆小曼回到徐志摩的故乡祭拜，在徐志摩的坟前写下了《清明回硖石扫墓有感》：

肠断人琴感未消，此心久已寄云桥。

年来更识荒寒味，写到湖山总寂寥。

这首诗读来能体会到陆小曼椎心泣血般的伤感，可谓一字一泪寄意苍凉。

徐志摩死后，陆小曼开始兑现曾经对他许下的诺言："我一定做一个你一向希望我所能成为的一种人，我决心做人，我决心做一点认真的事业……"她终于做到了，她真的成了徐志摩希望的那种女子：知性，富有才情。

陆小曼早期的创作大多是散文和诗歌，她的散文多以日记的形式出现。这些日记记录了陆小曼对徐志摩浓浓的爱意和深深的思念，当然也有些许不满，热恋中少女的情怀跃然纸上，让人如临其境。日记中还记录了她身边的一些人和事，有对父母的埋怨，埋怨父母不够理解自己，不支持自己追求幸福；也有对丈夫的怨恨，怨恨丈夫对自己的管制；还有与朋友相交的一些言行等等。总体来说，这些日记属于陆小曼早期的作品，在风格上还没有受到徐志摩的影响，比较清新明丽。

在现代诗方面，王映霞曾说陆小曼"才华横溢，绝顶聪明，能背出唐代诗人李白、杜甫、白居易的许多古诗"。我们从她的一些题画诗中也可看到，她对诗与画的理解十分贴切和透彻。后来她与一些文艺界名人（包括一些诗人）来往，尤其是受到丈夫徐志摩的影响，作诗技巧渐趋成熟。陆小曼现存的诗歌有十多首，大多是旧体诗。目前所发现的陆小曼的新诗，是发表在《南风》杂志上的《秋风》。这首诗作于徐志摩逝世之后，带有浓厚的徐志摩色彩——浓丽哀怨，写出了陆小曼在徐志摩去世之后内心的凌乱和痛苦，但也表示出了要改变现状的决心。

在徐志摩去世之后，陆小曼悲痛不已，写下了《哭摩》。这篇文章写得情真意切，悲伤痛苦跃然纸上。她的这篇《哭摩》文风直逼徐志摩，可以说是对徐志摩最好的怀念。

除了散文，陆小曼也写过一部短篇小说，这部小说与其说是陆小曼写出来的，不如说是被自己的好姐妹赵清阁给逼出来的。陆小曼最终不负众望，写下了一部两万字的小说——《皇家饭店》（原名《女儿劫》），这也是陆小曼唯一的一部小说。对于这部小说，赵清阁格外偏爱，她赞扬《皇家饭店》："描写细腻，技巧新颖，读之令人恍入其境，且富有戏剧意味。"

在这部小说里，陆小曼用自己熟悉的生活场景作为小说的蓝本，描绘了病态的大上海奢华背后的真实场景，但是主人公却是出淤泥而不染，洁身自好。陆小曼也是在通过这部小说告诫自己，要与过去决裂，开始新的生活。

刘海粟曾这样评价陆小曼："她的古文基础很好，写旧诗的绝句，清新俏丽，颇有明清诗人的特色；写文章，蕴藉婉约，很美，又无雕琢之气。她的工笔花卉和淡墨山水，颇见宋人院本的传统。而她写的新体小说，则诙谐直率。她爱读书，英法原文版小说，她读得很多。"

晚年素服终生

对于自己与翁瑞午之间的关系，陆小曼一直觉得问心无愧，她说："我的所作所为，徐志摩都看到了，徐志摩会了解我，不会怪罪我。情爱真不真，不在脸上、嘴上，而在心中。冥冥间，睡梦里，仿佛我看见、听见了徐志摩的认可。"

晚年的陆小曼病痛缠身，卸下了艳彩粉黛，却卸不下与生俱来的光辉斑斓。流光容易把人抛，红了樱桃，绿了芭蕉。赢不过韶光的陆小曼还是老了，但她的传奇却始终在继续。新中国成立后，在国家领导人的关怀下，陆小曼可以安心习画，宛若开始了新的生命。她精神矍铄、面色红润，周身充满干劲，渐渐长胖的身体已不似从前那般病态恹恹，憔悴不堪，虽身着麻衣粗布，却是风韵犹存，画作不断。

后来，陆小曼经常对老朋友感慨是党和国家给了自己新生命，即便陆小曼在病榻之上，故友来探望，她也会虚弱地低声诉说："我的日子不会多了！我是一个无牵无挂，家徒四壁的孤老，是解放救了我，否则我早死了，我感激共产党。"

徐志摩的离世标志着陆小曼这朵洁白琼花极盛时代的结束。陆小曼不再参加社交活动，不再参加舞会，专心在家整理徐志摩的遗作，从未再见她穿过带有红色的旗袍。她闭门不出，谢绝一切比较阔气的宾客，也没再到舞厅去跳过一次舞，这对素来在交际场中讨生活的陆小曼，是难能可贵的。

是的，陆小曼一生没能摆脱别人的束缚，开始是王庚，后来是徐志摩，再后来是翁瑞午和鸦片……直到晚年她才觉醒，才真正拿起自己的画笔，获得自立的新生。1959 年，陆小曼任上海市人民政府参事室参事。同年，被全国美协评为"三八红旗手"。

红颜易老，是为多情，陆小曼的前半生因爱情轰轰烈烈；岁月逐水，剥落了伤心过往，陆小曼的晚年因党的关怀重拾温暖而再现华章。

然而，陆小曼的身体彻底垮了，无情的病魔使她夜不能寐。漫漫长夜，死一般的寂静，她知道自己时日不长。1964 年 10 月，陆小曼因肺气肿及哮喘住进了医院。她终日咳嗽不止，人愈发消瘦，她经常说自己梦见了徐志摩，说自己很快就要与徐志摩重逢了。说这些话时，她充满了陶醉，充满了期待，就像是要去和心仪的情人约会一般。

1965 年 4 月 3 日，一代才女、旷世佳人陆小曼在上海华东医院过世，享年 63 岁。

第三章

张爱玲：因为懂得，所以宽容

她是中国文学界的一朵奇葩，她的文学创作道路是一个传奇，她的作品风靡中国这片古老的土地。她有着奇特的出身，也有着冷漠怪僻的性情；她在20世纪40年代的上海大红大紫、出尽风头，堪比电影明星；她早年生活的不幸与内心的孤独，她与汪伪政府高官胡兰成那一段惊世骇俗的婚恋，都成为她不寻常的经历。

阴霾的童年

1920年初秋的上海，细雨微凉。9月30日，位于公共租界的张家公馆降生了一名女婴，名唤张煐。张爱玲这个名字，是她要上学时母亲匆匆起的，然而任谁也没有料到，这个普通的名字，却如一颗星般闪耀在中国近现代文学史上，任历史和时光打磨，都不曾减去半点光辉。

张爱玲的祖父张佩纶是同治辛未科进士，在娶张爱玲祖母李菊耦之前已先后有过两位病逝的夫人，而李菊耦乃李鸿章之女，因倾慕张佩纶的才学，不顾家人反对嫁给了他，这在当时也是一段佳话。

3岁的张爱玲随父母生活在天津，那时一家人的生活惬意又自在，因此张爱玲有一段明快与温馨的短暂童年时光。崇尚西方生活的母亲坚持对张爱玲进行西式教育，并不和女儿一起睡，而每日清晨从梦中苏醒的张爱玲总是被抱到母亲的床上，跟着母亲背唐诗。再后来，家里为她和弟弟请来了私塾先生，张爱玲总会因为背不出书而苦恼不已。

使张爱玲领略到"不快"的是她的弟弟。她与弟弟相差一岁，可是旧式家庭中男孩子地位的尊贵是不言而喻的，况且她的弟弟生得漂亮而文静，幼时是家里得宠的人物。最让她不能忍受的，是家里照顾弟弟的佣人处处与她对着干，只是因为她是女孩，而将来这个家是弟弟的。从佣人那儿受的气使张爱玲发誓要"锐意图强"，务必要胜过弟弟。

张爱玲八岁的时候，他们一家又搬回了上海。面对这个新环境，张爱玲显得很兴奋，可是不久，却因为她嗜毒成瘾的父亲趋于平静。她的父亲是一个典型的遗少型人物，有着旧式的文化教养，会吟诗作赋。他早先对张爱玲还是喜欢的，并且对她自小显露出的写作才能颇为得意。但是他保留着遗少的恶习，挥霍祖产、吸食鸦片、养姨太太，这让张爱玲从他那里领略到的更多是封建家长式的独断专权，而不是浓浓的父爱。

张爱玲的母亲接受过西式教育，无法忍受丈夫的腐化堕落，以留学的名义出国，那时候，张爱玲只有 4 岁。年幼的张爱玲，在失去了母亲的庇护后，还要承受旧家庭的污浊。童年生活的不幸在张爱玲的生命中留下了深刻的印记，也深深地影响到她的性格和对人生的态度，从她的作品里常可看到她童年的影子。

她的母亲在她父亲命不保夕之时从海外归来，父亲将命捡回来后，也把少爷的脾气捡了回来。他没有钱，便想方设法地留住妻子，从而挥霍她的钱财。张爱玲的母亲自然也明白这一点，为此两人时常争吵，每当这个时候，她与弟弟便被吓得提心吊胆，被佣人拉出去。这一幕给张爱玲留下了太深的印象，使她很早便领略到无爱的婚姻是多么的不幸。

1930 年，10 岁的张爱玲被带到黄氏小学，母亲匆忙之中为她改了名字，而"张爱玲"这个被母亲随意想出的名字，在她以后的岁月中，散发出了无限瑰丽的色彩。

父亲于她暴力相向的日子

张爱玲的小说《心经》，讲述的是一个女孩子和自己的父亲相爱的故事。张爱玲说自己的小说大多有所指，不知这篇小说的原型是否来自于她的生活经历。她的文章里，偶尔会提到父亲张志沂，在寥寥的言语中，张志沂是一个被妖魔化的形象，他抽烟、逛妓院，没有责任感，行为方式堪称简单粗暴。当年，张爱玲揭露父亲对自己施暴的文章《私语》以英文发表时，那家杂志就用了"What a life！ What a girl's life！"这样耸人听闻的标题。

张爱玲的父母最后是协议离婚的，她与弟弟都跟父亲生活，但是协议上清楚地写着她可以常常去看母亲，这给了她很大的满足。虽然母亲在离婚不久便又动身去了法国，可是与父亲气味不投的姑姑还在，因此她上学时不大回家，都是去姑姑那里。

父亲在她两三岁时便在外面讨了姨太太，姨太太是一个比她父亲年岁还大的泼辣粗野的妓女，张家被她搅得鸡犬不宁。她不喜欢张爱玲的弟弟，为了在张家站稳脚跟，便抬举张爱玲。

当她姑姑告诉她就要有一位继母的消息时，张爱玲哭了。因为她即将扮演的是一个饱受虐待的悲苦角色，她无法接受这个事实。

继母也是一位大家闺秀，可是却丝毫没有大家闺秀的气质。张爱玲住在学校，很少回家，虽然受到冷漠刻薄的对待，却也暂时没有领教到继母的厉害，而她的弟弟便成了受害者。直到母亲从海外归来，她才与继母有了正面冲突，也正是这场冲突，使她离开了父亲的家。

张爱玲的母亲是在她中学毕业那年回来的，因为在父亲家里早已积下了无穷的怨愤，使她看到母亲归来时万分欣喜，可是在家里却不敢表现出来，甚至还要加以掩饰，但是她的父亲还是察觉到了她态度上的变化，这些年来一直由他抚养的女儿，心却向着另一边，这是他不能忍受的，他与前妻的芥蒂和怨恨进一步加重了他对女儿的愤怒。

张爱玲与父亲的关系立即陷入僵局，父亲怎么看她都不顺眼，所以当张爱玲提出留学的要求时，父亲大发雷霆。

很快，她与继母的矛盾也因一件小事爆发了。当时是1937年夏天，淞沪会战爆发，张爱玲因炮声吵得不能入睡，在得到父亲同意后，便跑到母亲的住处待了两周。

几天后，当张爱玲回来时，继母孙用蕃质问她，去她母亲那儿为什么不告诉自己，张爱玲说告诉父亲了，孙用蕃怒道："噢，对父亲说了！你眼睛里哪儿还有我呢？"说罢便一个耳光打了过去。张爱玲何时受过这样的侮辱，更何况打她的是她一向厌恶的继母，张爱玲本能地还了手，却被两个老妈子拉住了。于是，孙用蕃一路尖叫着奔上楼去，嚷道："她打我！她打我！"

父亲冲下楼来，对着张爱玲便是一顿毒打，她被打的挫下身去，躺在地上，父亲揪住她的头发又是一阵脚踢。之后她被关进了巡捕房，她在里面撒泼、踢门，企图引起门外岗警的注意，可是没人理会她。

紧接着张爱玲患了严重的痢疾，可是她的父亲却不请医生，也不给她药，就这样，她一病就是半年，差点死掉，她常常躺在床上出神，对这里产生了深深的恐惧。

终于，张爱玲从小时候领她的何干那里得知了两个巡警换班的时间，于是在一个冬夜逃了出去。她在文中生动地描写了那个逃脱之夜："等到我可以扶墙摸壁行走，我就预备逃。先向何干套口气打听了两个巡警换班的时候，隆冬的晚上，伏在窗子上用望远镜看清楚了黑路上没有人，挨着墙一步一步摸到铁门边，拔出门闩，开了门，把望远镜放在牛奶箱上，闪身出去。——当真立在人行道上了！没有风，只是阴历年左近的寂寂的冷，街灯下只看见一片寒灰，但是多么可亲的世界呵！我在街沿急急走着，每一脚踏在地上都是一个响亮的吻。而且我在距家不远的地方和一个黄包车夫讲起价钱来了——我真高兴我还没忘了怎样还价。"

自此之后，张爱玲基本就与父亲断绝了往来。在她看来，父亲在她生命垂危时这般对她，父女间的亲情早已荡然无存。

与时髦母亲的生活

张爱玲的性格中有多种矛盾：她是一个善于将艺术生活化、生活艺术化的享乐主义者，又是一个对人生充满悲伤的人；她是名门之后、贵府千金，却骄傲地宣称自己是自食其力的小市民；她悲天悯人，时时洞见芸芸众生"可笑"背后的"可怜"，但在实际生活中却显得冷漠寡情；她通达人情世故，但从衣着打扮到待人接物，均是我行我素，独标孤高；她在文章里同读者套近乎、拉家常，但始终不让外人窥探她的内心；她在 20 世纪 40 年代的上海大红大紫，风头出尽，像电影明星般风光，然而几十年后，她在美国又深居简出，过着与世隔绝的生活。

凡此种种，都与张爱玲母亲的影响是分不开的。在张爱玲 4 岁的时候，母亲便坐上远渡的邮轮去国外，接受了当时最先进的思想。母亲独立自主的生活方式，对张爱玲产生了深刻影响——虽然对于 4 岁的张爱玲来说"母亲"这个词只是一个概念。

张爱玲 8 岁时，母亲因为父亲病危回国，虽然感觉陌生，但是母亲带回来的西方气息、光影声色，令张爱玲眼花缭乱。与死气沉沉的父亲相比，母亲光彩照人。不久，母亲再次离开，这使得张爱玲保存了一份对母亲的想象。

换一个角度来看，母亲也有被美化的条件。她的"留学背景"，她一往无前的先驱者形象；她的果断利落不含糊暧昧，都使她有了成为"女神"的可能。

因此，当张爱玲从父亲家逃出来后，毫不犹豫地奔向了母亲，但她的到来，使母亲因为钱财所剩无几而陷入了困境。母亲这次回国，在很大程度上就是为了张爱玲升学，因为在她看来，张爱玲虽然聪慧、有才学，但是为人处世上却显得很幼稚，于是母亲决定在两年时间内将张爱玲培养得适应当时的环境。

母亲细心地教她煮饭、用肥皂洗衣服、教她走路的姿势、教她看别人的眼色行事等等。可是两年还没到，母亲便彻底失望了。母亲发现女儿不会削苹果，经过很艰苦的努力才学会补袜子；她也怕上理发店，怕给裁缝试衣服；在一个房间里住了两年还不知道电铃在哪里；接连三个月去医院打针，却还是不认识那条路。当张爱玲与母亲那种怜悯与挑剔的目光接触时，她一下子发现了自己的无能、笨拙、懒惰和可怜，而她的这些琐碎的难堪，也在一步步地吞噬着母亲对她的爱。

张爱玲曾说，在父亲家里早已孤独惯了，所以突然要学做人，并且还是在"窘境"中做一个淑女，简直困难。受母亲的影响，正值花季的张爱玲喜欢上了上海滩各种摩登的衣服和琳琅满目的洋货，可是当时的经济状况并不允许她享受这种奢华的美。在这种情况下，母亲抛出两个选择：如果现在嫁人，不仅可以不读书，还可以装扮自己；如果要继续读书，不仅没有美的装扮，还要为学费的事情伤神。

张爱玲选择了后者。从那一刻起，张爱玲的心底便有了一个心愿，她要像母亲一样出国留学，去看看外面的世界，去营造自己更广阔的天地……

一朝成名，百世流芳

张爱玲的成功除了靠自己的勤奋努力，与她的家庭也是分不开的。她的家庭是没落的贵族，也是书香门第，祖父是科举出身，父亲接受过旧式的文化教育，母亲接受过西方教育，在英语方面给予了她很大帮助。

1939 年，英国伦敦大学在上海举行了一次远东区招生考试，在这场考试中，张爱玲脱颖而出，获得了伦敦大学远东地区第一名。但是由于战争，她无法远渡重洋去上学，而当时香港大学的入学成绩与伦敦大学一样，张爱玲便独自一人乘船去了香港，开始她为期三年的大学生活。

远离父亲阴暗的老宅与母亲淑女式戒律的张爱玲见到这个全新的世界后，她那颗年轻的心真正地舒畅了，她觉得她自由了，并且对生命充满了探索的热情，更重要的是她可以尽情地读书了。

可以说，张爱玲在香港读书的这三年，是她一生中最美好最开心的时光。在大学里，她自由地发挥自己的天性，接受着香港先进文化的刺激和启发，这为她日后小说的创作奠定了基础。

在香港大学，张爱玲"两耳不闻窗外事"，为了实现自己的理想，整日沉浸在自己的小天地里。虽然她不是一个反应机敏的学生，港大的课程也未必都是她喜欢的，但是她的勤奋和刻苦，使她每门功课都是第一，而代价是放弃了写小说的爱好。

张爱玲性格孤僻，不善与人交际，在港大三年里，她虽然充分感受到了其他同学身上的趣味，可是真正与她气味相投的只有她的同学炎樱。

1941年12月，日本对香港发起了进攻，张爱玲的学习被迫中断。在这次战争中，张爱玲深刻地体会到生命的坚强与人性的宽厚，并且形成完整、稳定的人生观与世界观。

1942年夏，张爱玲与好友炎樱回到上海，而这个时期，她的母亲又出国了，于是她便投奔到姑姑家。从这以后，她便开始职业作家这条令她惊艳文坛的路。

从香港回来的张爱玲为何要选择这条路呢？最直接的原因就是经济压力。张爱玲在香港大学还有半年毕业，却因为战事不得不辍学回上海，而此时唯一的补救办法便是转入上海的圣约翰大学。此时，她的弟弟也要报考圣约翰大学，因此钱便成了最大的问题。

张爱玲唯一可以依靠的姑姑也没有多少钱了，于是姑姑提议，转到圣约翰大学的学费应该由张爱玲的父亲来支付。当初父母的离婚协议中说明，由父亲承担张爱玲以后的教育费用。但是张爱玲在港大的三年中，她的父亲一分钱都没有出。于是她在离开父亲4年后，经弟弟私下里向父亲说明情况，才又一次站在了4年前的家门前。

有了父亲提供的学费，张爱玲于同年秋天转学进入圣约翰大学文学系四年级。自从母亲1939年去了新加坡，已经几年没有音信，张爱玲是个倔强的女子，她已经向父亲要了学费，就不愿意再向他讨生活费，所以，她迫切地需要自立，需要自己解决生活费。那时的张爱玲已经清醒地认识到，自己必将走上职业女性的道路，就像她的姑姑和母亲那样。

在圣约翰大学仅仅上了两个月的学，张爱玲就辍学了，这个时候的张爱玲还不太明确自己适合从事什么职业，弟弟提议她去做编辑，可是她说："我还是替报馆写稿子好了。这阵子我写了些稿子，也赚了点稿费。"从此，张爱玲开始了她执着一生的道路。

张爱玲自称"从9岁时就开始向编辑先生进攻"，但是几次投稿都是石沉大海、杳无音信。在她11岁时，社会上流行一种言情笔调的新台阁体，受这种文体影响，张爱玲写了一篇小说《理想中的理想村》，语言充满了当时文坛流行的布尔乔亚式语句："在小山的顶上有一所精致的跳舞厅，晚饭后，福白色的淡烟渐渐地褪去，露出明朗的南国的蓝天。你可以听见悠扬的音乐，像一幅桃色的网从山顶上撒下来笼罩着全山……"她在这篇文章中十分注重语句的修饰，词语绮丽精致，乍看并不像初入文坛的人。

在港大的三年，可以说是张爱玲文学创作的"储备时期"，她不仅积累了丰富的知识，还在生活经历上有了一定的积累，这也为张爱玲后期的创作提供了丰富的素材。

事实上，张爱玲最初开始创作生涯时，用的是英文。1943年1月，张爱玲在《二十世纪》上发表的《Chinese Life and Fashions》得到了《二十世纪》主编克劳斯·梅涅特的赞誉，她在该刊物上先后发表的文章达9篇之多，其中包括6篇影评。

发表在周瘦鹃先生主持的《紫罗兰》杂志上的中篇小说《第一炉香》和《第二炉香》是张爱玲的成名作。接下来的《红玫瑰与白玫瑰》《倾城之恋》《金锁记》等等更奠定了她在中国现代文学史上的地位。

张爱玲的作品充斥着苍凉、残酷，这同样显示出了她的生活基调。张爱玲在她的《传奇》再版的序文里说："如果我常用的字是'荒凉'，那是因为思想背景里，存着惘惘地威胁。"

张爱玲的出类拔萃，不但在于她的小说散文独创一格，她的电影创作也是不同凡响。她20世纪40年代后期创作的《不了情》和《太太万岁》现已被公认为是中国市民电影的经典之作。她的出现，大大冲击了"五四"新文化运动以来两极对立的思维模式，改写了中国现代文学的进程。

与胡兰成的倾城之恋

说到张爱玲与胡兰成的邂逅，就不得不提当时任《天地》杂志总编的苏青。苏青在20世纪40年代的上海名噪一时，她1943年在《风雨谈》杂志上连载的长篇自传体小说《结婚十年》，因文风泼辣、不拘泥于世俗，被评论家冠以"大胆女作家"的名头，她是浙江宁波人，算是胡兰成的老乡。

胡兰成是浙江嵊县人，生于1906年，从小家贫，吃过很多苦。当时胡兰成已在汪伪政府中任职，正在南京养病。当《天地》月刊第二期如期寄到胡兰成手中时，胡兰成发现除了有他的文章，还有张爱玲的短篇小说《封锁》。

胡兰成躺在藤椅里细细地读着，心中惊叹渐起：这究竟是一个什么样的作者啊，只轻笔一挥，烦琐丑陋的生活便暴露在阳光下；语言是那样的简约精致，又那么一针见血。他突然迫切地想知道张爱玲是谁，最后他决定去找苏青。

此时张爱玲与苏青已经是非常要好的朋友，苏青对张爱玲的性格脾气了如指掌，于是便草草应付了一下，但是胡兰成却心有不甘。刚好《天地》杂志的第三期和第四期上，又有张爱玲的文章刊登——

《公寓生活记趣》与《道路以目》。和上一篇的《封锁》截然不同，这让胡兰成愈加地欣赏起张爱玲来，于是他自己又搜罗了张爱玲以前发表的文章来看。

1944 年 2 月 3 日，刚刚出狱的胡兰成带着钦慕之情到上海拜访张爱玲，结果吃了闭门羹。他不死心地递了一张写着自己拜访原因和家庭住址及电话号码的纸条，希望张爱玲有时间能与他见上一面。

隔了一天，张爱玲给胡兰成打电话，决定登门拜访，两人一谈就是 5 个小时。从品评时下流行作品，到张爱玲每月写稿的收入，聊得十分投契，两人很快便有了知己之感。

此后，胡兰成每天去看张爱玲，与张爱玲高谈阔论。一天，他向张爱玲提起刊登在《天地》上的照片，张爱玲便取出来送给他，还在后面题了几句话："见了他，她变得很低很低，低到尘埃里，但她心里是欢喜的，从尘埃里开出花来。"

他们恋爱了。那一年，胡兰成 38 岁，张爱玲 24 岁，而且胡兰成是有妻室的人。张爱玲十分苦恼，怕自己所爱非人，想爱又不敢爱。

不谙世事的张爱玲被胡兰成的甜言蜜语迷醉得晕头转向，她坦然地对胡兰成说："我自己已经想过一千次了，就愿倾心于心慈有才的年长者，哪怕比我大 40 岁甚至 60 岁也无妨。那些毛头小伙子，我就让给那些傻姑娘去享用吧！"

1944 年夏，胡兰成的妻子英娣提出离婚，8 月，张爱玲与胡兰成结婚，没有法律程序，只是一纸婚书为凭；没有任何仪式，只有张爱玲的好友炎樱为证。

"胡兰成与张爱玲签订终身，结为夫妇。愿使岁月静好，现世安稳。"

新婚的张爱玲沉浸在幸福的喜悦里，整天跟胡兰成相伴嬉戏，这是张爱玲一生中最美的时光。1945年8月，日本投降后，胡兰成逃亡出走。临别时，胡兰成说："日本战败，我大概还是能逃脱这一劫的，就是恐怕要隐姓埋名躲藏起来，我们不好再在一起的。"张爱玲笑道："那时你变姓名，可叫张牵，或叫张招，天涯地角有我在牵你招你。"

他们在危难中挥泪分离，张爱玲情意绵绵，朝思暮想，不肯再嫁。有很多政府要员追求她，都被她拒之门外，她仍盼着胡兰成能回到她身边。

花开花谢间，人已分别

张爱玲与胡兰成惊世骇俗的短暂爱恋，既给张爱玲带来生命的欢悦之感，也给她带来沉重的打击。张爱玲是一个描写爱情的高手，写尽人间悲欢离合，却写不出一段属于自己的完美爱情。

胡兰成离开张爱玲后到了武汉，不久便喜欢上端庄美丽的小护士周训德，张爱玲最初吸引他的感觉早已化为平淡，而沉浸在新爱情中的胡兰成对慌乱时局的恐惧，似乎也随着周训德的温柔减少了。

胡兰成没有向周训德隐瞒张爱玲，并向周训德表明要是娶她只能做妾，于是他们举行了婚礼。张爱玲对此一无所知，她给胡兰成写信，向他诉说生活中的一些琐碎小事，还是一如既往地爱他。

1945年，胡兰成从武汉回到上海，与张爱玲在一起待了一个月。他跟张爱玲聊天的时候提到了周训德，这令张爱玲震惊，她一直认为自己与胡兰成的爱情是坚贞的、不可动摇的。最终张爱玲什么也没做。

1945年5月，胡兰成回到武汉。虽然此时胡兰成与周训德如胶似漆，可是他带给周训德的，也只是绵远的忧伤罢了。

1945年8月15日，日本投降，胡兰成开始又一次逃亡旅程。在上海见了张爱玲一面后，他逃到了浙江，化名张嘉仪，称自己是张爱玲祖父张佩纶的后人。在逃往温州的路上，胡兰成就又勾引上了他高中同窗的庶母范秀美。未到温州，两人便已做成夫妻。

许久未见胡兰成的张爱玲远赴温州寻夫，这是胡兰成始料未及的。他虽然恼怒，但每日仍在旅馆内陪张爱玲，而张爱玲对他与范秀美的事情一概不知。

二十多天后，张爱玲结束旅程，带着她那颗灼痛而孤独的心返回上海。她知道胡兰成在温州生活艰苦，便从自己的稿费中拿出钱寄给胡兰成。之后的几个月，胡兰成和张爱玲偶尔还会有书信往来，但联系仍旧挡不住岁月而变得稀少了。

1947年11月，胡兰成辗转来到上海，在张爱玲家里住了一夜。第二天天没亮，胡兰成来到张爱玲的房间，俯身亲吻她。张爱玲马上伸出手，眼泪涟涟地喊他，可是仍旧挽回不了胡兰成。她曾经拥有的世界上最美好的爱情也在这一刻画上了句号，这是两人最后一次见面。至此，张爱玲与胡兰成这一场乱世之恋落幕了。

之后，胡兰成移居日本，张爱玲也到了香港。胡兰成得知张爱玲的消息后，曾托人去拜访，但未遇，于是留下胡兰成在日本的地址。半年后，胡兰成收到了一张明信片，熟悉的字迹写道："手边若有《战难，和亦不易》《文明与传统》等书（《山河岁月》除外），能否暂借数月作参考？"后面是张爱玲在美国的地址。

胡兰成大喜，以为张爱玲还是很欣赏自己的，便马上回了信，并附上新书与照片。等到《今生今世》的上卷出版时，又寄了书信过去。而张爱玲一概不回，末了才寄来一张短笺：

兰成：

你的信和书都收到了，非常感谢。我不想写信，请你原谅。我因为实在无法找到你的旧著作参考，所以冒失地向你借，如果使你误会，我是真的觉得抱歉。《今生今世》下卷出版的时候，你若是不感到不快，请寄一本给我。我在这里预先道谢，不另写信了。

爱玲

胡兰成一见来信，便知道张爱玲的心中再没有自己，便彻底断了再续前缘的念头。

花开花落的一瞬间，两人已渐行渐远。他们的爱情在传说中依旧鲜明，而如今尘埃遍地，却再开不出花来。

落寞却高贵的存在

1945年抗战胜利后，中国发生了翻天覆地的变化，面对即将到来的新时代，每个人都在茫然接下来的路要怎么走，而此时张爱玲的身份也颇为尴尬。

虽然张爱玲与胡兰成结婚了，但是她自信与政治没有任何关系。然而此时全国上下掀起了一股"严惩汉奸"的讨逆风潮，张爱玲与胡兰成的婚姻便成了人们议论的话柄，甚至还有人将她列入"文化汉奸"嫌疑的名单。在巨大的舆论压力下，张爱玲感觉到压迫与窒息。

1946年一整年，张爱玲没有发表任何作品，可是仍旧不能消除人们对她的各种非议。在承受高压的同时，张爱玲还承受着情感的挫折。在这种双重压力下，张爱玲体会到了乱世中风雨飘摇的感觉。然而作为文人，她需要拿自己的稿费来养活自己，需要重新振作，再次执笔。

1947年11月，山河图书公司出版了《传奇》（增订本），张爱玲觉得自己需要解释，于是在书前写了《有几句话要同读者说》为自己辩白。1947年4月，她在作家朋友龚之方筹办的通俗性文艺刊物《大家》上发表小说《华丽缘》，后又发表中篇小说《多少恨》。再次看到张爱玲活跃在文坛，她的许多读者欣喜不已。同时她还写成了由《多少恨》改编的电影剧本《不了情》。

电影公映后，引起了很大轰动。张爱玲又很快完成了第二部作品《太太万岁》，上座效果依然很好。这两部电影给张爱玲带来了一笔及时的收入，她立即将钱寄给了温州的胡兰成，并附上了那封绝情信。

此后张爱玲再次搁笔，直至1949年5月27日上海解放，张爱玲依然保持着平静而安宁的生活。上海解放后，左派力量在政治角逐中取得胜利，左翼作家们热情高涨地投入到对民生疾苦的揭露写作中。这让张爱玲感到惊诧和惶恐。

张爱玲身边的朋友都对未来充满了信心，斗志昂扬地带动着她一起行动。龚之方等人响应夏衍对上海文化工作的号召，办起了《亦报》，并邀请张爱玲写稿。张爱玲的内心在各种情绪中徘徊不定，最终拿起了搁置一年的笔，重新迈进了文学世界的大门。

1950年3月，张爱玲开始以"梁京"为笔名在《亦报》上连载自己的第一部长篇小说《十八春》，至1951年3月连载完毕。这是新中国成立以后张爱玲发表的第一篇小说，颇有投石探路的意味。《十八春》的成功令张爱玲的心情也好了很多，于是 1951 年 11 月初，在读者与报纸主持人的热切期盼下，她的新作《小艾》开始在《亦报》连载。

此外，张爱玲在 1950 年七八月间，听从夏衍的安排，随上海文艺代表团下乡到农村参加土改工作。然而时代对她的冲击太大，1952 年 11 月，张爱玲决然离开上海，来到了香港。朋友们得知张爱玲出走的消息，都异常震惊和惋惜。后来夏衍曾托人带信给张爱玲的姑姑，希望张爱玲为《大公报》《文汇报》写稿子。虽然姑姑是张爱玲出走的唯一知情人，但是她们之间有个约定，便是互不通信。姑姑表示，根本"无从通知"。直到 20 世纪 80 年代，张爱玲的姑姑和弟弟才终于同她取得了联系。

在香港全无生活来源的窘况下，张爱玲凭借着自己在上海的名气，很快引起了美国新闻驻香港办事处的兴趣，由此得到了一些翻译工作。在那里她翻译过《老人与海》《睡谷的故事》以及爱默生的《爱默生选集》等。

在此期间，张爱玲因为工作的关系结识了她一生的挚友宋淇夫妇。宋淇是较有影响的"红学"专家，当时在从事剧本审查工作。早在 20 世纪 40 年代，宋淇夫妇便对张爱玲的许多作品非常欣赏，如今偶识，自当鼎力相助。

后来张爱玲在美国的授意下，开始写带有"反共"色彩的小说，即《秋歌》《赤地之恋》，这两本小说都是由对方提供故事大纲。在香港的三年里，张爱玲的大部分精力都投入到了这两部小说的创作中。

可是这两部小说的销路并不好，张爱玲开始意识到她在这样的商业化城市的窘迫与前途的渺茫，因此整日忧心忡忡。

迟来却珍贵的爱情

在美国新难民法令的支持下，1955 年 11 月，张爱玲乘坐"克利夫兰总统号"前往美国，前去送行的只有宋淇夫妇。

张爱玲到达纽约后，与比她先来美国的炎樱会合，之后在哈德逊河畔的一个女子职业宿舍住了下来。她在这里像难民一般，处境寒酸窘迫，这使得她的心境极为抑郁。

张爱玲在这里见到了曾在她最失落的时候给予她鼓励的胡适先生。她在美国的生活并不如意，在纽约待了 4 个月也没有找到出路，于是便申请到麦克道威尔文艺营暂住。麦克道威尔文艺营主要是为经济上有困难的作家提供写作环境，这里还有一些音乐家和画家。在这里，她结识了后来成为她丈夫的左翼文人——美国作家甫德南·赖雅。

甫德南·赖雅 1891 年出生于美国费城，是德国移民的后裔，曾就读于宾州大学文学专业，后入哈佛大学攻读硕士学位，毕业后在麻省理工大学任教。后来他辞去教职，成为一名自由撰稿人。随着两人交往的深入，他们的关系也变得非同一般。这是张爱玲继胡兰成后对另一个男人的接纳，那萎谢了十年的爱情又重新复苏了。

1956 年 8 月 14 日，赖雅与张爱玲在纽约举行了婚礼。然而新婚不久，张爱玲便开始承受精神和生活的双重压力。首先是 65 岁的赖雅身体状况大不如从前，虽然他的病情在反复几次后康复出院，可是他们贫穷窘困的生活处境令张爱玲非常担忧。直到《秋歌》被改写成剧本后，张爱玲得到 1350 美元的稿酬和 90 美元的翻译版权，才解决了他们的生活困境。

在文艺营的住宿时间到期后，他们找到一处小公寓，在这里他们的生活稍稍稳定下来。生活虽然依旧拮据，可是他们过得从容淡定，两人都努力写作，希望改善经济状况。谁料 5 月初张爱玲的《粉泪》手稿被退回，这对她来说是一个沉重的打击，她伤心沮丧，一下子就病倒了，直到 6 月才渐渐恢复过来。8 月中旬张爱玲的母亲在英国病逝，留给她一箱子古董，这些古董后来被张爱玲逐个变卖补贴家用。

之后，张爱玲如愿以偿地在旧金山安了家，他们的生活变得有规律起来。张爱玲在美国的创作低潮时期，却在台湾红了起来，得到了很多人的推崇，她的作品被奉为经典，终于得到了承认。

赖雅意外跌断股骨又引发了中风，张爱玲顿时陷入巨大的困境中。在夏志清教授的介绍下，张爱玲向洛克菲勒基金会提出翻译《海上花列传》的申请，得到批准。自此她的文学生涯也出现了转折，转向了古典文学的研究。

1967 年 4 月，张爱玲带着赖雅去了康桥，被病魔折磨得骨瘦如柴的赖雅，在这一年的 10 月 8 日去世。

孤寂灵魂的悄然离开

1969 年，张爱玲结束了在康桥的工作，在夏志清教授的推荐下，应陈世骧教授之邀到伯克莱中国研究中心工作。7 月初，张爱玲从波士顿到了伯克莱，开始她在加州 26 年的孤独岁月。

1968 年，台湾皇冠杂志重印了张爱玲早年的小说与散文作品，同年，由她改写的《半生缘》在《皇冠》杂志连载。随着作品不断被重印，张爱玲在美国华人圈里开始受到重视，1969 年到 1972 年，她在经济上已经没有任何压力，就此告别颠沛流离的窘迫生活。

20 世纪 70 年代的张爱玲已经过上了完全与世隔绝的生活，与外界几乎不往来。虽然不断有仰慕者写信联系或者登门拜访，但张爱玲都拒绝了。当时能够与她联系到或者见到的只有两个人——台湾青年作家王桢和水晶。

陈世骧教授去世后，张爱玲在伯克莱的工作也结束了，但是靠着她在港台两地的版税收入，她终于可以在自己喜欢的城市生活了。此后 20 多年里，张爱玲便一直住在洛杉矶，直到她悄然离开人世。

在洛杉矶幽居前期，她仍然有新作面世，《色·戒》便是其中最为出色的一篇短篇小说。小说以胡兰成与她恋爱时给她讲的一个真实故事为素材。胡兰成所述的是一个精彩的暗杀故事，而在张爱玲的笔下，它转化成了对人性脆弱的观察和对人类生活的反讽。通过这篇小说也可以看到年近 60 的张爱玲依然保持着可观的创作活力，只是观察角度与年轻时大不相同了。

此后，张爱玲花了整整 10 年时间对《红楼梦》进行研究，虽然中间有停顿，但终在 1976 年汇集成册。20 世纪七八十年代，张爱玲还翻译了晚清小说《海上花列传》。

到 20 世纪 80 年代后期，张爱玲的名字在各种文学选本中频繁出现，这个时期，她的生活越来越趋向于个人化。在常年的幽居岁月中，张爱玲习惯了一个人生活，她向来很少与外界往来，但是外界关于她的呼声却不断高涨。她的作品在海峡两岸掀起的热潮与她这种隐居生活形成了很大的反差。

1987 年，台湾有一位名叫戴文采的记者去采访她，打听到她的地址后先是给她投了信，可是许多天都没有回音，于是便在她的隔壁住下来。当记者将自己的做法告诉朋友后，朋友不认同她的做法，便告诉了夏志清教授，夏志清迅速通知张爱玲。于是仅隔一天，张爱玲便搬离了住处。

1994 年，张爱玲发表了最后一部作品《对照记》，她在这部作品中向世人展示了许多她和家人、朋友的照片。

1995 年 9 月 9 日，张爱玲被发现病逝于洛杉矶公寓中，享年 75 岁。当洛杉矶警署的官员打开张爱玲的公寓时，张爱玲已经安详地与世长辞。

此后 24 小时内，祖国大陆及港台地区的读者得知了张爱玲溘然长辞的消息，纷纷哀恸不已。《中国时报》等媒体均对她的辞世进行了详细报道。她的逝去是中国文坛的巨大损失。

1995 年 9 月 30 日，张爱玲的追悼会在玫瑰公墓举行，人们遵照她的遗愿将她的骨灰撒于空旷的原野，让她在自己生日这天重新回到大地的怀抱。

第四章

孟小冬：我愿为你洗尽铅华

　　她嫁过"四大名旦"之一的梅兰芳，也是"上海皇帝"杜月笙的一生挚爱；她是京剧大师余叔岩的关门弟子，更是梨园界的须生之皇。她一嗓子可以震惊整个京城，许多人为了听她的戏不惜坐飞机赶场。

"冬皇"托生梨园世家

在 20 世纪初期，京剧进入兴盛时期，由于其兼收并蓄的特色，很快吸引了一大批观众，这也是戏曲名家辈出的时期。因为在很长一段时间里，女子被禁止登台献艺，所以这些名家当中几乎没有女性。即便是到了辛亥革命以后，女子被允许登台演艺，叫得出名号的女演员也寥寥无几。不过到 20 世纪二三十年代，上海滩出现了一位耀眼的女须生，震惊了整个戏曲界，她就是被称为"冬皇"的一代名伶孟小冬。

1908 年 1 月 9 日，农历丁未年冬月十六，上海的天气阴冷得有些异常，天空中时不时飘些零星的雪花。临近中午的时候，在靠近法租界民国路的一条弄堂中，一声嘹亮的啼哭从一栋普通楼房里传了出来，一个小生命在此降生，她就是孟小冬。

孟小冬的乳名叫若兰，本名叫令辉，由于出生在冬月，所以得了小冬的艺名。民间相传"腊月羊，守空房"，虽然孟小冬出生在冬月，但是孟家人为了规避这一不祥之兆，特意按阳历说孟小冬的生日。但即便如此，也没能改写一代名伶的坎坷情路，她在自己的情感路上，演绎了一曲"冬皇悲歌"。

孟家是当时上海滩小有名气的梨园世家，孟小冬的祖父、父亲、叔父、伯父都是京剧演员。孟家这一代的当家人是孟小冬的祖父孟七（孟福保），他与谭鑫培同时代，是一位文武兼备的艺人。孟七有很多能戏，尤其是在武戏方面，有不少独门绝活。太平天国运动时，由于佩服太平天国的反抗精神，他曾经投在陈玉成麾下，在其开办的戏班做教习。太平天国失败后，他流落到江浙一带，传说有很多独特的武戏，都是孟七带过来的。

孟小冬的父亲叫孟鸿群，是孟七的第五子，人称孟五爷，从父习艺，攻武净兼文武生，得其父真传。孟鸿群虽为二三路老生（配角），但因其功底扎实，戏路宽泛，曾为不少名家配戏。当初谭鑫培老先生专门点其为自己配戏，这可以说是孟鸿群演艺生涯中最为得意之事。

在这样的家庭氛围下，孟小冬顺理成章地走上了从艺的道路。她的启蒙老师是她的姑父仇月祥，他对孟小冬非常严苛，唱念做打，手眼身法步，稍有差错就会责打，这也为孟小冬以后成名打下了坚实的基础。

少年成名，技惊四座

当时，戏曲演员都是四处流动演出，俗称"跑码头"，就是哪里有需要就去哪里演。孟家也不例外，孟小冬从小就跟着父亲四处跑码头，7岁时就开始登台扮演娃娃生。

1918年，孟小冬跟随父亲来到天津跑码头。戏曲界的人士都明白，在众多的码头中，天津的码头是最难演的，因为这里的观众欣赏水平很高，来这里表演的艺人都非常卖力，很怕因为演不好而吃瘪。当然，如果一个艺人能够得到天津观众的认可，那么这名艺人就可以很快打出名号。

孟鸿群当然也知道天津这个地方不好演，所以演出的时候格外卖力，这天又轮到他上台演出，这一次演出的曲目是《八蜡庙》，孟鸿群扮演褚彪。开场的时候都非常顺利，他们的表演赢得了观众的满堂彩，叫好声一浪高过一浪。但是演到一半时，孟鸿群突然觉得头晕目眩，接着就栽倒在戏台上。

后台的演员赶紧上台把孟鸿群搀到后台，戏院里的观众议论纷纷。到了后台，同伴灌了孟鸿群几口水，他渐渐清醒过来。清醒之后，孟鸿群想继续表演，大家纷纷劝说身体要紧，要是身体垮掉就太不值得了，而孟鸿群也是一个倔强的人，坚持要上台完成这场演出。就在大家相持不下的时候，孟小冬走到父亲面前，说道："爹，您身体不舒服，还是先休息一会儿吧，等休息好了再唱。现在女儿先上台为观众唱一段，以免大家等得着急。"说完也不等父亲答应，就撩戏服走上了台，剩下父亲和一众演员愣在一旁。

上台后，孟小冬先向观众鞠了一躬，说道："我父亲身体不舒服，需要休息一会儿才能上台，现在我先为大家唱一段《捉放曹》，算是给大家赔礼了。"随着乐师的鼓点响起，孟小冬也亮开了嗓子："听他言，吓得我心惊胆怕，背转身自埋怨自己作差……"孟小冬的声音刚落，台下的观众就一片叫好声，后台的演员们也松了一口气。

在孟小冬接下来的表演中，台下的观众不断鼓掌叫好，现场热烈度甚至超过了刚才专业演员的表演。观众反应热烈并不是说孟小冬的表演功力已经超越了专业演员，而是她表现出来的功力远远超过了她这个年龄段该有的表现。而且，在这么紧要的关头，小小年纪的孟小冬敢于担下重任，她所表现出来的魄力也深深地折服了天津的观众。

孟小冬真正意义上的登台是在 1916 年的上海，当时关炯之先生过生日，请戏班唱堂会，机缘巧合之下，孟小冬客串了一出《乌盆记》。

对于孟小冬的初次登台，上海《申报》在 1939 年 1 月报道孟小冬时做了记载："回忆她初次登台，显露色相时，年只九岁……她客串《乌盆记》，由冯叔鸾饰张别古，颇觉牡丹绿叶。一曲方罢，彩声四起，内行均称为童伶中之杰出人才。"

有了天津这一次表演，孟家人也看到了孟小冬的潜力，对她的栽培更加卖力。12 岁的时候，孟小冬跟随戏班到无锡跑码头，并正式开始表演，孟小冬再一次震惊了观众。之后，孟小冬在江浙一带跑码头，并不断在各大剧院客串演出。

1919 年 12 月 13 日，孟小冬在上海再次客串《击鼓骂曹》，这次演出后，她认识了影响她一生的男人——此后被称为"上海皇帝"的杜月笙。这个比孟小冬年长 19 岁的上海大亨开始关注、支持并帮助孟小冬。杜月笙的名声虽然不好，但是他对孟小冬的情谊却非常真诚。

14 岁之后，孟小冬开始在上海搭班，并先后为各大名角配戏。虽然当时孟小冬还很年轻，但是和名家配戏一点儿都不怯场，反而颇有大家风范，而且她独特的嗓音也让观众有耳目一新的感觉。

孟小冬刚登台表演的时候，由于长相秀丽，表演多以旦角为主。一段时间后，孟小冬发现旦角的发展空间太过狭小，而老生才是最有挑战性的角色，于是决定专攻生角。孟小冬的这一选择影响了整个戏曲界，昭示着一代名伶将要诞生。

孟小冬凭借得体的扮相、优秀的嗓音，逐渐打开了局面，名声也响亮起来。后来上海老共舞台以男女同台公演筹办戏曲《宏碧缘》，邀请了一众名角前来助阵、捧场，孟小冬也在被邀之列，应文武老生，名字排在前十名。报纸上打出广告的时候，她的名字也赫然在列，这表明孟小冬此时已经小有名气。

作为坤生（女子扮男），孟小冬能够在以男人为主的梨园界打开一片天地，切实地为女演员在戏曲界争得了一席之地。既有美貌又有唱功的孟小冬，成名之后受到外界广泛关注。当时著名的剧评人薛观澜曾将孟小冬与清末民初几位容貌出众的女曲艺家进行比较，他认为这些人的容貌没有一个可以企及孟小冬。当时各大报纸对孟小冬也是颇多溢美之词："扮相俊秀，嗓音宽亮，不带雌音，在坤生中已有首屈一指之势。"

孟小冬的美貌和唱功可以说是上天的恩赐，也可以说是上天对她的考验。这样的唱功和容貌，既给她带来了无与伦比的荣耀，也让她的情路曲折、坎坷，为她增添了许多哀愁。

孟小冬遇到梅兰芳

孟小冬在上海唱出名头后，她的名声在江南一带一天比一天响亮。但是孟小冬明白，仅仅得到南方观众的认可，并不能说明自己多优秀，要想真正检验自己的功力，还要去北方登台。对于京剧演员来说，都渴望得到北方观众的认可，尤其是京津地区观众的认可。在他们的意识里，如果不能得到这些观众的认可，即便自己的名气再大，也有"名不副实"之嫌。另外，北方观众更懂戏，欣赏水平也更高，在那里能够更好地磨炼自己的演技。当时有这么一种说法："情愿在北数十吊一天，不愿沪上数千元一月。盖上海人三百口同声说好，固不及北边识者之一字也。"

1925年，年仅18岁的孟小冬来到了北京，学习谭（谭鑫培）派老生艺术。这年4月，孟小冬在前门外大栅栏三庆园，以《四郎探母》

首次在京亮相，一炮而红。当时的剧评人"燕京散人"给予了孟小冬很高的评价："孟小冬生得一副好嗓子，最难得的是没有雌音，这在千千万万人里是难得一见的，在女须生地界，不敢说后无来者，至少可说是前无古人。"

当时，京剧界的代表是三大贤，他们分别是杨小楼、梅兰芳、余叔岩。孟小冬来到北京后，迅速走红，隐隐有与三大贤分庭抗礼之势，俨然已是一位大演员。北平要有什么重要的堂会，必定会有杨小楼、梅兰芳、余叔岩加孟小冬。

同年8月，北京有一场盛大的义演，四位大角都在邀请之列。其中杨小楼、梅兰芳合演《霸王别姬》作为大轴；余叔岩、尚小云合演《打渔杀家》作为压轴；而孟小冬则与裘桂仙合演《上天台》作为倒三，几乎与三位大贤平起平坐。

这次演出中，梅兰芳在《霸王别姬》中扮演虞姬，孟小冬在《上天台》中扮演刘秀。孟小冬比梅兰芳先登台，她在台上表演的时候，梅兰芳在后台化妆，听着孟小冬的唱腔，梅兰芳不住地点头赞许。

孟小冬下台的时候，看到了坐在一旁化妆的梅兰芳，出于礼貌以及对梅兰芳的敬重，孟小冬施礼尊了一声："梅大爷！"梅兰芳也点头问好。就这样，梨园界的"伶王"与"冬皇"有了初次邂逅。

也许两个有缘人注定要再次相遇，在这次义演后没多久，冯公度的母亲过八十寿诞，冯公度为母亲办了一场堂会，梅、孟二人皆在邀请之列。在这次堂会上，梅兰芳本来要和余叔岩合演《四郎探母》，但是因为余叔岩身体抱恙，戏中的杨四郎就由坤伶孟小冬代演，而梅兰芳则扮演铁镜公主。两个人就此上演了一场阴阳颠倒的夫妻对戏，人称"钗弁互易"。孟小冬虽然是初次与梅兰芳合作，但是却没有丝毫怯场，表演非常有张力，两个人的演出大获成功。

之后，梅兰芳只要演《四郎探母》，必邀孟小冬合作。就这样，在合作过程中，孟小冬对梅兰芳情愫暗生、芳心暗许。两个人差的只是一个契机，而这个契机没过多久，就摆在了眼前。

《游龙戏凤》促就真姻缘

1926 年 5 月 4 日，时任北洋政府财政总长，兼银行总裁的王克敏过生日。王克敏是一位十足的戏迷，所以在生日这天大唱堂会。这一天，北京城里有头有脸的人物悉数到场，其中也不乏菊坛的名角大家。已经在京城打响名头的孟小冬，梨园界的头面人物梅兰芳当然也都在邀请之列。

在宴席开始之前，大家坐在一起商量晚宴之后要表演的曲目，其中孟小冬的原定曲目是《坐宫》。在座有些人看过梅兰芳和孟小冬合演的《四郎探母》，印象深刻，所以在讨论曲目的时候，做小报的张汉举就提议让两个人合演一出《游龙戏凤》。他说："梅老板和孟老板，一位是旦角之王，一位是须生之皇，现在王皇同场，珠联璧合，应该合演一场。"大家纷纷表示赞同。

《游龙戏凤》是一出生、旦对儿戏，唱做并重。梅兰芳此前经常表演，而且还和著名的生角余叔岩有过多次合作，所以对这一出戏并不陌生。孟小冬此前虽然跟着仇月祥学过这一出戏，却从来没有正式演过，但是初生牛犊不怕虎，艺高人胆大的孟小冬欣然应允。而她的姑父仇月祥看到她不排演就要和梅老板台上见，着实为她捏了一把汗，担心她把戏演砸。

虽然很担心孟小冬，但是仇月祥还是亲自为她上妆。仇月祥将孟小冬束发的网子向上勒了勒，这样她的眉毛就会像剑眉一样立起来，显得更有英气，而且还带有武生的气势。仇月祥还把孟小冬眼皮上的红彩涂的稍微重了一些，让她看起来更潇洒。

孟小冬俊美的扮相非常切合风流潇洒的正德皇帝，梅兰芳的扮相也很像一位活泼天真的店家女。两个人甫一亮相，就赢得了满堂彩，当他们在台上耍开身段，亮嗓开腔之后，喝彩声更是一浪高过一浪。就这样两个人如行云流水般将这出戏演了下来。

孟小冬和梅兰芳在台上演的生动，台下的观众看着也生动。尤其是梅兰芳的戏迷们，期盼着自己的偶像能够与台上的正德皇帝假戏真做，戏假情真。有的观众还不时念叨几句："梅老板和孟老板简直是天造一对，地设一双，如果能让他们两个结为夫妇，也是菊坛的一大幸事。如果有哪位大爷能够成人之美，也算是成就了一段佳话。"

大家议论一番之后，把目光转向了一位叫冯六爷的戏迷，他是梅兰芳的铁杆戏迷，并且和北京的众多名伶交情匪浅。这次堂会之后，冯六爷等人拜托齐如山和李世戡（两个人帮助梅兰芳编排戏剧）为二人保媒。

对于众人的好意，梅兰芳和孟小冬都没有意见，因为之前的诸多合作，两人早已互生情愫。但是孟小冬的父母以及姑父仇月祥等人却不满意这桩婚事，孟家人觉得梅兰芳已有妻室，不愿意自己的女儿给人做妾。看到孟家人反对，齐如山和李世戡找梅兰芳商量解决的办法，最后他们提出可以为孟小冬在外另置一处房产，这样孟小冬就不用与福芝芳"朝夕相处"了，也就是所谓的"兼祧两房"。听了齐、李的建议，加上孟小冬确实喜欢梅兰芳，孟家人也就不再反对。就这样，在舞台上阴阳颠倒的"游龙"与"凤姐"最终在现实生活中也喜结连理。

关于两个人的婚后生活，坊间流传着这样一个小段子：一天午后，梅兰芳用手在墙壁上做小动物的投影，孟小冬看梅兰芳在那里玩耍，就问道："你在做什么呢？"梅兰芳笑了笑说道："在做鹅影呢！"梅兰芳平日里儒雅稳重，像这样的单纯举动还从来没有过。由此可见，两个人在婚后还是经历了一段甜蜜生活的。

但是他们结合之后，观众所期盼的梅孟同台、"乾坤绝配"的情形并未出现。梅兰芳还活跃在舞台上，但是孟小冬却在家做起了贤妻，终日作画写字。孟小冬的身姿从舞台上消失，让喜爱她的观众怅然若失。一些小报的记者抓住人们渴望获悉孟小冬消息的心理，不断制造是非，给两个人的感情制造了不少麻烦。后来的一场惊天血案，更是让两个人的感情出现裂痕。

一场惊世血案

梅兰芳和孟小冬婚后，在内务部街一条胡同里租了一座独门院落，这样的安排一方面是因为孟小冬的家人不愿自己的女儿做偏房；另一方面也表明其实这桩婚姻并没有得到梅家人的认可。这一切让梅兰芳和孟小冬的结合显得不合情理，也缺乏了正当性。多年以后孟小冬回忆时说："当初的兴之所至，只是一种不成熟的冲动而已。"

即便如此，由于孟小冬和梅兰芳都是北京城红极一时的人物，他们的婚姻依旧受到外界的格外关注。当时有关他们的新闻、轶事屡屡出现在各种报刊上，他们原本还算平静的生活很快就被搅乱了。

孟小冬和梅兰芳幸福的生活没能持续多久，就被一起突如其来的枪击案打破了。这起案件在梨园史上被称为"梅兰芳枪击案"，案犯叫李志刚，是孟小冬的粉丝，也是她的暗恋者。

孟小冬从闯北京到嫁给梅兰芳虽然只是短短两年多的时间，但是在这两年时间里，她凭借出众的台风，俊美的扮相以及出色的表演，蜚声菊坛，倾倒了一大批粉丝。这些粉丝中有很多对其痴情迷恋的男子，李志刚就是其中之一。

李志刚祖籍山东，后来随家人迁居天津，孟小冬闯荡北京的时候，他正在北京求学。他热爱京剧，经常出入剧院、茶楼听戏。在看过孟小冬的表演之后，他就深深地迷上了这位须生。李志刚的家境并不富裕，但是他喜欢听孟小冬唱戏，甚至暗恋上了孟小冬。为了引起孟小冬的注意，他给孟小冬写过求爱书信，但是孟小冬并未回复。

孟小冬婚后淡出舞台，李志刚就四下打探孟小冬的消息，在得知孟小冬和梅兰芳结婚之后，他怒火中烧，对梅兰芳怀恨在心，他认为是梅兰芳抢走了自己的"女朋友"，因此一直寻找机会报复梅兰芳。

1927年9月14日，梅兰芳应冯耿光邀请前去赴宴，巧合的是，李志刚偏偏打算在这一天"解决"和梅兰芳的"恩怨"。于是，他从无量大人胡同的梅宅，一直尾随梅兰芳来到东九条的冯宅。看着梅兰芳进了冯宅，李志刚就在附近徘徊。

正午时分，冯宅内的一众好友开始用餐，李志刚也开始向冯宅里闯。下人将李志刚拦在门外，他还硬往府里闯，一边闯一边说："我是梅老板的朋友，找梅老板有事情相求。"一名下人转身去府里通报，说一名年轻人执意要见梅老板，想求梅老板帮忙。梅兰芳本来要出去看看是什么人，但是座中的张汉举却站了起来，主动要求去打发掉这个年轻人。

张汉举来到公馆门口，本来想和李志刚寒暄几句，但是李志刚见出来的不是梅兰芳，立刻掏出手枪抵住了张汉举，并大喊道："让梅兰芳出来见我。"张汉举顿时慌张起来，门口的几名下人也吓得不知所措。其中一个下人对李志刚说道："梅大爷已经走了，不在府内。"

下人的说法让李志刚更加慌乱，他用枪顶着张汉举，对张汉举说道："孟小冬是我的未婚妻，梅兰芳抢了我的未婚妻，我要找他算账。现在他必须赔偿我 5 万元，补偿我失去女朋友的精神损失。"

下人听了李志刚的话，快速跑进内厅禀报公馆门口的情况。听到这个消息，公馆内乱作一团。冯耿光一面让梅兰芳从后门逃走，一面让下人赶快报警，并派人火速去银行筹款。当这笔钱从银行取回来时，军警也将冯宅团团围住。李志刚拿到钱后，就押着张汉举做人质想要离开冯公馆，但是转身的时候看到了屋顶的军警。本就胆小的李志刚慌乱中扣动了扳机，张汉举就这样稀里糊涂地做了冤死鬼。军警看到人质被害，怕李志刚再起杀心，立刻开枪将其击毙。后来张作霖还亲自批示将李志刚枭首。这次枪击案虽然没伤到梅兰芳，但是朋友做了自己的替死鬼，让梅兰芳内心深受打击。

事情发生之后，闹得满城风雨。一直以来找不到反击孟小冬理由的福芝芳终于有了攻击的口实，吵闹不休。因为此事确是由孟小冬引起，死里逃生的梅兰芳也不敢再去孟小冬的住处，而是回到了福芝芳的身边。

福芝芳也高调宣称："现在梅大爷的命最重要。"当时的舆论一边倒的支持福芝芳，梅兰芳丢下孟小冬，和福芝芳避居上海，这让孟小冬深受打击，两个人的感情出现了裂痕。

"冬皇"威名冠绝天下

枪击事件后，梅兰芳对孟小冬的冷落，让孟小冬对两人之间的感情产生了怀疑，结婚时的美好憧憬也不复存在。原先幸福美满的爱巢也变得冰冷异常，而伴随孟小冬的只有悲凉和孤寂。

枪击事件平息之后，梅兰芳不定期接受演出，他将更大的精力放在了访美演出的准备工作上。梅兰芳以此为借口向孟小冬解释自己为什么不能常来"金屋"，孟小冬虽然不满，但是也理解梅兰芳的工作。

1928年春节过后，孟小冬收到家人转来的一份报纸，上面刊登了梅兰芳到天津演出的消息，是和福芝芳同行。这让孟小冬感到非常愤慨，于是她离开梅兰芳为她租的"金屋"，回了娘家。不知是有意还是无意，孟小冬也跑到天津参加演出，而且一连唱了十多天。从天津回到北京后，孟小冬住回娘家，以此来向梅兰芳示威。梅兰芳无奈，只得亲自登门请孟小冬回家，在孟家还被孟五爷不软不硬地训斥一番。随后，梅兰芳带着孟小冬去上海、香港等地演出、游玩，这才让孟小冬消了气，两个人的关系也有所缓和。

其实在孟小冬和梅兰芳结婚之后，孟小冬曾表示想继续演出，而梅兰芳却想"金屋藏娇"，他劝说孟小冬在家习字、画画，还以"如果你出去唱戏，朋友会认为我梅兰芳连自己的老婆都养活不了"为借口，劝阻孟小冬继续登台演出。但是在这次风波后，孟小冬重新走上了舞台。

　　孟小冬的再次亮相，将自己的名声推向了另一个高度。1928年9月，孟小冬再次来到天津，与著名旦角雪艳琴在春和戏院联袂公演十余天。孟小冬此次亮相再次震惊了天津观众。她与坤伶雪艳琴合演的《四郎探母》丝毫不逊色于与梅兰芳的合作。随后，孟小冬又与著名的净角郝寿臣合演了《失空斩》与《捉放曹》，她这次的演出引起了天津《商报》著名编辑沙大风的关注。沙大风开始在《商报》副刊"游艺场"上撰文《孟话》，专门述说孟小冬的日常生活，并邀请一些剧评家对孟小冬的演出进行评述，更称呼孟小冬为"吾皇万岁"。沙大风的文章引来一众文人骚客为孟小冬撰文，其中一位署名斑马者的还写了一首打油诗："沙君孟话是佳篇，游艺场中景物鲜，万岁吾皇真善祷，大风吹起小冬天。"孟小冬自己也没有想到，一场怄气之旅竟为自己赢得了如此赞誉。

　　后来，沙大风从《商报》辞职，在著名京剧演员荀慧生的资助下，创办了《天风报》，有了自己的报纸之后，沙大风对孟小冬更是大捧特捧。沙大风为了显示自己对孟小冬的推崇，专门写过一副对联："置身乎名利以外，为学在荀孟之间"。沙大风对联中的荀孟并不是古代大贤荀卿与孟轲，而是指菊坛的荀慧生与孟小冬，意思是对于京剧界的伶人，男的他只认可荀慧生，女的单服孟小冬。

　　1930年，沙大风在《天风报》上撰文《冬皇外纪异言》，这篇文章对孟小冬极尽夸赞："奉天承运，统一环宇，当今冬皇，名震四海，光被九州岛。声容并茂，加恩德于万民。聪明天睿，传谭余之一脉。"此后报纸杂志再介绍孟小冬，也以"冬皇"相称，"冬皇"的名号在梨园界盛传。

奔丧受辱，从此竟成陌路

虽然经历了一些变故，但梅兰芳和孟小冬的关系并没有到不可挽回的地步。而 1930 年 8 月发生的一件事情，让孟小冬对梅兰芳彻底失去了信心，两个人的感情走向决裂。

1930 年 8 月 5 日，梅兰芳从美国访问演出回国，刚到天津就接到了大伯母去世的消息。梅兰芳的大伯梅雨田这一房没有儿子，所以梅兰芳就成了家族里兼祧两房的独子。在梅雨田去世后，梅兰芳把大伯母接到了身边，像对待自己的亲生母亲一样奉养。梅兰芳听到大伯母去世的消息后，立即返京，设灵堂，隆重治丧。

旧时，治丧是一件大事，也是家族矛盾爆发的时刻，尤其是大户人家。梅兰芳的大伯母去世，按照规矩，梅兰芳的妻房都应该披麻戴孝，待在灵堂接待亲朋好友前来吊唁。福芝芳应该如此，孟小冬也应该如此。

事实上，孟小冬已经做好了准备，在这一天，她特意剪短了头发，戴上白花，穿着素服来到无量大人胡同东口路北梅府门前，准备进去吊唁自己的"婆母"。而且，孟小冬也希望通过为"婆母"披麻戴孝来缓和梅兰芳的关系，毕竟她还爱着梅兰芳。

然而事与愿违，当孟小冬要踏入梅宅的时候，几个下人拦住了她，说是奉二夫人的命令，不许她进府。听到争执声，梅兰芳迅速来到门前。看到梅兰芳，孟小冬低声叫道："畹华（梅兰芳的字）……"梅兰芳让孟小冬稍等，进到内堂对福芝芳说："小冬都已经来了，怎么也应该让她进来磕个头吧。"但是福芝芳死活不同意，甚至用肚子里的孩子相要挟，说："她就是不能进这个门，否则我和肚子里的孩子和她拼了。"

最终，梅兰芳无奈地对孟小冬说道："你还是先回去吧。"这句话犹如五雷轰顶，让孟小冬万念俱灰，她踉跄着、强忍着泪水奔回了娘家。

其实在此之前，福芝芳就用肚子里的孩子逼迫过梅兰芳一次。梅兰芳赴美演出的时候，本意带孟小冬同行，但是福芝芳坚决反对，不惜以堕胎相逼。梅兰芳无奈，选择了屈服，最后只身赴美。这一次，梅兰芳再一次选择了屈服，这让孟小冬感到了绝望。她深深感觉到，这出《游龙戏凤》不过是镜中花、水中月，从此不再对梅兰芳抱有幻想。

回到娘家后，孟小冬一病不起。又因她绝食数日，因此患了严重的胃疾，身体也开始走下坡路。经历了十几天的煎熬，孟小冬心灰意冷，甚至决定远离红尘，去佛门清修。

经过一段时间的调整，孟小冬的心情慢慢平复下来，她虽然没有离开梅兰芳，但两个人的感情已不复存在，他们之间只剩下了相互"忍耐"。

到了1931年7月，梅兰芳的几名铁杆粉丝与亲友坐在一起，他们要商量一下到底是福芝芳还是孟小冬适合留在梅兰芳身边。讨论到最后，冯耿光决定让福芝芳留在梅兰芳身边，他的理由是福芝芳已经为梅家留后，而且福芝芳比孟小冬更随和，孟小冬太孤傲，梅兰芳和孟小冬在一起会很累，和福芝芳在一起才会更幸福。冯耿光的这一观点被大家所接受，于是他们开始劝说梅兰芳离开孟小冬。

孟小冬得知这一情况后，和梅兰芳进行了一次谈话。谈话时孟小冬提出了分手，梅兰芳不同意。孟小冬很平静地对梅兰芳说："你的事情一向是六爷（冯耿光）做主，对他的话你从来都是言听计从。

也请你放心，我不会要你的钱。"梅兰芳坐在一旁看着孟小冬，心里明白孟小冬去意已决。

到了夏秋之交，孟小冬南下上海请郑毓秀做自己离婚的法律顾问，后来上海大亨杜月笙也插手进来，直接给梅兰芳打电话进行调停。虽然杜月笙与梅兰芳的交情也很深厚，但是杜月笙这次完全站在了孟小冬这边。最后梅兰芳给了孟小冬4万元钱，两个人从此再无瓜葛。

戏台上"游龙"与"凤姐"的美满姻缘，没能延续到现实中，这一出被人看好的"乾坤绝配"到头来却以悲剧收场。孟小冬离开梅兰芳之后，此生再未与他有过半句交谈，这是何等的决绝。

孟小冬后来对自己的一位好友说，此生要么不唱戏，要唱一定要比梅兰芳唱的好；要么不嫁人，要嫁也一定嫁给比梅兰芳更有权势的人。事实上她后来嫁的人确实比梅兰芳有权势，而她自己在京剧方面也并不比梅兰芳差。

拜名师习得真传

孟小冬和梅兰芳离婚后，一度心灰意冷，想要告别舞台，不再演出。她曾寄宿在一位朋友家，并和这位朋友的夫人一同吃斋念佛，出入于士林之间，仿佛要诀别红尘。

然而已经被京剧浸润了的身心又怎能舍弃梨园，那曾经的锣鼓喧闹、喝彩连连，那一段跑码头、讨生活的岁月又怎能忘却。因此，在经过一段时间的沉淀后，孟小冬决定重新登台，继续自己的梨园人生。不过这次登台，孟小冬选择了重新拜师学艺，进一步精练自己的技艺。

1933年秋，孟小冬重整旗鼓，自组"福庆班"在北平吉祥戏院演出《四郎探母》，宣告复出。这次演出让北平的戏迷沸腾了很久，他们再次看到了久违的"冬皇"。

同年 10 月，孟小冬率戏班到天津，在天津明星大戏院连续贴演三天，著名票友程君谋为其操琴。他们表演的《失空斩》《捉放曹》《四郎探母》等曲目获得了天津观众一片赞誉。演出结束后，数年没有欣赏到如此精彩演出的观众久久不肯离去，他们在剧场里喊出了"冬皇！冬皇！""吾皇万岁，万万岁！"用自己的方式来表达对"冬皇"艺术的喜爱，也表达了对孟小冬遭遇的同情。在后台卸妆的孟小冬，听到观众的呼声、掌声，感动不已，眼泪止不住流了下来。

1935 年前后，孟小冬开始搭档余叔岩的琴师李佩卿唱戏，李佩卿不时指导孟小冬余派的戏。随着对余派戏剧了解的深入，孟小冬越发想跟随余派的大师余叔岩学戏。

1935 年 9 月，孟小冬搭班王泉奎、鲍吉祥合演《捉放曹》。这一次的演出被薛观澜誉为是冬皇的杰出表演之一。更为重要的是，余叔岩亲临现场，观看了孟小冬的演出。

演出开始之前，余叔岩就来到剧场，悄悄地在一个角落里落座，他想亲自确认一下孟小冬的实力。巧合的是，孟小冬的这出《捉放曹》采用了余派唱法。开场后，余叔岩认真观看了孟小冬的每一个招式，每一个动作，聚精会神地聆听孟小冬的每一句唱腔。看着孟小冬把余派的精髓表演得妙到毫端，余叔岩露出了会心的笑容，演到精彩的地方，他也情不自禁地和观众一起为孟小冬喝彩。

余叔岩可以说是梨园界传奇中的传奇，他留下的十几张唱片堪称菊坛"瑰宝"，由于名气太大，很多人想拜余叔岩为师，但是余叔岩的脾气非常古怪，轻易不肯收徒。有一次，一个朋友向他推荐了一位很有势力的票友，希望余叔岩能够收其为徒，没想到余叔岩一口回绝道："有些人教也是白教，徒费心力。"朋友好奇地问道："您觉得什么样的人才能跟您学戏呢？"余叔岩回答道："当代艺人当中，只有孟小冬的戏路和我比较接近，也只有她可堪造就。"

然而，当孟小冬提出拜师的时候，余叔岩却婉拒了她。他说："你是女孩子，教戏的时候难免扶臂搊手，有碍礼节。而且我与梅兰芳交情匪浅，碍于他的情面，我也不好收你为徒。"孟小冬不死心，一面苦练功夫，一面找人说情。功夫不负有心人，余叔岩最终被孟小冬打动，孟小冬成为余叔岩的关门弟子，也是他唯一的女弟子。

正式拜师之后，孟小冬每天傍晚都会去椿树三条胡同范秀轩跟余叔岩学戏，一连五年，从未间断。为了适应余叔岩晚上教徒的习惯，孟小冬将自己的作息时间进行了调整，为了练好戏甚至可以彻夜不休。

余叔岩对孟小冬极其严格，一个唱腔唱不准要反复练习，直到唱准才会继续教下去。有一次教孟小冬《捉放曹》，有一个字孟小冬咬不准，余叔岩整整纠正了孟小冬一个星期，直到她把这个字咬准了，才继续往下说戏。

对于一出戏里的重要唱词，他教会孟小冬高、中、低三种唱法，以应付突发情况。孟小冬原本就有一副好嗓子，作为坤生，她的膛音宽厚，更加难得的是没有雌音。在拜余叔岩为师之后，她更是练出了沙音，嗓音更臻完善。

余叔岩在教手眼身法步的时候，更是一个动作一个动作地教。孟小冬表演怒目瞪眼的时候总是会露出很多白眼珠，不好看，余叔岩就告诉她瞪眼时要先拧眉然后再瞪眼；演老年人时，背、腰、腿又各是什么样的动作，就这样一点一滴，一个细节都不放过。

孟小冬跟余叔岩学戏直到 1943 年，前后共五年，学会数十出余派的戏，尽得余叔岩真传，技艺更加纯熟。孟小冬对自己的老师非常尊重，据说当时余叔岩的收入主要靠灌唱片，孟小冬得知这一情况后，就再也没有灌过一张唱片。

1943 年，余叔岩因患膀胱癌不幸病逝。当时孟小冬正在香港，来不及回去奔丧，就为师傅做了一副挽联："清才承世业，上苑知名，自从艺术寝衰，耳食孰能传曲学；弱质感飘零，程门执贽，独惜薪传未了，心哀无以报恩师。"此外，孟小冬还以"为师心丧三年"为由，暂别舞台。由此可见，师徒二人的感情非同一般。

1947 年 8 月，孟小冬接到杜月笙的寿宴邀请，请她为自己的大寿义演。由于此前杜月笙多次帮助过孟小冬，所以收到邀请，孟小冬提前几天到了上海。孟小冬能来上海为杜月笙祝寿，让杜月笙非常高兴。

这次义演，南北名伶来了很多，梅兰芳也在邀请之列，然而两个人始终没有同台。梅兰芳演了 8 天，孟小冬演了 2 天，自始至终两个人没有见过一次面。

据当时媒体报道，这次演出是盛况空前，尤其是梅兰芳和孟小冬的压轴演出，简直是一票难求。剧场的最高票价是 50 万一张，但是黄牛却将票价炒到了 500 万一张，硬是涨了 10 倍，即便如此依然买不到票。就连当年位列四大须生的马连良要看戏都找不到位置，最后还是剧场经理在过道上为他加了张椅子，才得以在现场观看到孟小冬的演出。那些买不到票的人，为了听孟小冬唱戏，纷纷购买收音机。据说当时上海的收音机一度卖断了货，孟小冬的影响力之大由此可见。

但谁都没想到，这一次竟成了孟小冬与观众的最后一次见面，她这次演出的《搜孤救孤》竟成了她的"广陵绝响"。

上海皇帝与绝世名伶

其实早在孟小冬闯荡上海滩的时候，杜月笙就注意到了她，迷上了她。后来孟小冬北上，杜月笙只能通过其他人或者报纸获悉她的消息，等到孟小冬和梅兰芳结婚，杜月笙也只好把这一段思恋压在心底。

1931年，孟小冬与梅兰芳的婚姻走到了尽头，杜月笙在得知这一消息后，内心充满了愤慨与同情。孟小冬离婚之后，应自己的好姐妹姚玉兰（杜月笙的四姨太）之邀，住在了杜月笙为姚玉兰准备的宅子里。内心的苦闷让孟小冬终日愁容满面，为了帮孟小冬排除烦闷，杜月笙遍请名票陪孟小冬调嗓说戏。孟小冬因为绝食患有很严重的胃病，杜月笙为了治好她的胃病，不惜花重金延请沪上名医帮她诊治。姚玉兰也时时陪孟小冬散步、聊天。杜氏夫妇的陪伴和帮助让孟小冬感到，在这个世上还有人在关心她、同情她、呵护她，这让孟小冬阴霾的心情逐渐恢复。

在与杜月笙的接触中，孟小冬发现杜月笙身上并没有流氓习气，反而很注重仪表。杜月笙对艺人和文人很尊重，经常周济落魄的文人、艺人，这让孟小冬改变了以往的看法，甚至对杜月笙生出了一丝敬意。

后来，孟小冬为了学艺再次北上，杜月笙也一直牵挂着孟小冬，不时地对她提供帮助。在此期间，杜月笙先后几次邀请孟小冬到上海盘桓。1937 年，上海黄金大戏院开幕式，杜月笙特意邀请孟小冬前来剪彩。当然，杜月笙醉翁之意不在酒，只是想与孟小冬见面。

这样的事情还发生过几次，直到 1948 年末，平津战役爆发，解放军一路势如破竹，很快将北京城团团围住。孟小冬虽然在梨园界名声响亮，贵为"冬皇"，但是她一向不过问政治。此时被困在北京城里，听到各种各样的谣言，一时反而没了主意。正在孟小冬六神无主的时候，她接到了结拜姐妹姚玉兰的信。姚玉兰在信中邀请孟小冬到上海躲避战火，这让孟小冬仿佛在泥沼中抓住了一根救命稻草。

其实姚玉兰写信相邀是受杜月笙之托，自从 1947 年那场义演之后，杜月笙就对孟小冬牵肠挂肚。如今华北战事告急，他更是放心不下孟小冬，于是让姚玉兰邀请孟小冬南下。站在姚玉兰的角度，她本应嫉妒孟小冬，但是事实并非如此。姚玉兰是杜月笙的第四房姨太太，未能住进杜公馆。杜月笙的前三房姨太太都是苏州人，她们很齐心，总是对付姚玉兰，使姚玉兰很苦闷。

姚玉兰很了解杜月笙，她明白杜月笙是真的痴迷孟小冬，如果自己能够帮助杜月笙得到孟小冬，杜月笙自然会感激自己，自己的地位也将提升。而且孟小冬是自己的结拜姐妹，如果可以嫁给杜月笙就可以和自己一起对抗杜月笙的苏州妻妾。所以当杜月笙拜托她写信邀请孟小冬到上海躲避战火时，她欣然应允。

收到信之后，孟小冬内心充满感激，立即打点行装准备离开北京。但是当时北京城已经被团团围住，孟小冬无法出城，于是杜月笙特派专机去接。杜月笙此时也是饱受疾病折磨，但是即便如此，孟小冬到上海的时候，他还是亲自到机场去迎接。孟小冬是一个感情细腻的人，看到这个默默关照了自己这么多年的男人，被深深感动了。这次来到上海之后，孟小冬就与姚玉兰、杜月笙住到了一起，也算是以身相许。

1949 年，淮海战役进行得如火如荼，上海已是解放军的囊中之物。杜月笙只好带着孟小冬和家人逃往香港，这时的杜月笙已经重病缠身，行将就木。来到香港后，杜月笙一家住进了坚尼地 18 号，而照顾杜月笙的重担就完全落在了孟小冬身上。可以说在杜月笙最孤苦伶仃的岁月里，唯一让他感到欣慰，让他体会到亲情关爱的就是孟小冬对他的悉心照料。

而杜月笙也能体会到孟小冬的孤苦，了解她的苦闷。他知道，孟小冬自进入杜家的门，就一直与茶炉药罐为伴，并没有享受过半点富贵荣华，他内心对孟小冬有深深的亏欠感。他把女儿杜美霞过继给孟小冬，让她称呼孟小冬为"妈咪"。只要"妈咪"有需要，杜月笙一定会不遗余力地差人去办。

1950 年，杜月笙打算携全家去法国定居，在商量办多少张护照才够数的时候，孟小冬说了句话："我跟着您过去，是算丫头呢，还是算女朋友呢？"这句话让杜月笙的内心翻江倒海。以往怕孟小冬离开，不敢提过分的要求，现在孟小冬主动点破这层窗户纸，杜月笙当即决定与孟小冬结婚。此时杜月笙已经常卧病榻，家人纷纷劝说其不要举办婚礼，但是杜月笙力排众议，坚持要给孟小冬一个婚礼，哪怕是简单的婚礼。

鉴于杜月笙的身体状况，这场婚礼就在坚尼地的公馆里举行，邀请的也都是杜月笙的至亲好友。婚礼这天孟小冬很高兴，杜月笙的精神也显得比以往好很多。结婚典礼上，杜月笙让自己的子女、女婿、儿媳一律叩头，改称孟小冬为"妈咪"，算是给了孟小冬应得的名分。其实这场婚礼对于杜月笙与孟小冬来说并没有什么实质的意义，只是给了孟小冬一个名正言顺的归宿。

一年之后，杜月笙病逝。

繁华落尽，"冬皇"驾鹤

杜月笙病逝之后，孟小冬搬出了杜公馆，住进了使馆大厦公寓。由于她性格孤僻，没什么朋友，这个时候陪伴她的只有琴师王瑞芝和一些票友，他们会隔三差五地到孟小冬的寓所陪她调嗓说戏。

杜月笙死后，孟小冬基本不再开嗓唱戏，平时也只是和大家说说戏。在这期间唯一一次开嗓是在香港唱给张大千，那次还是清唱。张大千是孟小冬为数不多的戏曲圈外的朋友，两个人交情深厚。孟小冬甚至破例到过张大千的家里，那次清唱也是在张大千家里，让张大千过足了戏瘾。后来张大千移居巴西，孟小冬特意赠送给张大千两盒录音，并叮嘱他只可自己听，千万不要转录。张大千也赠送给孟小冬荷花通景联屏，落款称其为"小冬大家"，以表示对孟小冬的尊重。

1952年，姚玉兰举家迁往台湾，孟小冬一个人独留香港。到了1967年，拗不过姚玉兰等人的邀请，孟小冬也来到台湾，但是并未与姚玉兰同住，而是自己租了房子独住。不过孟小冬到台湾之后和这位姐妹交往很密切，对于杜月笙的几个儿女也非常亲近，把他们当做自己的亲生儿女一般。

孟小冬的到来，引起了台湾各界的关注，但是她深居简出，不参加任何活动。据孟小冬的外孙金祖武回忆，晚年的孟小冬特别喜欢看电视，她的房间里放着两台电视机，供她随时换台看节目。孟小冬还有一个爱好就是养狗，她养了9条狗，闲暇的时候会带着这些爱犬遛弯。据说，台湾的政要慕名来拜访孟小冬，她连眼皮都没有抬一下，只是看着窗外，仿佛对于世人已经没有什么可说的了。

光阴荏苒，时光如梭，转眼到了1976年底，这一年孟小冬虚龄70，她的朋友和子弟张罗着为她过寿。这次活动持续了两天，孟小冬也难得与众人同乐了两日。但是寿宴结束后她却患了感冒，从此身体一日不如一日。1977年5月25日，孟小冬在一阵剧烈的哮喘中昏迷过去，家人赶紧将她送往医院，26日午夜，孟小冬在病痛中去世。

6月6日，台湾和香港的多家报纸同时刊登了杜月笙长子杜维潘署名的"孟小冬逝世讣告"，孝称为"继妣杜母孟太夫人"。这也是杜家的子女对孟小冬最真诚的认可与最深切的悼念。

孟小冬离世之后，亲友以及戏迷从世界各地赶来为她送行，6月8日公祭日当天，台北有近千人参加了孟小冬的公祭仪式和葬礼，她的墓碑由张大千亲自篆刻。

在京剧的历史长河里，涌现出的京剧演员多如恒河沙数，但是能够像孟小冬这般取得如此成就，获得如此称号的却寥若晨星。她虽然贵为菊坛的"冬皇"，但是到头来也只是一个情路坎坷的悲情女子；她的美丽与孤傲带给她一世的荣辱与坎坷，她的天赋与勤奋也注定她要在戏剧史上留下浓墨重彩的一笔。

斯人虽去，但是"冬皇"却不曾绝响，她给世人留下了说不尽的话题。

第五章

凌叔华：富有野心与激情的闺秀

　　她被誉为"第一个征服欧洲的中国女作家"，她与辜鸿铭、齐白石结成忘年交，她还与胡适、徐志摩、林徽因、陆小曼、冰心等风云人物有着说不清道不明的情感纠葛与友谊。这位豪门才女的身上有太多谜值得我们去探究，去体味和感悟。

高门巨族，书香世家

凌叔华生于 1900 年 3 月 25 日，原名凌瑞棠，祖籍广东番禺，凌家是豪门巨族、书香世家，几代人皆有入仕为官者。

凌叔华出生在北京的大宅院里，凌家的宅子就像她笔下写的那样，是一座有 99 间房舍的大宅子。这座大宅子前门朝着干面胡同，后院相接史家胡同。内里分为很多小套院，每个套院都有一个小门与左侧的小路相连接，这条小路直接通向大宅的后花园。后花园是凌叔华和几个孩子最喜欢的地方，她经常到后花园观赏花花草草，有时候也会用竹竿打枣，捉蝴蝶玩，在这里她度过了快乐的童年。这座后花园有二十多间屋舍，凌叔华出嫁的时候，她的父亲把花园做嫁妆陪送给她。

凌叔华家学渊源，她的外曾祖父是广州一带知名的大画家，她的父亲凌福彭，字润台，出身翰苑，与康有为是同榜进士，排名比康有为还要靠前。只不过康有为热衷变法，而凌福彭是袁世凯的得力助手。他先后任过清朝户部主事兼军机章京、天津知府兼天津工艺局及习艺所督办、保定知府等职。在袁世凯任直隶总督的时候，凌福彭任布政使，是袁世凯的副手；而他做天津知府时，袁世凯正在天津小站练兵。因为与袁世凯走得很近，凌福彭也深受清帝的青睐。溥仪大婚的时候，凌家大小都有喝喜酒的份儿，他们在清帝面前的分量可见一斑。

凌叔华的母亲是凌福彭的三姨太，幼年时被广州的一个大户人家收养，粗通文墨。凌叔华降生在凌家的时候，凌家已经有9个孩子了，她是第10个孩子，而且她的母亲已经生了两个女儿。凌家虽然是书香门第，但也是官宦之家，重男轻女的思想还很浓厚。因此，凌叔华的母亲在家里并没有什么地位，经常受到讥讽和嘲笑。

凌叔华在兄弟姐妹中并不起眼，经常一个人躲在角落里玩耍，安安静静，从不争抢什么。虽然她不争不抢，但是并非逆来顺受，在她温婉的外表下有一颗充满激情的心。她绝不像她笔下的那些女性，只是单纯地等待命运的安排，她有自己的想法与追求。

辛亥革命之后，凌福彭任北洋政界约法会议议员、参政员参政。凌福彭能文能画，并且酷爱交友，家中总是高朋满座，齐白石、辜鸿铭、陈寅恪、陈半丁等都是凌家的座上宾，凌福彭还和这些丹青高手共同组织了"北京画会"。凌叔华的外祖父也是一位丹青高手，凌叔华的母亲跟随父亲学过一些诗书，在这样的家庭环境熏陶之下，凌叔华很小就喜欢上了画画，而且很快表现出在绘画方面的天分。

凌叔华还是孩童时就经常在自家院墙上涂鸦勾画，有一次，她父亲的一位朋友看到她在沙地上画画，认为她在绘画方面很有天赋，就告诉了凌福彭。凌福彭看到女儿在沙地上作的画很吃惊，这才知道女儿在绘画方面很有天分，从这时候起，他开始关注凌叔华。

凌福彭为了培养凌叔华的绘画才能，专门为她请了著名的女艺术家、慈禧太后宠爱的画师缪素筠，后来还让她拜著名画家王竹林为师。在两位老师的教导下，凌叔华的绘画技艺日臻娴熟，水平也越来越高。

经常到凌家做客的辜鸿铭很喜欢聪慧伶俐的凌叔华，就向凌福彭自荐做凌叔华的英文启蒙老师。辜鸿铭是一位学养深厚的大学问家，精通多国语言，被称为"以讥讽方式品评西方文化和西方文明的唯一中国人"。凌叔华从小就佩服这位博学多识的大学问家，能跟他学习英文自是非常高兴。

辜鸿铭认为，要想让中国孩子学好英文，就要像背诵四书五经一样，多背英文诗歌。所以他特意把凌叔华带到自己家里，从书架上拿出一本英文诗集，让凌叔华背诵其中的两首诗歌。聪慧的凌叔华很快就将这两首诗背诵了下来，这让辜鸿铭非常欣慰。他又挑出三首小诗，让凌叔华下次来的时候背诵，没想到凌叔华超额完成了他布置的作业，凌叔华的勤奋让辜鸿铭非常高兴。

就这样，凌叔华跟随辜鸿铭学了一年多的英语，辜鸿铭教给凌叔华的不单单是英文，还教会了她学习语言的技巧，在文学上也对凌叔华做了启蒙。这为她以后在文坛和画坛大放异彩奠定了坚实的基础。

哥哥姐姐走了

凌叔华引起父亲的关注后，凌福彭让她进入家庭的私塾学习诗文。凌福彭看中的是凌叔华在绘画方面的才能，对于她的诗文并没有太高的要求。凌福彭曾对私塾先生贲先生说道："对小十的要求不高，只要她能够在画作上题诗就可以了。"但是凌福彭不知道，其实在很早之前，凌叔华就在私塾外面偷听贲先生上课，而贲先生对这个小姑娘也很有好感。

这一切对于凌叔华来说无疑是幸运的。通过她的自述我们得知，在这样一个封建大家庭里，要想脱颖而出，获得大家长的认可并非易事。在这个家里，不光大人之间存在竞争，小孩子之间也在争宠。

多年之后，凌叔华的妹妹凌叔浩依然认为自己应该是父亲最宠爱的孩子，而那个只知道写写画画的姐姐却用卑鄙的手段抢走了父亲对自己的宠爱。

但是不管怎么说，凌叔华得到了父亲的栽培。她可以自由出入凌福彭的书房、客厅。除了王竹林、缪素筠两位老师之外，她还跟随陈半丁老师学画，而且向父亲的同科进士康有为求字，让他"能写多大就写多大"……在这期间，她还跟随父亲到日本求学两年。

到了1912年，12岁的凌叔华被父亲再次送到日本，这一次同行的还有一个哥哥和四个姐姐。当时留学日本已经成为一种潮流，凌福彭受袁世凯委派几次赴日本考察，在日本也有不少朋友。而且当时的时局动荡不安，凌福彭认为将子女送往国外更安全，但是这个决定却让他后半辈子在懊悔中度过。

在几个孩子到日本求学的第二年，凌叔华的哥哥和三个姐姐一块出去游玩，而凌叔华和另一个姐姐留在了家里。悲剧就在这次游玩时发生了，凌叔华的哥哥和姐姐们在神户山中的瀑布玩耍的时候发生意外，凌家彻底失去了这四个孩子。

后来神户的一家报纸从警方那里拿到了资料，推测出事故发生的经过：凌叔华的哥哥下水游泳，陷入瀑布的水流中出不来，他的姐姐们为了救他纷纷下水，但是也被水流卷入水底没能出来。这三个姐姐当中有一个是凌叔华的亲姐姐——八姐。八姐从小就对凌叔华非常照顾，两个人的关系最为亲密。凌叔华一直把八姐当做自己的榜样，八姐的离开让她很长时间沉浸在痛苦中无法自拔。

对于凌家来说，最大的损失是失去了那个男孩。虽然凌福彭的几个妻妾一直努力生养，但是始终无法改变凌家阴盛阳衰的局面。

也可能正是这样的原因，三个姐姐才不顾一切下水救弟弟。

悲剧发生之后，凌福彭的朋友迅速把凌叔华和另外一个姐姐送上了回国的轮船。在日本求学的一年多里，凌叔华经历了最美好的童年，也感受到了亲人离世的痛苦，而这一切也在日后成为了她作品的素材。

小试身手，崭露头角

从日本回来后，凌叔华的心情久久不能平静。后来，凌福彭调任天津，于是凌家举家迁往天津。在天津，凌叔华一边自学绘画，一边继续学习英文。她的心情有所好转，也多了一些趣事——与邻居家的孩童一起玩耍。他们一起玩扔石子、跨栏等游戏，在和这些孩子玩耍的时候，凌叔华感到很开心，她给这些孩子讲了很多西方的故事。同时，她也通过他们了解到了底层人民的困苦生活，这些场景后来也在她的作品中有所体现。

1919 年，凌叔华和姐姐凌瑞梅一同参加了天津女子师范学校三年级的考试，并顺利通过。该校的全称是"直隶北洋第一女子师范学校"，是中国最早创办的公立女校之一，在当时是闻名全国的女校。邓颖超和许广平都在这所学校就读，邓颖超和凌叔华是同级生，而许广平是她们的学妹，凌叔华与这两位非凡的女性也建立了深厚的友谊。

1919 年巴黎和会期间，帝国主义列强不顾中国战胜国的身份，拒绝了中国代表的合理要求，逼迫北洋政府签订卖国合约。消息传到国内，激起民众极大的愤慨，5 月 4 日，爱国学生掀起了"五四运动"。

凌叔华、邓颖超、许广平都热情高涨地投入到这场声势浩大的

运动之中。她们四处游行、做演讲。凌叔华由于文笔出众被选为第
一女师新成立的学生会四位秘书之一，当时"天津第一女师"很多
游行标语和演讲词都出自凌叔华之手。

1920年，两名罢工工人被日本工厂主杀害，引起学生的极大愤慨，
他们走上街头演讲宣传，要求当局严惩凶手，还说服商店抵制日货，
要求日本政府对死难者的家属给予赔偿。游行结束后，凌叔华的语
文老师将这些学生组织到一起，让他们把游行的感触写下来。第二天，
凌叔华所写的文章就被刊登在《天津日报》上，当老师把报纸递给
凌叔华的时候，她的心情不再平静。老师鼓励凌叔华："虽然这是
你的第一篇文章，但是总有一天你会成为真正的作家，到时候再看
这篇文章，你会有不同的感悟。"

1922年，22岁的凌叔华考进了燕京大学。当时郭沫若翻译
了《少年维特之烦恼》，小说中凄美的爱情故事感染了众多青年
学生，于是，这部小说的作者歌德成了众多青年的偶像，凌叔华
也在其中。因为歌德学的是动物学，所以入学的时候，凌叔华也
选择了动物学。

后来，学校的一位英文老师读了凌叔华写的文章，认为她在文
学上会有很大的发展前途，就找到了她，建议她更改专业，学习文学。
凌叔华本来对文学就有浓厚的兴趣，就听从了这位老师的建议。

转入文学系之后，凌叔华的文学创作能力逐渐显现出来。燕
京大学是一个学术氛围开放的学校，鼓励学生参加各种实践、创作。
凌叔华开始尝试创作话剧，先后编写了《月里嫦娥》与《天河配》
两部英文短剧。就这样，凌叔华在新旧交替的时代以全新的姿态
踏上了文学创作的道路。

为了写出更好的作品，凌叔华四处拜师。她给周作人写信，希望他能抽时间指导自己写作。在信中，凌叔华认为中国在"五四"以前几乎没有女作家，她立志要改变这一现象，恳请周先生做她的老师，指导她写作。

虽然凌叔华很希望周作人能够指导她写作，但还是没敢把自己的作品随信寄过去。周作人在读了凌叔华的信之后，认为她有一些"才气"，就回信答应了凌叔华的请求，凌叔华这才将自己的作品寄给周作人。周作人看完她的作品后，挑出写得不错的文章推荐到《晨报副刊》发表。

1923 年 8 月，凌叔华再次在《晨报副刊》发表文章，题目是《读了纯阳性的讨论的感想》，从这篇文章可以看到凌叔华走文学道路的决心。文中写道："我还要诚恳地告诉新文化的领袖，或先进者，请您们千万不要把女子看作'无心前进的，可以作诗就算好的，或与文无缘的'一路人，更祈求您们莫取旁观的态度；时时提携她们的发展，以您们所长的，补她们所短的。"

凌叔华将自己的决心付诸实践是在 1924 年，这一年她在《晨报副刊》上发表了自己的小说处女作《女儿身世太凄凉》。这篇小说为凌叔华打响了名号，在这之后，她又在《晨报副刊》上发表了一系列散文和《资本家之圣诞》《我那件事对不起他》等小说。这些小说和散文让她在北京的文人圈里崭露头角，并正式进入作家的行列。

1925 年，凌叔华发表了小说《酒后》，引起了极大的轰动，也奠定了她在文坛的地位。这篇小说的影响甚至到了海外，鲁迅在读到这篇小说后评论道："适可而止地描写了高门巨族的精灵。"这篇小说让凌叔华成为著名的作家。同年，她另一篇短篇小说《绣枕》在《现代评论》刊登，凌叔华的知名度进一步扩大。这一年，凌叔华25岁。

与"民国书生"结缘

1924年上半年，印度大诗人泰戈尔访华，这在中国文人圈里引起了极大的轰动。泰戈尔来到北京后，住在史家胡同的西方公寓，距离凌府并不远。当时负责泰戈尔接待事宜的是徐志摩和北京大学外文系主任陈西滢，凌叔华也是接待代表之一。北京文化界想要为泰戈尔举办一次茶话会，希望这次茶话会有品位又不落俗套。最终他们把茶话会的地点定在了史家胡同24号，也就是凌府内。凌叔华也就当仁不让地以女主人的身份主持了这次聚会，她穿梭在众多名流之间，优雅的谈吐和迷人的风采迷倒了参加这次聚会的众多男士，其中就有她日后的丈夫——陈西滢。

很多人认为这是凌叔华与陈西滢的初次见面，其实在这之前两个人已经有过交往。那时候凌叔华还是燕京大学的学生，而陈西滢是《晨报副刊》的编辑。凌叔华经常向《晨报》投稿，她的一些稿件就是由陈西滢负责修改校对，他对这个未曾谋面的"才女"很是好奇。

后来凌叔华主动邀请陈西滢到凌府做客，陈西滢也就带着好奇心前去拜访，结果他却在胡同里迷了路，绕了半天才找到凌府的后花园。看着偌大的院落，陈西滢以为凌叔华是寄居在亲戚家。当他敲开后花园的大门，先是由门房带了一段路，然后又由一名老妈子领着他向里走，最后由一个丫鬟迎接他，说道："小姐就在里面。"

这令陈西滢大吃一惊。

陈西滢是从英国留学归来的博士，是一名学者、评论家。但是人们知晓陈西滢却始于他与鲁迅的骂战。1924年年底，北京女子师范大学开展学生运动，引起了校方的关注，随后校方开除了三名学生。校方的这一举动遭到了学生和鲁迅、钱玄同等部分老师的反对，他们发表文章，要求驱逐开除学生的杨荫榆。

而陈西滢却与鲁迅等人持相反的观点，他在《现代评论》杂志上撰文批评学生参加政治运动。此后，鲁迅与陈西滢以学生是否可以参加政治运动为题，展开了激烈的论辩。到后来，两个人的笔锋都转向对对方作品的评价。当时鲁迅的名气很大，很多人站在鲁迅这一边对陈西滢口诛笔伐，陈西滢的"名气"也就越来越大。

其实陈西滢和鲁迅都对国人劣根性深感不满，但是留学英国的陈西滢深受英国文化的影响，习惯了英国文化的理智和有序，看不惯国人的散漫和愚昧。他的不满与鲁迅的"哀其不幸，怒其不争"有本质的区别，在他的文章里，字里行间充满了对国人"蔑视"的态度，他过于理智、不合时宜的态度让人很难接受，也因此激怒了不少学者。就这样，他在很多人心里滑向了"反动"的一边。

事实上，陈西滢绝没有大家想象的那么不堪。严格来说，他算是一个忠厚、直率的人，尤其是在文学评论方面，可以说十分公正，这一点可以从他对鲁迅作品的品评看出来。陈西滢在整理新文学运动以来的10部著作时，短篇小说集选了两部，一部是郁达夫的《沉沦》，另一部就是鲁迅的《呐喊》。他指出鲁迅描写故乡的作品都有一定的可读性，但是对故乡人物和事物的描写有些流于表面，不够深刻。他认为鲁迅笔下的阿Q刻画得最为成功，是与李逵、刘姥姥等一样可爱的人物，而且他认为这个人物可能会不朽。

这就是陈西滢，虽然不赞同你这个人，但是绝对不会鄙薄你的作品。同样的，即便是自己的朋友，如果作品有问题，陈西滢也不会姑息。对自己的好友徐志摩，陈西滢承认他在文学上的贡献，但也指出了他作品中的不足。他认为徐志摩的诗歌太过浮夸，没有约束，辞藻堆砌得厉害。徐志摩后来翻译的作品《涡堤孩》不忠于原著，陈西滢也直接批评其"跑野马"。

正如伏尔泰所说："我不同意你的说法，但是我誓死捍卫你说话的权利。"陈西滢就是这样一种人，无论对何人，他都能做到立论为公，因为他的心中始终摆着一杆秤。

1926年，凌叔华从燕京大学毕业没多久，就嫁给了陈西滢，这一举动令认识他们的人大跌眼镜。因为两个人虽然经常一起参加沙龙聚会，但是谁也没有发现他们有恋爱的苗头。而且当时凌叔华和徐志摩交往甚密，经常书信往来。后来有人分析凌叔华嫁给陈西滢的原因，认为当时的三大才女（林徽因、冰心、凌叔华）只有凌叔华没有正式去国外留学，而陈西滢留英博士的身份正好弥补了凌叔华内心的缺憾。但事实是否真的如此，只有当事人知道。

和徐志摩的一段情缘

徐志摩曾经说过："没有女人，哪有生活，没有生活，到哪里寻找诗、寻找美……美丽女人的身上，寄托着我那'爱、自由、美'的理想。"徐志摩的一生也像他说的这些话一样，与几位女性纠缠不清，其中最为有名的有四位女性：张幼仪、林徽因、凌叔华、陆小曼。

他与张幼仪因父母之命、媒妁之言而结合，以离婚告终；他痴爱林徽因，却求而不得；他与陆小曼终成眷属，却以悲剧收场。难怪有人说，徐志摩身边的女性只有凌叔华最有资格做他的妻子，做徐家的儿媳妇。

凌叔华与徐志摩相识是在 1924 年泰戈尔访华期间，据说，泰戈尔见到凌叔华之后，曾对徐志摩说，凌叔华比林徽因"有过之而无不及"。泰戈尔离开中国后，徐志摩就和朋友经常去凌家做客，有时候一直待到吃完晚饭才走。徐志摩主持的新月社时常召开聚会，凌叔华成为作家后也经常参加。

徐志摩非常欣赏凌叔华的才情，两个人成了无话不谈的好友。后来徐志摩还为凌叔华的小说《花之寺》做序——这是徐志摩唯一一次为别人的作品作序。投桃报李，徐志摩的第一部诗集《志摩的诗》需要在扉页上题字，凌叔华就帮徐志摩在扉页上题词"献给爸爸"。两个人的交往此后变得更加密切，据说半年之间通信就达七八十封，关于两个人的绯闻也不胫而走。

据凌叔华的女儿陈小滢说，徐志摩与母亲的关系是知己，而非恋人。徐志摩当时刚刚被林徽因拒绝，内心非常失落，因此将母亲当做倾诉的对象，而母亲也从来没有承认过与徐志摩产生感情。

凌叔华在写给朋友的信中也明确表示与徐志摩并非恋人："说真话，我与徐志摩并没有产生感情，徐志摩对我是很亲近的朋友，他的事情向来不瞒我，即便是私事也会像哥哥一样倾诉给我。而且徐志摩也说过'在我的女友当中，叔华是同志一样的存在'。"

两个人虽然没有产生感情，但是凌叔华对于徐志摩也有着特殊的意义，他把凌叔华比作曼殊菲尔。曼殊菲尔是新西兰籍作家，被誉为100多年来新西兰最有影响的作家之一。徐志摩虽然与曼殊菲尔仅见过一次面，但是对她却怀有一种特殊的情感。曼殊菲尔在徐志摩笔下宛如夏夜榆林中的鹃鸟，即便唱到血枯音嘶，也不忘她的责任是牺牲自己有限的精力，替自然界多增几分美，给苦闷的人间几分精神的安慰。

对于曼殊菲尔的容貌，徐志摩称赞她"就像印度最纯澈的碧玉似的容貌，受着她充满了灵魂的电流的凝视，感着她最和软的春风似的神态，所得的总量我只能称之为一整个的美感"。

描写非常夸张，但是这正是徐志摩情感的表达。徐志摩把这样的赞美留给了曼殊菲尔，但是他又把"曼殊菲尔"的桂冠戴在了凌叔华的头上。由此可见，凌叔华在徐志摩心里的地位。

凌叔华与徐志摩之间的感情是一种比朋友要亲近，却比恋人略微浅淡的情感。1924年徐志摩由印度回国，住在上海新新旅馆，期间同时收到陆小曼与凌叔华的信。第二天，徐志摩的父亲来看望他，陆小曼的丈夫王庚也一同前往。徐志摩知道父亲喜欢凌叔华，于是赶紧拿起枕边的一封信说道："叔华的来信。"徐父接过信之后展开阅读，王庚也立在一旁一同看信。但是看着看着，王庚脸色大变，徐志摩预感到大事不妙，赶紧掀开枕头，才发现凌叔华的信还躺在枕头下，而自己递给父亲的是陆小曼的信。

其实在传出与徐志摩的绯闻之后，凌叔华就一直在否认，无论是写给胡适的信，还是写给陈从周的信，凌叔华都否认了与徐志摩的感情，只承认两个人是亲密的朋友。

"抄袭"风波

凌叔华自发表小说《酒后》，就声名鹊起，名声大噪。正所谓："木秀于林，风必摧之；堆出于岸，流必湍之；行高于人，众必非之。"成名之后的凌叔华自然也引起了各方的关注。

1925年10月，徐志摩主持《晨报副刊》，委托凌叔华帮自己描一张新的刊头，凌叔华就帮徐志摩找了一张裸背扬手的西洋女郎画像作刊头。在这一期的《晨报副刊》上，凌叔华还发表小说《中秋晚》。徐志摩在编写的"按"中多说了一句话：刊头图画也是凌女士的，特此致谢！很快这幅画被人指出是抄袭英国画家琵亚词侣的作品。为了避免误会，徐志摩就这件事情做了解释，承认刊头是自己委托凌叔华所找，与凌叔华无关。

但是这件事情过去没多久，又有人指出凌叔华发表在《现代评论》上的小说《花之寺》抄袭了俄国作家契诃夫的《消夏别墅》。就这样，抄袭、剽窃的罪名被安在了凌叔华的头上。这样的罪名对于作家来说是最为严重的指控，这意味着其在人格与创作上的双重失格。

为了澄清这件事，陈西滢专门在《现代评论》杂志上撰文为凌叔华辩护。在辩文中，陈西滢说道："人类的很多感情都是相通的，因此在对感情表述的时候会出现相似的情况，这样的情况根本不能称之为抄袭。而且，在文学创作过程中，有些作品无意，或者是有意借鉴了另一部作品的布局，只要他运用的方法不同，人物的性格不同，故事的细节也不相同，那么就不能称之为抄袭。

凌叔华的《花之寺》和契诃夫的《消夏别墅》在布局上确实有

相似的地方。这两部作品的'关节点'都是妻子冒充另外一个女人给丈夫发情信，邀请丈夫到另一个地方约会。但是关节点之后的描写却各有侧重，人物的性格也大不相同。《消夏别墅》侧重于描写丈夫渴望艳遇与出轨，写作手法也比较荒诞，这部小说更像是一部喜剧作品。而凌叔华的《花之寺》在写作手法上和《消夏别墅》完全不同。凌叔华的作品更显清新淡雅，读起来像一首抒情诗。因此，凌叔华的《花之寺》与《消夏别墅》是完全不同的作品，根本谈不上抄袭。"

尽管如此，揭露凌叔华"抄袭""剽窃"的文章并没有放弃攻击，由于这些文章多发表在与鲁迅关系比较密切的《语丝》杂志上，导致陈西滢怀疑这件事情的幕后主使是鲁迅，而矛头则对准的是自己。

由此，陈西滢也把矛头指向鲁迅，声称鲁迅才是真正的抄家。陈西滢指出鲁迅的《中国小说史略》抄袭了日本人盐谷温的《支那文学概论讲话》里面的《小说》部分，并且指出鲁迅在借鉴了对方的蓝本后并没有声明，这才是真正的抄袭。

鲁迅也很快做出回应，他承认借鉴了盐谷温的书，但是借鉴的只是大意，次序与意见有很大的不同。而且在回应中，鲁迅彻底将凌叔华拖下水："陈源教授大概是以为揭发凌叔华女士的剽窃小说图画的文章，也是我做的，所以早就将'大盗'两字挂在'冷箭'上，射向'思想界的权威者'。殊不知这也不是我做的，我并不看这些小说。"

在陈西滢与鲁迅论辩的时候，周作人也加入到战局当中，站在哥哥鲁迅这边对陈西滢冷嘲热讽。在双方激烈论战的过程中，凌叔华这个当事人反而没什么动作，只是给周作人写了两封信，希望他们的论战不要把自己牵扯进去。凌叔华主动给自己的老师去信是想化解矛盾，但是效果并不理想。

直到 1926 年 5 月，凌叔华才在自己的新作中自辩了"抄袭"一事，并对鲁迅以及他的亲友团略表不满。也因为这次论战，凌叔华与周作人的师生情谊缘尽。

"八宝箱"风波

对于徐志摩与凌叔华的情感，虽然两个人都予以否认，但是却没能阻止别人的猜测。凌叔华、林徽因、陆小曼与徐志摩的关系都非同寻常，在新月社的聚会上几个人经常能遇到，而且凌叔华还在林徽因家租住过，林徽因的父亲甚至想让凌叔华做林徽因的家庭教师。凌叔华与陆小曼的交情也很深厚，曾一度将陆小曼视为知己。与陆小曼和林徽因相比，凌叔华在性格上比较内敛温和，但是在温和中却渗入一丝"心机"，沾染了一些"俗气"。因为"八宝箱"事件，林徽因与凌叔华交恶，两大才女的性格弱点在这次事件中暴露无遗，反而是陆小曼表现出了豁达与包容。

徐志摩的"八宝箱"曾两次寄存在凌叔华处，这也可以看出两人的关系非同寻常。第一次放在凌叔华处是在 1925 年，当时徐志摩与陆小曼的关系闹得满城风雨，徐志摩不得已去国外避风头，走的时候把装有日记文稿以及与友人来往书信的手提箱，也就是"八宝箱"寄存在了凌叔华那里。因为徐志摩相信，凌叔华是值得信任的真朋友。

徐志摩从国外回来之后，凌叔华就托人将"八宝箱"带给了徐志摩，徐志摩就把箱子拿回硖石老家存放。再后来，徐志摩回到北京寄居在胡适家中, 但是他认为箱子放在胡适这里不太合适, 就再次交给凌叔华保管。只是这次箱子里多了几样东西, 包括陆小曼的两本初恋日记, 徐志摩旅欧期间曾嘱咐陆小曼把思念记成日记, 陆小曼也切切实实记了两本日记。只是日记牵涉的人和事甚广, 不宜公布。另外放进去的还有徐志摩旅欧期间所记的日记, 以及写给陆小曼的情书。

1931 年, 徐志摩乘坐的飞机失事, 徐志摩丧生, 而有关"八宝箱"的秘密却不胫而走。对于这个箱子, 除了几个当事人之外, 还有很多"关心"徐志摩私生活的人表现出了极大的兴趣, 纷纷打起了这个箱子的主意。

对这个箱子的兴趣最为浓厚的是陆小曼和林徽因, 陆小曼不想让自己的日记公之于众, 而且她还立志要将徐志摩的文稿进行整理出版, 所以在得知有这个箱子之后, 专门去信向凌叔华讨要箱子里的资料。

而一向超然物外的林徽因似乎比陆小曼更加想得到这个箱子, 她不仅写信讨要"八宝箱", 甚至还专门登门去索取, 但是被凌叔华婉言拒绝。林徽因在被拒绝之后, 转而向胡适求助。后来胡适以编辑志摩文稿的名义向凌叔华讨要"八宝箱", 凌叔华只得把"八宝箱"交给了胡适。但是胡适并没有把"八宝箱"交给正在编辑徐志摩文稿的陆小曼, 而是转交给了林徽因。在得知胡适将"八宝箱"交给林徽因后, 凌叔华专门去信理怨胡适, 说: "前天听说此箱已落入林徽因处, 很是着急, 因为内有陆小曼初恋时日记两本, 牵涉是非不少 (骂林徽因最多), 这正如从前不宜给陆小曼看一样不妥。"

陆小曼在编辑《志摩文集》的时候曾抱怨, 徐志摩的一些日记和书信都不在她这边，如果拿着的人肯交出来，《志摩文集》将会更加精彩。至于陆小曼所指之人，不言而喻，便是凌叔华和林徽因。

但是到了后来，林徽因的儿子和梁思成的第二任妻子都否认见过这些所谓的文稿、书信、日记，而凌叔华也否认私藏了书信，孰是孰非很难断定。凌叔华和林徽因两个原本还算有交情的人因为这件事情"交恶"，从此不再往来。在谈到"八宝箱"的时候，凌叔华对林徽因始终耿耿于怀。

如今，与"八宝箱"有关的几个当事人都已离世，而这一桩公案也成了难以解开的谜团。

一段婚外情

凌叔华与陈西滢结婚之后，在北京度过了两年甜蜜的时光。1928年10月，陈西滢应聘到武汉大学任教，凌叔华一同前往。陌生的环境、陌生的人让凌叔华感到很孤独，她更希望去法国发展，希望能在那里继续学画深造。

直到第二年、第三年，好友袁昌英与苏雪林的到来，才缓解了凌叔华烦闷的心情。找到了能够与自己谈诗作画的人，凌叔华一改往日的沉闷，变得活泼起来。1932年，武汉大学迁到东湖之畔的珞珈山，陈西滢夫妇也搬到了珞珈山的新居里，两个人对新居非常满意，取名"双佳楼"。凌叔华与袁昌英、苏雪林经常在珞珈山上谈论诗文，讨论画作。当地人开始以"珞珈三杰"称呼她们。就这样，凌叔华和丈夫以及好友在这里过起了平和、恬淡的生活。

但是这种宁静的生活随着英国诗人朱利安·贝尔的到来被打破了。1935年，朱利安以外教的身份被武汉大学聘用，聘期3年，年薪是 700 英镑, 这些钱由学校和庚子赔款基金会共同支付。

朱利安·贝尔是著名小说家伍尔夫的侄子, 他的母亲也是非常有名的画家, 在来武汉之前, 朱利安已经发表了两本诗集, 是"布鲁姆斯伯里派"第二代中的佼佼者。朱利安长得非常英俊, 也很有才华, 而且他酷爱探险, 喜欢远游。"九一八事变"后, 他将目光投向了中国, 经过几年时间的准备, 他终于来到了中国。

来到武汉大学的当天, 朱利安就走进了陈西滢与凌叔华的"双佳楼"。在给母亲写的信中, 他这样说道: "今天下午我拜访了文学院的院长, 他和他的家人热情招待了我, 他们有一个六岁的女儿, 是一个非常迷人的女孩。在这里, 我和院长很自由地交流, 这里简直就像是中国的剑桥。"

凌叔华热情招待着这位远道而来的客人, 陪着他购买日常生活用品, 帮他布置宿舍。后来凌叔华还专门去旁听了朱利安的课, 但是在听过几堂课之后, 凌叔华就不去了。因为凌叔华发现朱利安在与自己相处的时候隐隐有一些暧昧的气氛, 此时凌叔华并不知道, 朱利安在给自己朋友的信中已经承认自己爱上了凌叔华。他在信中称赞凌叔华是一个聪敏的天使, 生性善良而又有幽默感, 他说凌叔华非常有教养, 有时候会使一点儿坏, 虽然不算漂亮, 但是自己却无可救药地爱上了她。

凌叔华与朱利安恋情发展的速度, 连两个当事人都感到吃惊。文化不同、背景不同的两个人就这样陷入了情网, 而且一发不可收拾。朱利安沉浸在恋爱的喜悦里, 渴望与凌叔华约会。但是, 很快他就不满足于此, 希望能光明正大地和凌叔华约会。他写给凌叔华的信越来越露骨, 完全不考虑凌叔华的处境。

两个人密谋去外地幽会，恰巧凌叔华在北京的忘年好友克恩慈女士病故，于是凌叔华以此为借口返回北京，朱利安则随后跟上。到了北京，凌叔华把朱利安安排在史家胡同附近的一家德国旅馆里。在拜祭过克恩慈女士之后，凌叔华就带着朱利安游览北京的名胜古迹，故宫、颐和园、后海、天桥等地都留下了两个人的足迹。

这次约会因为远离武汉，他们肆无忌惮地一起出入戏院、流连于北京的夜市。凌叔华还带着朱利安拜访了自己在北京的故交，但是朱利安是以外国友人的身份随凌叔华前去，这让他多少有些不开心。

凌叔华与朱利安虽然彼此深爱，但是由于文化背景不同，两个人注定无法走到一起。凌叔华还保留着中国传统女性的品德，一旦情感投向了谁，就会痴情而专一，其他的事情都会置之度外。朱利安则不同，他从来不相信一夫一妻，事实上他在和凌叔华交往的同时，还在与其他女性交往，而且不止一个，他也从来没有想过要和凌叔华结婚。

从北京回武汉后，两个人的绯闻在武汉大学传得沸沸扬扬。无休止的闲话让凌叔华感到非常尴尬，她已经没有退路，为了解决这种局面，她决定以死相逼。这一天，凌叔华拿了一小瓶老鼠药，还随身带了一把蒙古小刀来到朱利安的宿舍。朱利安感受到了绝望中的女人有多可怕，只好答应娶凌叔华为妻。

陈西滢也知晓了妻子的婚外情，他给了妻子三个选择：第一，离婚；第二，分居；第三，离开朱利安，两人破镜重圆。听了丈夫的建议，凌叔华思虑再三，恢复了理智。她意识到朱利安不是一个能够托付终身的人，而离婚的话，自己将失去很多珍贵的东西，最终她选择了回归丈夫的怀抱。凌叔华的这一选择也让朱利安长出了一口气，他再也无法承受这个东方女性的纠缠。

事情闹到这个地步，朱利安不好继续待在武汉大学，不得不从武汉大学辞职回英国。归国不久，朱利安不顾母亲与阿姨的反对，奔赴西班牙参加对德国法西斯的战争。在马德里守卫战中，他所开的救护车不慎被德军飞机投掷的炸弹炸毁，朱利安被弹片切入胸腔，重伤不治。据说在他牺牲之前对医护人员呢喃："我有两个愿望，想要一个漂亮的情妇和上战场。现在这两件事我都做到了。"

朱利安去世后，武汉大学的师生为他举办了一场追悼会。据说陈西滢也参加了，从这一点上来说，陈西滢是一位君子。不过凌叔华是否出席追悼会就不得而知了，但是想来，即便她出席了追悼会，也只能徒增尴尬。

朱利安去世之后，凌叔华开始与朱利安的阿姨——弗吉尼亚·伍尔夫通信，并在她的鼓励下尝试用英文写作，她把自己写好的文稿寄给伍尔夫，请她校对指导，这样的通信一直持续到伍尔夫自杀。

流离在外，思念故土

1946 年冬，陈西滢受国民政府委派，成为联合国教科文组织常驻英国代表。第二年，凌叔华也带着女儿陈小滢经美国来到英国。就这样，一家人定居英国伦敦，住在亚当森街 14 号，开始客居海外的生活。

为了应付国外的生活，凌叔华专门去联合国国际速成班学习，并且拿了文凭，还特意跑到巴黎学习法文，并研究印象派绘画多年。她还在一所大学讲授中国的艺术和戏剧。

在英国期间，凌叔华搜集了自己写给伍尔夫的信，并加以整理，而这些资料就是后来凌叔华在英国出版的自传体小说《古韵》的原始素材。《古韵》一经出版，就成为畅销书，并引起英国评论家的注意。诗人维特·萨克维尔·韦斯特在该书的英文版序言中写道："她（凌叔华）成功了……她的每封信都能反映出她对于美的渴望。她的文笔自然天成，毫无矫饰，却有一点惆怅。因为她毕竟生活在流亡之中，而且那个古老文明的广袤荒凉之地似乎非常遥远。"

《泰晤士报文学副刊》评论说："凌叔华用平静、轻松的笔调把我们带进了那座充满古老文明的院落。她用文字向英国读者展示了一个中国人的情感世界。在这里，读者聆听了高昂的调子消失以后的古韵，优雅的声音不绝于耳。"

但是凌叔华却不这样认为，她明白这些外国读者感兴趣的不过是大宅院里三妻四妾的生活，而这些却是凌叔华所不愿意提及的痛。

客居海外的生活让凌叔华体会到了辛酸艰苦，好在她素来是一个淡泊、宁静的人。虽然出身名门，但是也能吃苦，在英国时，她除了要操持家务之外，还要靠"鬻文和卖画"来贴补家用。1956 年到 1960 年，应新加坡南洋大学的邀请，凌叔华到该校教授中国近代文学和新文学研究。

在英国侨居的三十多年中，凌叔华先后在巴黎、伦敦、新加坡等地的博物馆举办个人画展。其中最为轰动的一次是 1962 年在巴黎东方博物馆举办的。这次展览的作品除了她自己的三十多幅画作之外，还有她收藏的元、明、清三代画家，如陈老莲、石涛、郑板桥、赵之谦等人的名作。另外，凌叔华还拿出了她珍藏的一些文物和文房四宝。法国电视台、电台以及一些报刊都对这次展览进行了宣传报道，影响力可见一斑。

在海外客居的日子里，凌叔华一直思念着祖国。1970 年，陈西滢在英国病逝，此后，凌叔华越发感觉到在国外生活的孤独，对祖国的思念更加强烈。在与国内故交的通信中，她不止一次提到想要回国安度晚年。

1989 年，凌叔华可能是感到自己的人生路所剩无几，虽然已经不能行走，但还是决心启程回国。这年 12 月，她终于回到了阔别多年的祖国，入住石景山医院治疗腰伤。

1990 年 3 月 25 日，在亲朋好友以及医院工作人员的祝福声中，凌叔华度过了 90 岁的生日。同年 4 月，凌叔华乳腺癌复发并转移，陷入重度昏迷。5 月 16 日，她从多日昏迷中苏醒过来，提出想再看看北京城。医院的工作人员不忍心拒绝这位弥留老人的要求，于是派出救护车和担架，带着凌叔华来到她幼年时期印象深刻的北海公园。之后，又带她回到出生地——史家胡同 24 号，那里已经改建成一座幼儿园，孩子们手捧鲜花热烈欢迎这位病重的老人。

凌叔华曾在《古韵》的结尾处写道: "我多想拥有四季。能回到北京，是多么幸运啊! "而现在，她的愿望终于实现了。1990 年 5 月 22 日，凌叔华在北京逝世。她的离去和她的性格一样平和而宁静。

第六章

萧红：苦难冰河绽孤红

　　她被誉为"30年代文学洛神"，她是民国四大才女中命运最为凄苦的一位，也是我国现代文学史上有着传奇经历的一位女作家。她一生未曾向命运低头，为冲破封建禁锢，跌宕一生，如同一个真正的勇士，把"人类的愚昧"和"改造国民的灵魂"作为自己的艺术追求。

呼兰河的憧憬

关于萧红的出生有一段离奇的传说。她的母亲姜玉兰十月怀胎，临产前夕梦见天女授其红花一朵，娇艳欲滴，并说道："花好易谢，善自珍爱也。"第二天她便生下了萧红。然而，这样一位奇女子却在后来的日子里经历了无数动荡与劫难。

萧红原名张乃莹，1911 年 6 月 2 日出生在一个地主家庭，张家的高门楼、大院墙令人瞩目。不过，这个大家庭却充斥着没落的腐朽味道。萧红的母亲姜玉兰出身名门，知书达理，温婉大方，但是骨子里懦弱，没有自己的思想，也是个命运可悲的女子。

萧红丝毫没有享受到母亲所给予的温暖，真正疼她的人，实在是少得可怜。祖母有洁癖，每当萧红把炕弄脏了，就用针扎她的手指，为此萧红没少吃苦头。还好有祖父疼爱她，成了她形影不离的保护神。后来她写的《呼兰河传》一书专门记载了这样一段时光："等我生下了，第一给了祖父无限的欢喜，等我长大了，祖父非常地爱我。使我觉得在这世界上，有了祖父就够了，还怕什么呢？虽然父亲的冷淡，母亲的恶言恶色，和祖母的用针刺我手指的这些事，都觉得算不了什么。"除了这些，萧红和其他小孩一样，读书、玩耍，有着无忧无虑的童年。

萧红 8 岁时，母亲去世。母亲还没过百天，父亲就续弦了，红色的花轿与母亲白色的灵堂形成强烈的反差，在一个年仅 8 岁的女孩心里留下莫大的感伤。继母进门后，对她十分冷淡，也可以说是冷漠。

112

多年以后，萧红回忆："这个母亲对我很客气，不打我，就是骂，也是指着桌子椅子来骂我。客气是越客气了，但是冷淡了。"

家庭对一个人的影响是巨大的。萧红是一个懂事颇早的孩子，她在家里谨言慎行，但在家庭之外，这个恬静的女孩子也有自己的一方乐土，那就是神秘的后花园。当然，能够进入这个世外桃源的人，还有最疼惜她的祖父，这对萧红来说又不能不说是一种幸运。每年，萧红都会和祖父一起种小黄瓜、大倭瓜。在明媚的春光里，在微凉的金秋中，与蚂蚁、蝴蝶和蜻蜓为伴，在小花园里，留下了一串串银铃般的笑语。

多年以后，萧红用看似平凡的文字，生动地勾勒着记忆里的花园。"我生的时候，祖父已经六十多岁了，我长到四五岁，祖父就快七十了。我家有一个大花园，这花园里蜂子、蝴蝶、蜻蜓、蚂蚱，样样都有。蝴蝶有白蝴蝶、黄蝴蝶。这种蝴蝶极小，不太好看。好看的是大红蝴蝶，满身带着金粉。蜻蜓是金的，蚂蚱是绿的，蜂子则嗡嗡地飞着，满身绒毛，落到一朵花上，胖圆圆的就和一个小毛球似的不动了。花园里边明晃晃的，红的红，绿的绿，新鲜漂亮。"

这些在世人眼中平凡的小生灵，却是萧红童年的密友。在孩子的眼睛里，美好的事物都会被放大。此时的萧红，在后花园，在祖父的膝下，是天真俏皮的孩子。这一片被常人遗忘的地方，成了萧红可以放声大笑，肆意奔跑的地方。

在以后的岁月里，后花园的趣事成了萧红回忆中的宝藏。在她的笔下，这份记忆经常展成美丽的画，令人魂牵梦绕。正如鲁迅先生笔下的百草堂与三味书屋，它们都是妙趣横生，在苦难的年月里绽放出一缕甜蜜。

在经历过很多事，看过了很多风景之后，萧红仍旧把后花园当做自己的心灵归属地，去怀念，去神往。

求学坎坷终遂愿

1920年春，9岁的萧红进入呼兰县南关女校读书，1924年暑假，她考入高小。到了冬天，学校改名"第一女子初高两级小学校"。此时，萧红已经是13岁的少女了。据她的同学傅秀兰回忆："她已经是稍高个子，白净的圆脸上闪着秀气聪明的大眼睛，穿着蓝上衣、黑布裙子、白袜子、黑布鞋的学生装。"萧红已经是一个秀气、知性、活泼的少女。她长大了，有了所追求、所向往的东西。

她走出了自家的后花园，走入学校，开始与书籍为伴。在书中，她懂得了做人的道理，暗暗在心中立下坚定的理想，开始表现出惊人的才华与悲天悯人的情怀。少年当自强，她开始关心国家大事与民族危亡。

1926年夏天，15岁的萧红以优异的成绩结束了小学生涯。毕业之后，萧红想了很多，以后的路该怎么走？在小城的中学读一些书，之后谈婚论嫁？这并不是她所愿意的。当时，张家子弟多是去哈尔滨上学，还有去北京上大学的。萧红满怀企盼想去哈尔滨上学，但是却遭到家里人的极力反对，在这次冲突中，萧红爆发了。她毅然决然地喊道："不上学，便出家"。

在家长面前，她毫不示弱，为继续上学而奋起反抗。她不甘平庸，不愿像寻常女子一般只会相夫教子，守着一方灶台。她要做新时期的五四青年，崇尚民族自由，渴望获得更多的知识，她誓死要与封建恶势力斗争到底，她是一个外表柔弱，实则一身傲骨的人。

　　年少的萧红像一头小兽般张开利爪，拼命反抗。在那个家里，她藏起了笑容，再也不愿理会任何一个人，因为他们都是阻碍她前途的人。张家大院遮住了她生命中仅有的希望——求学的梦想，以及成为一个了不起的人的志向。

　　那段日子，她没有笑容，没有声音，只是翻翻闲书，或者到后花园坐坐。不久，萧红病倒了，天天躺在炕上，偶尔收到同学的来信，信中的校园生活是那样美好。尽管她从未见过，但脑海里总能想象出来，各种新奇的东西深深地吸引着她。她暗暗下定决心，一定要斗争到底，她要上学，一定要上学。

　　当时，同班的傅秀兰、吴鸿章、李玉梅回来看萧红，并对她的遭遇深表同情。几个人谈起了田慎如当修女的事，萧红当即说："我爸不让我外出读书，我也出家当修女！"

　　此话一出，就如一阵风似的传遍了呼兰小镇。镇上的人都说，张廷举的大女儿要当修女去了。这一招真灵！萧红的祖父张维祯首先跳出来大骂张廷举，并表示荣华（萧红的乳名）要是去当修女，他就死给他们两口子看。萧红反抗成功了，她为自己争取到了继续求学的机会。

　　她毅然离开家乡，开始新的旅程。在哈尔滨，她看到了新的世界，收获了人生的挚友，告别了呼兰河落后的气息。萧红后来回忆说："当年，我升学了，那不是什么人帮助我，是我自己向家庭施行的骗术。"1927 年秋天，萧红进入哈尔滨的东省特别区区立第一女子中学，开始了崭新而重要的人生阶段。

　　进入中学后，萧红贪婪地汲取着自由、民主、博爱的精神营养，把反帝反封建作为人生的伟大追求。与此同时，她因为从天地窄小的呼兰县城迈入繁华喧嚣的大都市，时刻被各种新知识新气息强烈地吸引着。

1930 年，萧红在女中校刊上发表了《吉林之游》，文中提到："以前，我们都是很要好的朋友，为什么在北山上却你争我吵了？啊！原来是爬山爬累了！"此时署名为"悄吟"。据沈玉贤回忆，这个笔名就是那时开始用的。问她为什么？她淡笑不语，大家想是：悄悄地吟咏么！

萧红是女校里的才女，她总有一些奇思妙想，时常在校刊和黑板报上发表散文和诗歌。据张秀琢回忆："曾亲眼看到过她中学时期的作文簿。全册都是用毛笔书成，封面端端正正地写着她的名字。"

在萧红一生中有两个男性给过她温暖，一个是祖父，一个是青年时遇到的恩师鲁迅先生。在《永久的憧憬与追求》中，萧红这样写道："从祖父那里，知道了人生除了冰冷与憎恶之外，还有温暖和爱。所以我就向着'温暖'和'爱'的方面，怀着永久的憧憬与追求。"可以说，是祖父的爱给了萧红温暖的灵魂，呼兰河在萧红的笔下才有了欢声笑语。也正是祖父给予的那份爱，让萧红有了怜悯的情怀，振兴民族的抱负。

1929 年 6 月 7 日，萧红最亲爱的祖父病故了。一封加急电报送到了萧红手中，如晴天霹雳一般，她觉得自己的世界坍塌了。祖父的去世，给了萧红沉痛的打击。在那个走向衰败的家里，她已经没有什么可留恋的了，于是毅然走上了自己向往的道路。

萧红在多年的漂泊之后，重新回顾童年的生活，动情地提笔写下《呼兰河传》。她回味以往的历程，用笔描绘出那片生她养她的土地，让心灵寻找归属。诚然，呼兰河城并不是安详宁静的天堂，尽管那里充满了无知和愚昧、苦难和悲凉，荒凉的土地上四处弥漫着绝望，但是萧红却用平和、淡泊的语气叙述故乡的种种，以一颗包容的心包容了一切不美好。她信手拈来一片片记忆的碎片，将其一一摆出来，抒写出那份独属于童年、独属于乡土的气息，呼兰河就是萧红心灵的家，书里慈爱的祖父和后花园的动植物是萧红生命中极为重要的一抹暖色，是她生命的慰藉和力量的源泉所在。

那场有悖道德与伦理纲常的爱情

1930 年夏天，萧红毕业之际再一次面临抉择。一是继续完成学业，二是尽快与汪恩甲成婚。萧红渴望继续求学，她身边的很多人都在北平或东三省的高校深造。她非常向往去北平读书，但遭到了家人的反对，家人将她与汪恩甲的婚礼提上了日程。起初萧红对汪恩甲并无反感，但随着两人的接触，汪恩甲富家公子的性格让她不满。在初中毕业时，萧红便想退婚，去北平读高中。

与此同时，萧红与表哥陆振舜很投缘，在与陆振舜的交往中，萧红是轻松的、快意的。有一次，陆振舜问道："把你嫁给我，可好？"萧红心里是一百个愿意，可是她想了想说："我不要许，也不要配，我向往的是自由婚恋。若是家人强迫的，你再好，我也是不愿意。"陆振舜听了并不觉得生气，这正是他迷恋萧红的原因。她是不自由的，但拼了命也要去追求自由，这样的女子，怎能不叫人迷恋？

相比汪恩甲，陆振舜才是萧红可以托付终身的人，再加上萧红从小就有叛逆心理，因此决定与包办婚姻决裂。她认为，幸福是要靠自己去争取的，她不能成为包办婚姻的牺牲品。她要反抗，要斗争到底。于是，萧红不顾一切地给父亲去了一封信，内容是与汪恩甲解除婚约。父亲看过信后，勃然大怒，他觉得萧红败坏家风。无奈之下，萧红和陆振舜决定私奔。陆振舜表示，想去北平念大学，萧红听了，心中满是欢喜。既然陆振舜要去北平，自己也跟着过去，这样就可以逃避婚事了。

于是，萧红打定了主意，收拾了行装。首先，她写了一份请求退学的报告，交给孔校长。辞别孔校长之后，萧红便踏上了去北平的路。

逃婚使萧红陷入了困顿，也成了她苦难的开端。萧红与人私奔的事很快就在呼兰河传开了，弄得满城风雨。此事在张家引起了轩然大波，萧红的父亲拒绝再给萧红提供生活费，她在北平的生活难以为继。

而汪恩甲家自觉脸面无光，以萧红品行不端为由，提出解除婚约。不仅如此，萧红的父亲在舆论面前深感无地自容，便主动辞去呼兰县教育局长的职务，调到巴彦县教育局担任一个很小的职务。萧红的行为也连累到了弟弟张秀珂和堂弟张秀琳。一时间，张家落得声名狼藉。这件事非同小可，有关张家的名声，到最后连萧红的大舅都从乡下赶来教训她，扬言要打死这个不肖的小杂种。

到达北平之后，在李洁吾的帮助下，陆振舜进入了中国大学读书，萧红进了女师大附中学习。北平的新时代气息要比哈尔滨浓郁许多，这里有更为先进的文化，学识更为渊博的导师。女师大附中的学习环境在全国女校中也是名列前茅的。白天，他们各自去学校上课；晚上，大家一块儿讨论功课，倒也其乐融融。

美好的日子总是短暂的，不久，两人的生活出现了经济危机。当他们要靠赊账来解决温饱，拖欠房租过日子时。陆振舜开始动摇了，但萧红在这些困难面前毫不屈服，她宁愿忍饥挨冻也决不向家庭妥协。陆振舜没办法只能苦撑着，靠向几个哈尔滨老乡借钱维持生活。可是毕竟大家都是学生，能力有限，没办法帮他们支撑太久。

1931年1月，寒假回家的萧红被父亲禁足家中，被逼无奈，她假装同意同汪恩甲结婚，但在拿到一笔嫁妆钱后，又只身去了北京。初到北京时，她过了一段舒心日子，但是，表哥陆振舜有妻有子，他写信回家要求与原配妻子离婚，却遭到陆家的强烈反对，同时陆家也拒绝给他寄生活费。北平天冷、米贵，陆振舜渐生悔意，与萧红的关系开始冷淡。

陆振舜最终还是选择了放弃，对萧红没有了当初的热情。他们给彼此留下的恐怕只有深深的埋怨。想当初，萧红为了自以为坚定的爱情，毅然抛开了伦理纲常，抛开了呼兰河，抛开了亲人，只为换取与爱人厮守在一起。谁料命运弄人，这爱情竟是穿肠的毒药，毁了她一生。萧红万万没想到，自己努力争取到的自由恋爱，竟会是这样的结局。

也许是当初的日子太痛苦，这样的男人她不愿再提起；也许是早在北平的旅馆里，她就已经指责过对方千万遍了，这让她在后来的人生中不再愤怒，多了份理解。又或者，那时候年轻的萧红还不懂得爱情，以至于被日后的爱恨情仇牵动了半生，反觉得这段风花雪月寡然无味。

初遇萧军

如果萧红不是这样的倔强女子，而是像其他女孩一样没有主见，没有接受过民主自由思想的熏陶，那么也许她的人生会平凡而安稳地度过。但是，那也就不是萧红了，她也不可能成为在中国文坛上大放异彩的文学洛神。

萧红是"民国四大才女"之一，而她的命运是其中最为坎坷、最为悲苦的。出生于美丽的呼兰河畔，这里有着美丽的风景与朴实的民风，但是因为落后与闭塞，在这片土地生活的人有很深的封建思想，大多迷信无知。萧红的爱情遭遇，其间的坎坷如同呼兰河一样既冰冷，又令人依恋。

在萧红的笔下，呼兰河是极美的，甚至美得有点病态。书中有讽刺，也有幽默。开始读时有轻松之感，可是当深入解读这本书时，心情会变得异常沉重。茅盾曾说："与其说这是一部小说，不如说它是一串凄婉的歌谣，和着美丽抑或忧郁的调子。"

理想很丰满，现实很骨感，的确如此。在那个时代里，一个弱女子想要反抗谈何容易。尽管自由民主的新思潮，正在一步步改变着中国人的思想，但是五千年的封建思想，怎么可能一朝一夕就消失殆尽。

在遭遇陆振舜的抛弃后，萧红万般无奈之下回到了故乡呼兰河。后来，她随家人搬到阿城县福昌号屯，与外界隔绝，被严密监视，半年后才伺机逃跑，来到哈尔滨。期间，她曾到同学、亲友处求助，却四处碰壁。最后，萧红只好找到汪恩甲，与他同居，在哈尔滨东兴顺旅馆落脚。可以说，当时的汪恩甲是萧红的救星。那时候，在哈尔滨生活太过艰难，尤其是对于萧红这样的文艺女青年来说。他们度过了一段相对平静的日子。萧红向来爱画画，汪恩甲下班之后，她就会叫他倚靠在墙上，给他画肖像。在外人面前，萧红也介绍汪恩甲为未婚夫，可见，萧红对汪恩甲也是有感情的。

　　当时，汪恩甲是一个小教员，并没有多少工资，更何况一份工钱要养活两个人，日子过得很艰难。好在两人都省吃俭用，还能够维持清贫的日子。过了半年，他们欠下旅馆一笔食宿费，而萧红也怀孕了，汪恩甲必须回一趟家，问一下家里的意见。他的计划是向父母要点钱，并商量一下今后怎么办，当然不能就这么一起过，何况孩子都要生了。萧红也同意汪恩甲回家，却没想到他一去不复返，从此断了音讯，再也没有现身。

　　绝望、屈辱、不甘都向萧红袭来，她欲哭无泪。1932 年 7 月，听说旅店老板打算将她卖给妓院抵债，山穷水尽的萧红做了最后一次挣扎——向《国际协报》的副刊编辑裴馨园求救。裴馨园、孟希、舒群等友人先后到旅馆看望萧红，但一直找不到解救萧红的办法，直到萧军的出现。

　　萧军，原名刘鸿霖，1907 年 7 月 3 日出生于辽宁省锦州市义县沈家台镇下碾盘沟村（现锦州市凌海所属大碾乡），笔名除了萧军以外，还有酡颜三郎、田军等。萧红最艰难的那段岁月正是萧军陪伴她走过的，而萧军对于萧红的创作也有重要影响，他是萧红生命中占有重要地位的一个男人。

　　在和裴馨园先生商量之后，萧军去萧红居住的旅店见她。好写小诗的萧红和青年作家萧军，一见倾心。虽然萧红的求助信并没有使自己立刻脱离困境，可是却无意中成就了自己的一段恋情。

　　经过这次短暂的接触，萧红和萧军熟悉起来。后来，萧军对萧红说，其实在她第一次给裴馨园写信后，馨园先生就向他诉说了她的现状，不过省略了她的过去。那时，他和裴先生几人在道外北京小饭店吃饭，初次听到这些，萧军只是茫然地喝了几杯酒。在场的另外几个人有的计划怎样抽出自己的薪水为萧红还债，有的甚至想为萧红筹划将来的职业，唯独萧军什么也做不了。他对众人说，自己是个一无所有的人，全身只有自己头上的几月未剪的头发是富余的。如果能够换钱，他可以连根拔下来。听完萧军这番话，萧红不仅没有看不起萧军，反而被他的真诚打动，并最终接受了萧军的追求。

当时恰逢哈尔滨连续降了 27 天大雨，松花江决堤，街道上一片汪洋，成了行船的水道，房屋倒塌，很多人死于水患。萧红乘机搭上一艘救生船，逃离了被囚禁两个多月的东兴顺旅馆。

颠沛流离，才情初露

跟随萧军逃离后，萧红随他住进了裴馨园家。没过多久，萧红的临产期到了，萧军送她住进了哈尔滨第一医院妇产科待产，萧红生下的孩子却因为他们无力抚养送人。出院后，无家可归的两人住进了道里新城大街的欧罗巴旅馆，开始一起生活。

后来，萧军找到了工作，给中东铁路哈尔滨铁路局王姓科长的儿子当家庭教师，每月 20 元。不久，他与这位王科长商定，不收学费，由王家提供一间半地下室作为住处，这样，他们搬到了道里区商市街 25 号（现红霞街），才算有了自己的家。

房子不大，里面只有一张方桌和两把椅子，但对两人来说已经是难得的"豪宅"了，尤其这房子是王家借给他们住的，不需要房钱，这可是给他们节省了一大笔开支。自两人相爱后，萧红一刻也不愿离开萧军，但艰难的日子，让萧红彻底体味了人间的苦难，也让她对一切充满着深切的悲悯。

在萧军和舒群的支持和帮助下，萧红进入了左翼的文艺群体，与罗烽、金剑啸、白朗、金人、塞克等人相熟起来。当时，姜椿芳是中共满洲省委的宣传部长，罗烽、金剑啸、舒群等都是中共党员，并秘密领导着哈尔滨的左翼文学运动。萧红踏入其中，大概还不曾意识到自己是何等的幸运。

自此，萧红在萧军的带领下，开始了文学创作。她在写作中如鱼得水，手不辍笔，完成了以阿城县福昌号屯一些佃户的悲惨遭遇为素材的短篇小说《王阿嫂的死》。萧军亲自把书稿交给《国际协报》副刊主编方靖远，不久便在副刊上发表，并且引起哈尔滨文学界的广泛瞩目。

此外，萧红还创作了《弃儿》等作品。《弃儿》一经发表，就大受好评，从5月6日至17日，在长春《大同报》的副刊《大同俱乐部》上连载。《大同报》是伪满洲国的官方报纸，该报副刊编辑陈华是萧军小学同学。

《弃儿》完成于1933年4月18日，是一篇纪实性的艺术散文，记录了萧红困在东兴顺旅馆的窘境、出逃的经过以及与萧军在裴家借住的遭遇和生孩子又抛弃的心碎过程。万余字的长文，充分展现了她细腻的文笔、丰富的情感。她的作品最显著的特点就是：清新的灵性，苦涩的幽默。

《弃儿》的创作彻底激发了萧红的创作灵感，从当年5月至年底，她又创作了一系列作品，包括《广告副手》《看风筝》《腿上的绑带》《太太与西瓜》《小黑狗》《两个青蛙》《哑老人》《夜风》《叶子》《中秋节》《清晨的马路》《渺茫中》《烦扰一日》等十几篇小说和散文。

舒群是萧红和萧军共同的朋友，他看到两人的作品如此受读者喜欢，就打算收录成书，印刷出版。一时间，萧红要出书的消息震惊了整个黑龙江文坛。从 5 月 6 日第一次发表文学作品，到 8 月底，萧红的创作时间只有 4 个月，发表小说不过 8 篇，就要结集出书了，这在今天也是罕见的，萧红创造了一个纪录。

《跋涉》在黑龙江文学史上有重要地位，1937 年东北沦陷区作家王秋萤撰文提到："在当时最杰出的作家当推三郎夫妇，自从他们的小说集《跋涉》出版以后，不但北满，而且轰动了整个满洲文坛，受到读者们的好评如潮。"这也为萧红继续从事文学创作打下了坚实的基础。

结识鲁迅，人生最大的幸事

由于《跋涉》集中大部分作品揭露了日伪统治下社会的黑暗，不久便登上伪满洲国政府的黑名单，遭到日军的查禁。1934 年 6 月 11 日，萧军夫妇被迫逃走，踏上了奔赴青岛的旅程。多愁善感的萧红哪里能入睡，看着火车离哈尔滨越来越远，萧红含泪问萧军："何年何月还能回转故乡哈尔滨？还能看到美丽的松花江？"萧军也颇为感怀，流下了眼泪，两人同时低声哼起了《松花江上》……此后萧红再未踏入哈尔滨一步，那里是她的苦难之源，让她遭受了太多的磨难和创伤。

在青岛期间，萧红最大的收获是完成了中篇小说《麦场》，也就是后来轰动上海的《生死场》。这部中篇小说 8 万字，列 17 个小标题，基本是略图性的散文笔法的小故事组合，生动反映了伪满时期农村的生活现状。因为到了青岛，小说才能写反日斗争的内容，若是在哈尔滨，这些情节就无法表述或必须变得隐晦曲折。

　　小说中的农村生活场景，取材于阿城福昌号的那段生活，第一节中对菜田的描写，与后来《呼兰河传》中描写的后花园的菜地非常相似。那种无序的描写令人目眩，略略定神，才发现在那漫不经心中，已经勾勒出一幅动态的，带着特定气氛的生活场景，不由得让人拍案叫绝。她不玩技巧，只用真情、诚挚感动人。

　　萧红和萧军在青岛虽然只待了半年，但那里却是他们成名作的诞生地。萧红用薄绵纸复写了两份自己的书稿，准备拿去发表，但这书稿交给谁发表呢？唯有哈尔滨还算有熟人有阵地，可是那里又怎么能发表一部反日反伪满统治的作品呢？

　　1934年11月，《青岛晨报》被封，萧红夫妇离开青岛，奔赴上海。在此之前，萧军便写信询问鲁迅是否需要他们的文稿，旋即便收到鲁迅的回信，说可以看看他们的作品。他们与鲁迅的友谊由此开始。

　　抵达上海后，萧红夫妇搬到了法租界拉都路的一处小房子，虽然上海是一个大都市，但是萧红总觉得它的繁华、喧闹和他们两个无关。他们仍旧过着粗茶淡饭的简朴生活，最想做的事情就是尽快见到鲁迅先生。定居下来后，他们给鲁迅先生写了信。11月13日，他们给鲁迅的信中提出了借钱和帮找工作的请求。之前每次先生都是及时回信，然而这次几天不见回音，两人为自己的请求感到窘迫。好在17日这天先生来信了，表示钱已准备，但工作难找。虽然生活的经济来源问题并没有得到解决，但是两人对于鲁迅先生肯如此热心地帮助他们还是非常感激，也更加期待与鲁迅先生见面。后来，萧军曾回忆和鲁迅会面的情况说："如果不是他，我也许疑心他是一个落拓的吸鸦片的人！"他没有想到他们接受着如此瘦弱的鲁迅先生的帮助，这让两人感到非常羞愧。

1934 年，在鲁迅的介绍下，萧红夫妇的作品陆续被接纳，萧红的作品《小六》《饿》《三个无聊人》分别刊登，名声渐显，开始在上海文学界崭露头角。1935 年，在鲁迅的帮助下，萧红发表了《生死场》，萧军出版了《八月的乡村》。1936 年春，更多杂志社找萧红夫妇约稿，一对文学伴侣声名鹊起，两人终于从饥寒交迫的隆冬，走向名利加身的暖春。

1936 年 5 月，斯诺拜访鲁迅，问到中国当下最优秀的左翼作家有哪些时，鲁迅说："萧军的妻子萧红，是当今中国最有前途的女作家，很可能成为丁玲的后继者，而且她接替丁玲的时间，要比丁玲接替冰心的时间早得多。"

当爱情走到尽头

人们常期盼"有福同享，有难同当"，这不仅是针对友情，爱情也是如此。萧红曾无奈地感慨，自己和萧军的爱情是可以共患难却不能同享福。生活困苦时，两个人的心抱成一团，共同对抗来自命运的打击，而每每境遇好转，两个敏感的文人之间就会产生裂隙。

萧红在文学上的得意，无法掩盖她在情场上的失意。随着时间的推移，她和萧军的感情出现了问题。文学上的收获为萧军吸引了越来越多的读者，而萧红的少女心思让她常常缺乏安全感，觉得萧军背着她有外遇，因此她总是不给萧军好脸色看。萧红在东北落下的病根常常发作，经常需要萧军照顾，萧军难免表现出不耐烦的样子，这让萧红更伤心了。一时间，萧红觉得萧军变心了，两人的关系变得特别紧张。

或许是因为外人的介入，或许是因为对萧红的厌倦，萧军一次又一次地打萧红，而且一次比一次打得厉害。萧红的忍让于事无补，她得过且过，对于萧军的花心，也装作不知情。当初相爱的两人，如今只剩苦涩。

在外人看来，他们的性格格格不入。萧军是东北男子，有着豪爽的性格和火爆的脾气，他不会柔情似水，也不懂关怀体贴，只管照着自己的想法行事，希望对方能服服帖帖。若是对方"不听话"，他就有责任和义务去"管教管教"。而萧红内心敏感、渴望关怀、寡言少语，为了爱能千里走单骑，偏偏她也不善于表达情感，默默忍受着苦楚，直到爆发为止。

在和萧军的爱情中，萧红彻底失去了地位，无能为力。萧红自己也曾经说过："当他爱我的时候，我没有一点力量，连眼睛都张不开。"许广平回忆说："萧红她们搬到北四川路离我们不远的地方住下，萧军说住的近些，为的可以方便，多帮忙。但是每天来一两次的不是萧军，而是萧红。"鲁迅先生看到萧红这样的情况，有意回避此事，不去触及她内心的痛处，而许广平则抽出时间来开导她。最终，鲁迅先生见两人的情况没有好转，便建议萧红冷处理这件事情，两人先分开一段时间。

分手是疼痛的，萧红为了求得解脱、缓解矛盾，决定用暂时的分离来弥补裂痕。1936年7月16日，萧红只身东渡日本。在日本，萧红更加孤寂无聊，几番生病，但她还是坚持创作，写出了《红的果园》《孤独的生活》《王四的故事》《牛车上》《家族以外的人》以及诗歌《沙粒》等。

1936年10月19日，鲁迅先生逝世，听到噩耗的萧红满心伤痛。1937年1月萧红回国，与萧军的关系有所缓和，并和萧军一起参与了《鲁迅先生纪念集》的编写工作。不久，沪战爆发，萧红拖着羸弱多病的身躯四处奔走，无论到了哪里她都拿着自己的笔，用这杆武器战斗着……

　　抗日战争爆发后，萧红夫妇告别了朝夕相处的许广平，告别了众多作家和编辑朋友，告别了居住达三年之久、奠定了他们文学事业基础的大上海，转至武汉。此时，东北籍作家端木蕻良与他们同住一屋。随着时间的推移，在端木蕻良身边，萧红感觉到一种被融化的微熏，不知不觉爱上了端木蕻良。

　　在武汉的经历，是萧红文学生涯的一个重要时期，这一时期她的作品无论是数量上，还是质量上都有了很大的提升。文艺界的很多同志都对她抱有很大的期望，认为她能够成为下一个丁玲。

　　1938 年 2 月，萧红夫妇、端木蕻良、艾青四人离开武汉到山西临汾民族大学任教，既而民大转移，他们随丁玲率领的西北战地服务团来到了西安。可是萧军却执意留下，后经延安也来到西安。也许，萧军是借此告别那场旷日持久的爱情，在西安，两人正式分手，当时萧红已经怀了萧军的孩子。端木蕻良得知萧红怀孕的消息后，非但没有拒绝，反而更理解她、同情她。

　　双萧分手之后，萧红决定和端木蕻良在一起，他们举行了婚礼，端木蕻良不似萧军那般大男子主义，更加细腻，因此萧红和端木蕻良在一起也更加轻松，这也使得她这个时期的创作成果颇为丰富。

　　萧红回到重庆后创刊《鲁迅》，大力宣传鲁迅的思想，服务社会。在重庆期间，萧红住在复旦大学的家属楼，她在复旦大学一边指导学生的文艺创作，一边进行创作，条件十分艰苦。虽然处在战争条件下，可这反而激发了萧红的创作灵感，1939 年，萧红迎来了创作高潮，完成了散文《轰炸前后》，小说《山下》《梧桐》等。

积劳成疾，文坛女神的陨落

重庆战火纷飞，迫使萧红和端木蕻良离开重庆，飞往暂时安全的香港，在这里，萧红度过了最为丰富的两年。这一时期，可以说是萧红文学创作的巅峰期，不仅作品数量多，质量也很高，长篇小说《呼兰河传》和《马伯乐》，一直被世人所称颂，短篇小说《后花园》《北中国》《小城三月》等也较之以前有了很大进步。萧红虽然在香港遭到严重的病痛折磨，但并没有放慢文学创作的脚步。

1940 年，萧红的创作劲头非常足，在重庆起笔的一部小说尚未完成，她便想将这部小说完成，那便是《呼兰河传》。这部小说从 1940 年 9 月开始在香港的《星岛日报》上连载，直到 12 月 20 日才完稿，12 月 27 日连载完毕。

萧红在《呼兰河传》中表达了自己对生命、对社会、对人生的态度。她的文学观和文学意识在《呼兰河传》中也淋漓尽致地表现出来，这部作品奠定了萧红在文学史上的地位。若说那个时代产生了什么样的绝世之作，《呼兰河传》必是其中之一。

因为生在战争年代，萧红的一生都在奔波劳碌，从哈尔滨到青岛到武汉，到重庆再到香港。萧红的生活一直就没有安稳，在爱情道路上也不顺心，更加重了她的心理负担。结婚之后，既要操持繁重的家务，还要进行文学创作，萧红的身体越来越虚弱。

后来，医生为萧红做了详细的身体检查，结果显示萧红的头痛是因为妇科毛病引起的，就为她做了一个手术，然后就让她出院了。

可是，出院之后萧红的头痛不仅没有减轻，反而加重了。只要头疼起来，萧红几乎什么事都做不了，更不用说写作了。因此，萧红不得不再次返回医院，继续检查，这次萧红拍了 X 光，发现肺部有个黑点，经过仔细检查，被确诊为肺结核。这让萧红感到绝望，自己还有那么多事情没有完成，怎么可以生病呢？《马伯乐》刚开始连载，还没有完成，这该如何是好呢？

1941 年 10 月，萧红住进玛丽医院，家里的开销瞬间多了许多。端木蕻良必须努力赚钱，帮萧红治病。打针治疗一段时间之后，萧红的病并没有好转。经常这样折腾，萧红对这种治疗方法厌倦了，她早就不想住在医院了，便让端木蕻良接她回家。端木考虑到萧红的心情，于 11 月底将她接回家养病。

1942 年 1 月 12 日，病情加重的萧红被送进医院，因庸医误诊而错动喉管手术，致使萧红不能饮食。此后因战事，辗转玛丽医院、圣提士反临时医院，但终因病重不治，于 1 月 22 日去世，年仅 31 岁。

在那个悲哀的时代，萧红悲哀地走了。她的一生充满了坎坷与不幸，可是她并未被这些磨难打败，一生未曾向命运低头，她与世俗、贫困、疾病一次次抗争，把"人类的愚昧"和"改造国民的灵魂"作为自己的艺术追求，给后人留下了宝贵的精神财富。

第七章

唐瑛: "交际女王"的情缘人生

　　她是真正的名门闺秀、名媛淑女,名副其实的交际女王。她与陆小曼可以说是社交场上风头最劲的两位女性,被人合称为"南唐北陆"。

唐家有女初长成

20世纪初，旧上海一片繁华，被称为"东方巴黎"，舞厅剧院比比皆是。在这些舞厅剧院当中，有一位年轻漂亮的女子或曼妙起舞或登台唱戏，挥洒着青春，她就是与陆小曼并称为"南唐北陆"的"南唐"——唐瑛。

陆小曼因为与徐志摩的旷世情缘为世人熟知，而唐瑛却逐渐被遗忘在故纸堆里。但是在当时，如果单论在交际场上的风头，唐瑛丝毫不逊色于陆小曼，她是真正的名门闺秀、名媛淑女，名副其实的交际女王。

名媛一词古已有之，流行开来却是在二十世纪初期，指那些出身名门，受过良好的教育，拥有出众的才华和容貌，经常出入社交场合的女子。名媛既要有高贵的出身，又要兼通中西方文化；她们有着著名女子学校的毕业文凭，能够操一口流利的外语；既可以作诗填词，也可以提笔作画；既可以弹钢琴跳舞，也可以飞车骑马打马球……而唐瑛无疑就是这样一个女人。

唐瑛祖籍广东，唐瑛的祖父来到浙江金华定居，她的父亲就出生在金华，而唐瑛于1910年出生于上海。唐瑛的父亲唐乃安自幼聪慧，后来考取了庚款留学的资格，在英国爱丁堡大学学习医科，是中国第一个留洋的西医。唐乃安学成回国后，先在北洋海军任职，但因厌恶政治，无法忍受军医的身份，后辞职南下上海开办私人诊所。唐乃安医术高超，没过多久就在上海打出了名堂,很多名门望族都邀请其上门诊病,他很快就赚下了一份产业,不光开办了药房,还办起了药厂。

唐瑛的母亲叫徐箴,出身名门望族。徐家是昆山的基督教大家族,祖上也是读书入仕的人家,曾出过三个状元,可谓荣耀一时。到了近代,徐家几代人加入基督教成为虔诚的基督教徒,唐瑛的外公还创办了浸礼会昆山分会,成了那里的第一个牧师。徐箴在接受中国传统教育的同时,也接受了西方文明的熏陶。

因此,唐瑛身上既有中国女子传统的温婉品德,也有西方女子向往自由、热爱自由的品行。她继承了父母的聪慧,从小就很有主见。唐家家教很严,不允许外出结交朋友,但是自家的孩子在一起的时候,小唐瑛总是会被孩子们围在中间,成为他们的中心。这种情况在唐瑛进入社交界后依然如此,她走到哪里都如众星捧月一般。

唐瑛就读于美国传教士林乐知创办的中西女塾,也就是圣玛利亚女校的前身(该校是旧上海众多名媛淑女,甚至红极一时的女星就读的学校,张爱玲和俞庆棠皆就读于此校)。生活在租界,唐瑛身边总是围绕着留学生和外国朋友,加上家庭也重视西方文化,英语几乎成了她的第二母语。

西方学校开放的学风,灵活的教学方式,让唐瑛更加追求女子人格的解放与独立。这所女塾特别重视学生的自我表现,经常组织学生排练文艺节目,这些节目多数用英文演绎,而在众多节目当中,唐瑛的节目总能拿到第一名。学校为了鼓励学生参加剧目的编排,经常向社会募捐,用来购买服装、置办道具等,这一切都为天性活泼的唐瑛提供了展示自己的平台。除了学校里教授的西方歌剧、话剧,唐瑛的父母还为唐瑛请来中国传统戏曲老师,教唐瑛学习中国戏曲。也就是从这时候起，唐瑛迷恋上了舞台，这也为唐瑛以后进入社交界打下了良好的基础。

出众的容貌、优秀的家世以及后天良好的教育，让唐瑛一踏入社交界就引起了轰动。

民国头号交际花

在以旧上海为背景的影视剧和小说中，总是有这样一个角色，她年轻漂亮，极其擅长交际，常周旋在有钱的男人之间，靠这些男人提供的金钱过着奢侈的生活。这类女子在影视作品中通常被称作"交际花"，是社交场合里的润滑剂。

事实上，这样的女子确实是旧上海不可或缺的一部分。她们大多租住在"大东""东亚""大中华"这些甲级旅馆，也有的长期租住在"国际""金门"和华懋公寓等特级旅馆。租住在特级旅馆的女子，身份要高级一些，但是她们无一例外都是依靠有钱的男人，来维持自己奢华的生活。

这些女子有的是舞厅里的当红舞女；有的是书寓和长三中的高级妓女，从良之后耐不住寂寞再次步入社交场合招蜂引蝶；也有的是为了摆脱贫困生活，或者脱离原先家庭的女子来到外面"广交朋友"、受人供养……她们周旋在各色男人之间，靠着自己的姿色从男人手中换取金钱。这些女子过着奢华的生活，成为公共场合的焦点，出入都有很大的排场。她们活动的圈子上至政要下至帮派，三教九流的人物都能认识一二。她们虽然能够出入各种社交场合，也可以说很是风光，但她们却不能被称作是"交际花"，充其量只是"交际草"。因为她们没有显赫的身世，也没有受过良好的教育，只是凭借容貌游走于社交场所。

在旧上海,只有那些公认的"名媛"才有资格成为"交际花"。"交际花"一词是从欧美舶来的褒义词,并不具有情色意味。当时的"交际花"几乎被豪门的名媛垄断,普通人家的女子很难成为"交际花"。要成为社交场合的交际红人,必须经过严格的、系统有序的培训,需要集美貌与才艺于一身,对于天文地理、诗词歌赋、音乐时尚等都有所了解,只有这样才能被上流社会认可,才能成为真正的"交际花"。

当时的上海滩可谓是探险家的乐园,吸引着各国的掘金者,国内一些做着发财梦的人,也从四面八方涌进了这座城市。他们来这里追寻自己的梦想,渴望攫取巨额财富,实现财富梦。因此,上海滩是一个各方势力犬牙交错的地方,既有歌舞升平的一面,也有水深火热的一面。而"交际花"则为这个充满动荡的港口城市平添了一分香艳,让这座城市看起来温柔了许多。

20世纪有一部《春申旧闻》专门记录上海滩的"交际花"。这部书里介绍道:"上海名媛以交际著称者,自唐瑛、陆小曼始,继之者为周叔苹、陈皓明。"这些名媛们容貌秀丽,风姿典雅,雍容华丽,就像是一朵朵盛开的鲜花,为"十里洋场"平添了不一样的美景。而在这众多的"鲜花"中,最吸引人们眼光,最能引起人们关注的,无疑是长相出众,拥有西洋风情的唐瑛。

当时有一家叫做《玲珑》的杂志,不断撰写文章,鼓励女子走出家庭,多参加社交,他们把唐瑛作为交际名媛的榜样加以报道。由此可见,当时唐瑛在上海滩的名气有多大。

唐瑛从女塾毕业的时候,已经小有名气,开始出席各种社交活动。

当时的交际名媛们很热衷参加赈灾义演，当遇到天灾人祸，有人举办义演的时候，唐瑛总在被邀请之列，她也从不推辞。在一次次义演中，她不但磨炼了演技，也结交了很多朋友，她与陆小曼的结识也是因为一场义演。

随着参加社交活动的增多，唐瑛在社交圈的名声也越来越响。唐家本来就是一个非常开放的家庭，因信仰基督教，还有一些"重女轻男"，这就为唐瑛提供了一个很宽松的环境，让她能够比较自由地参加社交活动。1926 年 6 月，包括上海复旦大学在内的江南的五所大学举办运动会，决出冠军之后，居然邀请唐瑛为颁奖嘉宾，唐瑛的号召力由此可见一斑。此外，唐家与宋氏家族的关系也很密切，这无疑给唐瑛又增添了一分魅力，让她在举手投足间都透出一丝"震慑力"。

唐瑛正式进入社交场合后，很快引起上海社交界的轰动，她得体的礼仪、秀丽的容貌、对诗词歌赋的了解、对戏曲的精湛演绎，瞬间捕获了众多男士的眼光，一时之间风头无两。据说有人为了和唐瑛跳上一支舞，在舞厅内流连数月；当唐瑛出现在舞厅之后，四座的男士都会注目，引起其他女伴的不快；如果唐瑛没去舞厅，这一天舞厅的气氛都会低落很多。唐瑛俨然已是社交界冉冉升起的新星，其在南方社交界的影响力可谓无出其右。

随着唐瑛在上海的崛起，她和北京的名媛陆小曼并称为——南唐北陆。后来陆小曼与徐志摩结婚，两个人南下上海生活，"南唐北陆"开始同时出现在上海的舞厅、戏院内，轰动一时。虽然陆小曼因为与徐志摩的旷世恋情被大家熟知，但是若以"交际花"的名头来论，唐瑛显然更加称职，也更名副其实，也正因此她才被称为"头号交际花"。

可以说在那个年代，唐瑛不靠轰轰烈烈的婚恋和花边新闻，单靠自己成就了一道亮丽的风景线。

"交际女王"的奢靡生活

在文史作家陈定山的笔记《春申旧闻》中，记录了像陆小曼、唐瑛、周叔苹（邮政大王周今觉的女公子）、陈皓明（民国时期驻德大使陈蔗青的爱女）等交际名媛在上海滩的无限风光。在她们之后，还涌现出一批交际明星，比如殷明珠、傅文豪等，她们虽然有"交际花"的容貌，但是却没有"交际花"的涵养，只能被称作"交际明星"。

很多人把"交际花"与风月场所的女子画上了等号，认为她们拥有出众的容貌、妖娆的体态，对于打情骂俏可以信手拈来，经常周旋于富商巨贾之间，靠出卖色相来赚取钱财，以维持自己优裕的物质生活。这种认识非常荒谬，也是对旧上海"交际花"的曲解。

法国作家梅根·特里西德在作品中对交际花有过描述，他认为："传统的交际花并不等同于风月场所的美貌娼妓。真正的交际花都是靠修养堆出来的，她们有得体的礼仪、深厚的修养，还有与个人的才智、美貌相匹配的权力和影响力。"真正的交际花在社交场合极具杀伤力，她们的一言一行，一颦一笑都能秒杀在场的男士，就连法国皇帝路易十五都成了交际花蓬皮杜夫人的入幕之宾。真正的交际花如同特工，只不过特工们窃取的是情报，而交际花们窃取的则是男人的感情。

那些风月场所的女子又怎能与真正的交际花相提并论。就像法国巴尔扎克的小说《交际花盛衰记》中的艾丝苔，小仲马的小说《茶花女》中的玛格丽特，她们虽然被称作"交际花"，但充其量也只是有钱人的玩物，或者是被关在笼子里的"金丝雀"，与真正的交际名媛根本不具备可比性。

真正的交际名媛多出身豪门巨族，即便不是钟鸣鼎食之家，在社会上也有相当的影响力。她们不会为生计发愁，她们的生活甚至可以用奢靡来形容。在社交场所，交际名媛是男士们仰慕的对象，她们可以与文人墨客讨论诗词歌赋，也可以与商人巨贾谈论经济金融，甚至与政客探讨国际局势。

唐瑛和陆小曼无疑是交际名媛中的翘楚，所到之处必会引起极大的轰动。但是同样作为"交际花"，人们对唐瑛的评价要比陆小曼高，认为唐瑛比陆小曼更洋气。

陆小曼生活奢侈，逼得徐志摩四处打工，这在很多作品中都有介绍。其实唐瑛的奢侈与陆小曼相比，有过之而无不及。唐瑛的父亲是沪上名医，家境殷实，生活上自然非常讲究。据唐瑛同父异母的妹妹唐薇红——也是上海滩有名的交际花——回忆，当时唐家光厨师就有四个：其中一对扬州的夫妇专门负责唐家的中式点心，还有一位厨师负责做西式点心，另外还请了一位大厨专门做大菜。

作为交际场的常客，唐氏姐妹的服装、首饰也非常名贵，先不说那些特别贵重的首饰，单是唐瑛平日里穿着的一双精致的绣花鞋就价值两百大洋。两百大洋在当时绝对不是一笔小钱，大文豪鲁迅一个月的收入也才三百个大洋，普通公务员的收入不过十几块大洋，一名警长的收入也才几十块大洋。在底层挣扎的黄包车夫，从年头辛苦到年尾，挣到的钱还不够买一只绣花鞋。如果把两百大洋换成粮食，在上海能买到四五千斤大米。唐氏姐妹生活之奢华可见一斑。

俗话说"好马配好鞍"，上海滩头号交际花的行头又怎能逊色于人呢？据唐薇红回忆，姐姐唐瑛有十几口镶金边的大衣箱，名贵的裘皮大衣挂满了衣橱，有很多买回来之后就挂在那里，一次都没有穿过，她的衣服多得穿不过来。而且唐瑛对衣着非常讲究，就算是待在家里，一天最少也要换三套衣服，早上一般穿短袖的羊毛衫，中午会穿旗袍，如果有客人来访则会换上西式的衣服。

据唐薇红描述，姐姐唐瑛最喜欢的一件旗袍极其华丽，旗袍的滚边上有一百多只形态各异的蝴蝶，这些蝴蝶都是用金丝银线绣成，翩翩起舞，栩栩如生。旗袍的纽扣是一颗颗红宝石，在光线下熠熠生辉，华丽至极。

20世纪二三十年代，女权虽然开始解放，但是女性的地位并没有提高多少，只有少数女性争取到了自己的权益。唐瑛这个出生在基督教家庭的小姐无疑是幸运的，她的父母对她宠爱有加，总是尽最大的努力去满足她的要求。所以，唐瑛才可以过着锦衣玉食的生活，才可以在社交场上大放异彩。

风光而华丽的人生

交际花为政要权贵们的舞会增光添彩，成为了旧上海动荡时局中的一道亮丽风景线。可以说，她们的存在成就了社交场所的辉煌，而社交也造就了她们丰富多彩的人生。有人说，只要能成为交际花，都会有一段不平凡的人生，作为旧上海"交际女王"的唐瑛自然也不例外。

陆小曼成名时，唐瑛还只是一个13岁的青涩小女生，正在上海中西女塾读书，对于社交是什么还是懵懵懂懂的。

唐瑛 16 岁的时候，她的父亲才允许她踏入社交场合，这完全符合了西方要求的女士过了 16 岁才能开始社交的规矩。她的父亲和母亲都受过西方的教育，所以不反对子女出去社交，但是也不是说唐瑛就可以随便出去，她必须等到男士上门来邀请才可以外出。

受西方的影响，话剧在国内流传开来，大大小小的剧团、剧社不断涌现，很多作家开始尝试创作话剧。当时的剧作家、导演洪深先生改编了英国王尔德的作品《少奶奶的扇子》，这部话剧上演之后，引起了极大的反响，原本计划只演两场的戏，接连演了十几场。后来有业余社团看到这部剧非常火，就邀请唐瑛来出演这部剧，唐瑛在其中饰演徐小姐，是一名大家闺秀，她的一颦一笑，一举手一投足都充满了大家闺秀的气度，完全融入剧中。这次演出引起了很大轰动，观众纷纷评论，唐瑛的演技完全不输给专业演员。其实比起中文话剧，唐瑛更热衷于英文话剧，她对于英文表演更加得心应手。

对于中国传统的艺术，唐瑛也有很深的造诣，尤其是在昆曲方面。唐瑛的父母请了专业昆曲演员教唐瑛学习昆曲，她后来在很多场合都表演过这一艺术。在众多的表演中，又有两次引起了很大的轰动。

一次发生在 1927 年，当时上海妇女界支持北伐，在中央大戏院举行慰劳剧艺大会。唐瑛、陆小曼都收到了邀请，在大会上两个人联袂演出了昆曲《牡丹亭》中的《拾画》《叫画》两折戏，她们一个饰演杜丽娘，一个饰演柳梦梅。当时的唐瑛才 17 岁，但是一点儿也不怯场。大会结束之后，流传出一张两个人对戏的剧照，其中陆小曼轻摇折扇，唐瑛缓走台步，两个人皆是一身的戏。对于这次演出，上海的各大报纸也给予了很高的评价。

　　唐瑛另一次轰动上海滩的演出是在英国皇室来访的舞会上，在这次舞会上，她不仅演奏了钢琴，还为英国皇室成员表演了昆曲，优美的唱腔让皇室成员赞叹不已，各大报纸均对这场舞会进行了报道，刊登了唐瑛大幅玉照，其风头甚至盖过了英国皇室成员，而这也可以说是唐瑛交际生涯中最为辉煌的时候。

　　1935年，由英国人弗立兹夫人、潘迪·约翰生夫人、西方戏剧专家宋春舫先生等发起成立了万国艺术剧院。其宗旨是把中国的戏剧推向世界，与欧美等国加强文化交流。剧院成立之后，唐瑛是第一批加入的成员。为了打响知名度，没过多久，剧团就在卡尔登大戏院演出了由熊式一先生编剧的英文版中国古装剧《王宝钏》（这部戏后来在英国演出，曾创下三年连演数百场的纪录，在英国轰动一时）。唐瑛在戏中饰演王宝钏，薛平贵的扮演者是凌宪扬——后来的沪江大学校长，王允的扮演者是方伯奋——《文汇报》的创办者之一。

　　据亲临现场的报人江上行回忆："这是中国第一次用英语演绎传统剧目，引起了观众极大的兴趣。唐瑛的英语极为流利，她也很会做戏，只是他们的台步走的不好，而且只有对白没有唱段……即便如此，这次演出还是取得了很大的成功。"

　　花有百样红，民国时期的奇女子各有各的精彩，唐瑛也凭借自己的聪明才智换来了华丽的人生。

旧上海的时尚女王

　　唐瑛是旧上海的"交际女王"，她有修养，而且容貌出众，身材苗条，她凭借自己的学识、修养、艺术涵养征服了众多男子。

另外，唐瑛的衣着非常考究，她的打扮也非常前卫，一度引领上海的时尚潮流。上海的女性杂志《玲珑》曾把唐瑛作为时尚的领军人物加以报道，鼓励新时代的女性向唐瑛看齐，要像唐瑛那样活得时尚。

在社交界大红大紫的唐瑛并未接受过时尚方面的教育，她的时尚触觉仿佛天生的一般，她把时尚的理念延伸到了生活的方方面面，即便是对于吃东西也非常考究，她每一餐都按照营养要求进行合理搭配。吃饭时餐具的摆放有严格的要求，餐桌礼仪也要严格遵守，比如汤要是太烫绝对不能用嘴吹，吃饭的时候不可以随意转动身子等。

由于天生的时尚感，唐瑛能够将化妆品、衣着、首饰、手袋等物品按照自己的气质进行搭配，凸显出自己的与众不同。她通过对新时代女性生活的观察和研究，将自己内心的想法与现实结合起来，创造出了适合那个时代的时尚，影响了民国时期上海女性的时尚潮流。

与唐瑛一起出入社交场合的妹妹唐薇红，经常回忆和姐姐在一起时的快乐时光，她们一起出入舞厅，一起逛街购物。唐薇红曾说，唐瑛在时尚方面有非常敏锐的触感，两个人经常一起去逛百货商店。当看到漂亮、新款的衣服，唐瑛并不会买下来，而是默默记下来，回到家里后凭印象画出设计图，然后交给家里的裁缝进行裁剪。对于这些新款的衣服，唐瑛也会做出适当的修改，使得衣服更加有特色，更加适合自己。因此，唐瑛的衣服在上海滩总是最时髦、最前卫的，总能引起一片赞誉，而且她也不用担心自己的衣服与别人"撞衫"。

　　1927 年，徐志摩的前妻张幼仪联合对时尚颇有心得的唐瑛、陆小曼等人创办了“云裳服装公司”。这家公司位于上海静安寺路的一栋三层小洋楼，公司开办之后，在上海滩引起了极大的轰动，一方面是因为唐瑛和陆小曼是其中的董事，另一方面是因为这是中国第一家专门做女士服装的公司。

　　云裳服装公司开业之后，连大文豪鲁迅先生都被惊动了。鲁迅在给友人的一封信里写道：“听说《语丝》在北京被禁止了，北新（书局）被封门。正人君子们在此却都很得意，他们除开了新月书店外，还开了一个衣服店，叫‘云裳’，‘云想衣裳花想容’，自然是专供给小姐太太们的。”

　　云裳服装公司在国内首开模特展示衣物的风气，而担任服装模特的正是唐瑛和陆小曼。两大名媛担任公司的形象代言人，为公司造足了势头，公司设计的服装很快风靡整个上海滩。另一方面，云裳公司还致力于把世界最流行的服装款式尽快拷贝到中国来。据说，如果巴黎举办了时装秀，十天之内，上海的街头就会出现时装秀上的新款服饰，而生产这些服饰的公司正是云裳服装公司。

　　唐瑛与陆小曼的广告效应，加上最新款式的服装，很快为云裳服装公司打开了局面。据当时的报纸报道，在 1927 年冬天，上海以及周边几个城市的街道上出现的时髦女子，多半都身着云裳服装公司的衣服。很快，云裳服装公司的业务拓展到了平津地区，成为各地名媛争相选购的服装品牌。

　　唐瑛曾介绍，云裳服装公司是一家美术服装公司，公司设计服装在于求“新”，而不在于求“贵”，旨在设计出最为流行，最适合中国女性的服装。后来，唐瑛等人还专门聘请了从法国留学回来的江小鹣为公司设计服装，江小鹣在法国和日本研习美术，设计的服装在符合时尚的基础上又增添了不少美学元素。对于衣服的剪裁，唐瑛推崇西式的立体剪裁，穿上之后更能显出身材和线条，也更能凸显女子的性感和雅致。

1928年，公司的业务进一步扩大，设计并推出了春秋两季的夹大衣、单大衣和仲夏夜所穿的具有装饰作用的绸外衣。最新的时髦款式立刻吸引了大上海的女性，这些服装很快风靡整个上海滩。唐瑛和陆小曼还经常在服装店内为顾客试穿衣服，解说时尚讯息，让上海的女性更加懂得时尚，热爱时尚。

云裳服装公司的成功刺激了整个上海服装业的发展，日本、菲律宾、新加坡等地的富商也纷纷来到上海选购。在20世纪30年代，上海的服装业可以说是远东地区最为发达的，上海成为名副其实的时尚之都。

唐瑛凭借自己对时尚的触感，在一定程度上影响了上海滩的时尚潮流。

尴尬的饭局

与陆小曼相比，唐瑛没有轰轰烈烈的恋情与婚姻，但这并不代表她缺乏追求者。唐瑛身边从来不缺乏追求者。在众多的追求者中还有两位重量级的人物：一位是孙中山的秘书杨杏佛，一位是国民政府的财政部长宋子文。

宋子文、杨杏佛与唐瑛的哥哥唐腴胪都是民国政府的要员，而且都是留美学生。北伐战争胜利之后，南京国民政府成立，宋子文出任财政部长，唐腴胪则出任财政部秘书，杨杏佛做了"国立中央研究院"副院长。三个人都在南京供职，周末又一同返沪，因此就经常就餐聚会，颇有交情。

杨杏佛虽然与唐腴胪是好朋友，但是他与唐瑛的结识却是通过徐志摩与陆小曼。杨杏佛与徐志摩、陆小曼是非常亲近的朋友，而陆小曼经常与唐瑛一起参加社交活动，一来二去，杨杏佛也认识了容貌出众且风情万种的唐瑛，并对其一见钟情。

随后杨杏佛就对唐瑛展开了追求，但是唐瑛对杨杏佛并没有感觉，以家里已经为自己定亲为由拒绝了他，不过杨杏佛并未死心，依然苦恋唐瑛。在唐瑛被杨杏佛苦恋的同时，陆小曼与王庚的婚姻却陷入了泥沼，两个人虽然还未离婚，但是陆小曼和徐志摩的恋情已经闹得沸沸扬扬。

唐瑛虽然没有接受杨杏佛，但是他们也算是在三角恋中纠缠。这两对三角恋还有一个相似的地方，就是和女主角纠缠在一起的两位男士互相认识，并且关系还很不一般。徐志摩和王庚同为梁启超的学生，两人算得上是师兄弟。杨杏佛与唐瑛的未婚夫李祖法（宁波"小港李家"的成员）的关系极为亲密，可以说是兄弟之情。

两位交际名媛都陷入了三角恋，而与她们纠缠在一起的也是各界的翘楚，这引起了社会各界的广泛关注。

徐志摩想要打破这一僵局，就找到了刘海粟，请他帮自己解决这一僵局。为了解决这一尴尬局面，1925 年下半年，刘海粟在上海"功德林"开了一个局，邀请了陆小曼、王庚、徐志摩、陆小曼的母亲、唐瑛、杨杏佛、李祖法、唐腴胪以及张幼仪和张幼仪的哥哥张歆海等人。这个宴会主要是为了解决徐志摩、陆小曼和王庚的问题，唐瑛三个则是陪衬出席。

在这次宴会之后，王庚终于同意与陆小曼离婚，成全徐、陆二人。唐瑛则明确地拒绝了杨杏佛，让杨杏佛铩羽而归。

1933年6月28日，杨杏佛与儿子杨小佛外出，在车子行驶出大门的时候，埋伏在四周的特务一起朝车内开枪。危急关头，杨杏佛用身体护住了儿子，自己却身中数弹不治而亡。

"交际女王"的情缘人生

在唐瑛的众多追求者中，最为出众的当属宋子文。世人都知道宋子文与盛七小姐的爱恨情仇，却不知道在盛七小姐之后，宋子文最爱的是唐瑛。宋子文在唐家认识知书达理、才情高雅的唐瑛之后，就将心思放了唐瑛身上。宋子文与其他追求者相比，有着得天独厚的优势。一方面两家都是名门望族，也有一定的交情，所以他自认为，自己虽然走了仕途，但是唐瑛的父母也不会过于反对；另一方面，宋子文与唐瑛的哥哥唐腴胪是亲密的朋友，他经常出入唐家，与唐瑛见面的机会要远多于其他追求者。

被唐瑛吸引的宋子文疯狂地给唐瑛写情书，一封封充满激情的情书放了唐瑛的梳妆台上。唐瑛的家教极严，加上父母不喜欢从政的人，所以对于宋子文追求唐瑛极力反对。在他们眼里，与政治人士交往并不是什么值得炫耀的事情，反而更容易给家人和亲朋好友带来不可预知的危险。这一顾虑在几年之后应验了。

1931年7月23日的早晨，宋子文搭火车前往南京，唐腴胪随行。非常巧合的是，这天唐腴胪与宋子文的穿着极其相似。当两人驱车赶到火车站之后，唐腴胪先下车，宋子文随后下车。就在这时，几个烟幕弹从四周飞来，随即在轿车周围弥漫开，宋子文意识到有人要行刺，快速躲到了火车底下。

宋子文刚刚藏好，枪声就响了，唐腴胪应声倒地。刺客误以为行刺成功，迅速逃离，宋子文与司机赶紧将唐腴胪送到附近的一家德国医院。唐腴胪膀胱中弹，生命垂危，但是负责手术的医生迟迟没有到来，等医生赶到时，唐腴胪已经在手术台上停止了呼吸。

刺杀事件发生之后，上海滩疯传唐腴胪是帮宋子文挡子弹才被打死的，事实上知情人士都知道这是一次误杀。宋子文对此事非常愧疚，给了唐家一笔抚慰金。唐乃安因为这件事对宋子文更是深恶痛绝。宋子文深感有愧于唐家，不想再打扰唐家的生活，也就断绝了对唐瑛的念头。

对于宋子文，唐瑛并非完全没有感觉，成熟稳重的宋子文在当时可谓炙手可热的"钻石王老五"，但是父亲的反对让唐瑛只能将自己的感情藏在心底。在哥哥遇刺之后，宋子文写给她的几十封情书被她锁进了抽屉。

虽然唐瑛对宋子文有些情谊，但是两个人有缘无分。于是，唐瑛遵从家里的意愿嫁给了宁波"小港李家"、沪上豪商李云书的公子李祖法。李家也是社会名流，李云书更是商界巨擘。李祖法是留美学生，归国之后致力于下水道工程，也因此得了一个"阴沟博士"的雅号。

有道是凡事岂能尽如人意，唐瑛在外面名头响亮，出尽了风头，在她的"博士老公"看来却极不舒服。李祖法专攻工程，性格比较古板，做事都按规矩来，看不惯这些风花雪月的事情，对妻子"花蝴蝶"般的交际花生活极其反感。看着妻子的大幅玉照被刊登在报纸杂志上，李祖法有说不出来的厌恶。唐瑛的服饰装扮虽然影响着上海滩的时尚潮流，但是这在"博士"眼里却显得太过招摇。李祖法希望自己的妻子能够留在家里相夫教子，但是接受了新式教育的唐瑛又岂肯把自己困在樊笼里。

1930 年，他们的儿子李名觉出生了，为了照顾李名觉，唐瑛确实有所收敛。而当李名觉稍微长大一些，唐瑛又回到了以前的交际生活中，这让李祖法非常愤懑。

唐瑛在外面风光无限，她家里的气氛却非常阴冷。唐瑛为了培养儿子的艺术修养，请来了国画老师，但是李祖法却反对。当看到儿子因为画画把墨涂得到处都是时，李祖法大发雷霆，在他看来，艺术与魔鬼没什么两样。

格格不入的两个人将婚姻维持到了 1937 年，终因性格不合而分手。离婚之后的唐瑛不但没有沉沦，反而在交际场上如鱼得水。也就在这个时候，唐瑛认识了友邦保险公司的容显麟。容显麟是广东人，虽然长相不出众，个子也比较矮，但是性格活泼，说话风趣幽默，也特别会玩。唐瑛与他在兴趣上有很多相同之处，两个人也算是"同道中人"，相得益彰。

1937 年，唐瑛带着李名觉与容显麟经香港去了新加坡，并在那里结婚，随后又移居美国。

美丽了一辈子

唐瑛夫妇和儿子到美国后，容显麟继续做自己的老本行，在友邦保险公司担任经理。唐瑛则沉寂下来，专心相夫教子，她利用自己的人际关系帮丈夫拉到不少客户，容显麟的事业做得风生水起，一家人的生活平静而幸福。

1962 年,容显麟在美国病逝,之后,唐瑛搬到了儿子李名觉隔壁的公寓里。在这里,唐瑛过得非常惬意,白天有空就和老朋友们打打麻将,以此来活络脑子,离儿子、儿媳还有孙子也近,对于热闹惯了的唐瑛来说也是一种慰藉。兴致来了,她也会带几个小孙子去看电影,为他们亲手做糕点。来唐瑛家做客的朋友都特别喜欢她做的芹菜牛肉片,都说比饭馆里炒的还要好吃。

唐瑛的晚年生活没有什么波澜,平静而幸福。1986 年,唐瑛在自己的寓所里离世。她的旁边有一个按铃,这个按铃直通她儿子李名觉的房间,但是唐瑛从来没用过。对于家务活,她也是自己收拾,从来不用保姆。她走的时候干干净净,清清爽爽,一脸从容,看不出有什么痛苦。

唐瑛的风光来源于她的聪明、睿智,她就像一株绚烂的郁金香,虽光彩照人,却从不掩盖他人的光华。她将理性与感性控制得非常得体,所以单凭自己就成为了一道亮丽的风景线。

第八章

胡蝶：人生不负笑美人

　　她是中国早期影坛上一颗璀璨的巨星，横跨默片和有声片两个时代，被千千万万影迷誉为"电影皇后"。

最是幸福童年时

1908 年，大清朝光绪皇帝与慈禧太后驾崩，3 岁的宣统继位。消息传到上海，大清朝气数已尽的推论便此起彼伏。而我们的主人公胡蝶，便出生在这一年，父母为她取小名宝鹃。

胡蝶的姑母嫁给了段祺瑞政府总理唐绍仪的弟弟，靠着姑父的提携，父亲胡少贡当上了京奉铁路的总稽查，有丰厚的薪金收入，但是搬家却成了家常便饭。胡蝶因此从小就接触到各地的风土人情，但常常是刚和小伙伴们玩熟，就要挥手告别。这样的新鲜感胡蝶很喜欢，在这样颠沛不定而又充满新鲜感的生活中她一天天长大了。

胡蝶虽然生逢 20 世纪初中国最动荡的年代，但是她的父母却为她提供了一个幸福安宁的家。胡蝶小时候身体瘦弱，经常生病，食欲也不好，父亲便想方设法逗她开心。她很喜欢听故事，因此每到吃饭的时候，父亲便坐在她身边给她讲故事，在不知不觉中，碗中的饭菜便到了肚子里。

她在待人接物方面受母亲的影响很大，母亲朴实无华的话也让她受用终生，例如"你要别人待你好，首先你要待人好""要勤勤恳恳做好自己的本分工作"等等，这为胡蝶以后的从影生涯建立了强大的心理基础。而童年经常搬迁的流动生活，也锻炼了她的环境适应能力，使她增加了很多阅历。

胡蝶是独生女，为了不让她感到寂寞，在她 8 岁那年，父亲将她的堂妹胡珊、堂弟胡业培也接到了天津的家中，并让三人一同上学念书。这时，胡蝶开始用她的学名胡瑞华。在当时，读书的女孩子并不多，在学校学到的知识，在胡蝶日后的从影生涯中也起到了至关重要的作用。

所谓"不孝有三，无后为大"，在胡蝶9岁时，在她母亲的张罗下，父亲纳了小妾，随后父亲辞去京奉铁路总稽查的职位，回到了广东。庶母是个旗人，为她父亲生育了四子一女，一大家子人生活得很是和睦。庶母的母亲对胡蝶很喜爱，胡蝶喊她姥姥，在她从影后的日子里，很多时候是姥姥跟随她，照顾她的生活起居。

电影于1895年诞生，不久传入中国，1905年谭鑫培表演的《定军山》片段，成为中国第一部电影。然而中国电影的真正起步则是在民国建立之后。直至1922年，随着最早的三部长故事片《阎瑞生》《海誓》《红粉骷髅》的拍摄和公映，中国电影才告别了童年时代。这一年，胡蝶13岁，已经长成了一位亭亭玉立的少女。

深爱表演艺术

胡蝶自幼性格开朗，喜爱新鲜事物，对传统的表演艺术也很感兴趣。在与父亲辗转各地时，胡蝶总是模仿各地的方言和商贾小贩的叫卖，此外她还钟情于灯影戏、木偶戏。当她第一次观看电影时，电影带给她的震撼更是令她兴奋不已。

1922年的一天，14岁的胡蝶坐在广州的一家电影院，急切地等着电影《海誓》放映。虽然影片的情节很俗套，思想艺术上也没有什么长处，但是对于胡蝶来说，却有说不出的新奇。

1924年初，胡蝶全家从广州迁回上海，胡蝶进入务本女中读书。当时上海已经成为中国电影最主要的基地，胡蝶有机会看到更多的影片。一天，胡蝶观看了中国电影里程碑式的作品《孤儿救祖记》。

这部影片是由明星影片公司于 1923 年底出品，郑正秋编剧、张石川执导，故事情节丰富，表演生动真实。胡蝶深深地为电影的魅力所折服，当时她并未意识到，在她的心灵深处，当电影明星的**朦胧愿望已悄悄萌生**。

1924 年，16 岁的胡蝶眼看弟弟妹妹出生，生活的重担全部压在已经不年轻的父亲身上，油然而生一种为父分忧的责任感，并暗下了辍学的决心，开始留意报纸上的招聘广告。

一条"中华电影学校首期招生"的并不显眼的广告使胡蝶眼前一亮，随之明晰的是她久藏心中的朦胧愿望。于是她以"胡蝶"为名，报考中华电影学校。从此，这个艺名与她相随一生，并与她日后的奋斗、挫折、荣誉紧紧地联系在了一起。

应试这天，胡蝶担心自己 16 岁的年纪不够成熟，于是尽可能地将自己打扮成少妇。考官皆是戏剧电影界的知名人物，而胡蝶修长的身型、优雅的气质以及姣好的容貌，给主考官留下了良好的第一印象，要求做的一系列表情动作也恰到好处。几位主考官不禁赞叹："真是可塑之材！"

听到女儿被电影学校录取的消息，胡少贡与妻子脸上都露出了惊诧的表情，胡蝶连连解释，是出于兴趣与对父母及家庭的责任才去报考的。这让胡少贡的心里很是欣慰，虽然他希望女儿继续读书，但是看到女儿的坚持，便尊重了她的选择。他叮嘱女儿："一旦感到电影不适合自己，要及早抽身。"母亲则反复告诫她："要洁身自爱，认认真真演戏，认认真真做人。"

中华电影学校是中国最早的电影学校之一，尽管当时的条件很是简陋，但是在洪深等戏剧电影界前辈的带领下，学校里朝气蓬勃。胡蝶就是在这里初识洪深，并领略戏剧家与艺术家风采的。胡蝶成名后，曾主演过多部洪深编剧的作品。

洪深生于1894年，自幼对文学与艺术感兴趣，深受实业救国思想的影响，1919年转入哈佛大学戏剧文学系，是我国第一位留洋学习西方戏剧艺术的人。两年后又转入波士顿表演学校。1922年学成回国，1924年应中华电影学校创办人之邀，主持该校工作。

学校开设了戏剧、电影理论和表演方面的课程，所有授课教师都是影坛的知名人物，如洪深、汪煦昌、陈寿荫等人。胡蝶学起表演来得心应手，学什么像什么，非常有天赋。除了学习表演，胡蝶还学会了骑马、开车等。

然而中华电影学校只开办了一届，便因各种原因结束了。这一届学生的学习时间也只有短短数月，但对于胡蝶来说，这是她成长为电影明星的摇篮。

初上银幕后的芳心期许

随着几部长故事片的摄制和公映，特别是明星公司1923年拍摄的《孤儿救祖记》的巨大成功，电影业成为最受欢迎的行业。1924年底，中国电影正式进入有史以来的第一个繁荣时期。

刚走出校门的胡蝶，急切地希望早日在水银灯下一显身手。于是在老师陈寿荫的邀请下，胡蝶参演了大中华影片公司拍摄的《战功》一片，她饰演一个戏份不多的卖糖果的少女。

第一次走进摄影场地的胡蝶，对将要接触的一切都感到新奇，就连演员的化妆也让她大开眼界。前面几个镜头没有胡蝶的戏，她就在旁边静静地看着，终于要拍她的镜头了，她却因为紧张而被连连"NG"。

《战功》很快拍摄完毕，公映后很受欢迎。虽然胡蝶在片中露面不多，也并未引起观众的注意，但这是她步入影坛的起点，她从此开始了长达40余年的银海生涯。

1925年秋的一天，胡蝶在中华电影学校的同窗好友徐琴芳前来探访，邀请她加盟友联公司并参演公司第一部影片《秋扇怨》，这让跃跃欲试的胡蝶很是高兴。虽然这次参演机会少不了正与友联公司老板陈铿然热恋的徐琴芳的帮助，但是该片男主角林雪怀的极力推荐也是重要因素。

《秋扇怨》由陈铿然执导，徐琥担任导演顾问，周克担任摄影师，影片的制作很精良。胡蝶虽然是第一次担任女主角，但是凭着刻苦认真的精神、全身心投入的状态和良好的悟性，加上导演等人的悉心指导，在影片公映后，观众立刻记住了这位端庄娴雅的女主角。

林雪怀是第一位走入胡蝶生活的异性青年，17岁的胡蝶从一开始便对林雪怀有好感。在影片的拍摄过程中，面对同乡林雪怀无微不至的关心与对自己演技的指导，胡蝶逐渐将个人感情与片中感情合二为一，阅历甚浅的胡蝶便这样爱上了林雪怀。

在拍片过程中，林雪怀对胡蝶的了解也更深了。胡蝶不仅容貌美，而且性格温顺，待人真诚，工作认真，他已经预感到胡蝶在不远的将来必成大器。每次看到胡蝶对他流露的真情，他也不由得怦然心动，当《秋扇怨》公映时，银幕上的情人在生活中已经成为形影不离的恋人。然而，林雪怀始终觉得自己一无所长，无法与将来前途无量的胡蝶相匹配，因此，两人的恋情从一开始便埋下了危机。

　　胡蝶父母看到胡蝶精彩的表演后，将所有的顾虑打消，全力支持胡蝶拍片。对于胡蝶的恋情，虽然感觉顺理成章，但又觉得草率了一些。父母并没有反对，只是告诫她不可操之过急。

　　1926 至 1927 年，胡蝶一直处于繁忙的拍片状态中，与恋人林雪怀在一起的时间便减少了。胡蝶对林雪怀痴心未改，一有机会便与他相聚。但林雪怀已弃影从商，开了一家名为"晨餐大王"的点心店。对于胡蝶的迅速成名，他感觉到了无形的压力，也似乎看到他们之间越来越深的鸿沟。

　　胡蝶自然知晓林雪怀的忧虑，为了表示自己对爱情的坚贞，她决定与林雪怀订婚，这让林雪怀大喜过望。1927 年 3 月 22 日，胡蝶和林雪怀于北四川路月宫跳舞场举行了隆重的订婚仪式。

　　两人在订婚后度过了一段浪漫幸福的时光，但是胡蝶逐渐红遍影坛，而林雪怀演戏不成转战商海，却经营惨淡。两人形成了鲜明的对比，这让林雪怀产生了强烈的自卑感，他开始变得心胸狭隘，猜忌多疑，对胡蝶产生了不信任感。

　　胡蝶整日忙于拍片，与林雪怀聚少离多，对此也深感愧疚，只能在其他方面满足林雪怀。然而，金钱代替不了感情，他们之间的危机最终还是爆发了。

　　明星公司开拍《歌女红牡丹》时，林雪怀感觉自己的痛苦已经到了无以复加的地步，他需要发泄。于是，他开始沉迷声色犬马，大肆挥霍胡蝶辛苦挣来的钱。胡蝶开始并不相信，但一次偶然的机会，她亲眼看到了林雪怀的丑态，这才如梦初醒。她想方设法想让林雪怀回心转意，但是林雪怀却变本加厉。恰巧此时，上海的报纸上连连刊登胡蝶的花边新闻，这让林雪怀怒火中烧，当面斥责胡蝶。

半个月后，正在为影片紧张录音的胡蝶收到了林雪怀委托两位律师转来的信函，信中大量引用报道中胡蝶的种种风流韵事，并言明解除婚约。

胡蝶最终痛下决定，斩断情丝，并在一年之久的诉讼后，与林雪怀解除了婚约。

古装热潮中崭露头角

1926 年，正当拍完《秋扇怨》的胡蝶正在寻找新的拍片机会时，天一影片公司聘请胡蝶为基本演员的邀请翩然而至。这一年成为胡蝶人生旅途中的一个重要转折点。

天一公司是由浙江宁波人邵醉翁于 1925 年创办的，最初的三部影片《立地成佛》《女侠李飞飞》和《忠孝节义》均由邵醉翁执导。但天一公司的作品定位有浓重的封建色彩，这是曾受过西式教育的胡蝶并不赞同的。然而，对于仅拍过一两部影片的胡蝶来说，能被天一这样在影坛已经有一定地位的公司聘为基本演员，实在是一个很大的诱惑。除了可以让她有稳定的收入外，还有机会经常拍片，在拍片中锻炼自己的演技，这让胡蝶欣然接受了天一的邀请。

1926 年天一公司共出品了 8 部电影，胡蝶主演了其中的 7 部。除了《夫妻之秘密》和《电影大明星》外，还有 5 部古装片《梁祝痛史》《珍珠塔》（前后集）《义妖白蛇传》（1 集、2 集）、《孟姜女》和《孙行者大战金钱豹》。

自从进了天一，胡蝶便每天都在水银灯下度过。虽然胡蝶还年轻，但是也经受不住如此的辛苦，期间曾病倒住院。然而身体一恢复，她便马上又投入到影片的拍摄中。这一段时间对于胡蝶来说，真是一种磨炼。

胡蝶的目标是跻身张织云、杨耐梅、宣景琳的行列，她们三人都是负有盛名的电影明星。虽然胡蝶主演的影片上映后，她的名声渐盛，但仍旧无法与张织云等人齐名，原因在于天一拍不出精品来，影片的取材精华与糟粕并存，为省钱和赶时间不惜粗制滥造，纵然胡蝶使出浑身解数也无法弥补影片根本的缺陷。但是这一年对于胡蝶来说仍是难以忘怀的，她从默默无闻渐渐在影坛崭露头角。

由于胡蝶主演的古装片颇受欢迎，至1927年初，古装片已经变成一种"怪潮"。这时的天一与南洋影片商人陈毕霖合作，将公司更名为"天一青年影片公司"，而重新与公司签合同的胡蝶成为公司旗下的头号女星。

这一年，天一出品的几乎是清一色的古装片，《白蛇传》(第三集)《刘关张大破黄忠》《西游记女儿国》《铁扇公主》《大侠白毛腿》《新茶花女》等影片均为胡蝶主演。但是由于这些影片的拍摄仍然秉承了上一年的套路，胡蝶渐渐失去了刚进天一时的兴奋，在繁忙的拍片中，她并未感觉到演技有多大的进步。

"明星公司"成"明星"

1927年，天一开始捧另一位女星陈玉梅，陈玉梅在老板邵醉翁的追求下成为继张织云后另一位影后。恰好此时，天一与南洋影片的合作结束，以前签的合约作废。于是胡蝶退出天一公司，转而接受明星公司的邀请。

明星公司创办于1922年3月，1923年推出了《孤儿救祖记》，公映后极为轰动。明星公司之后发行的一系列影片，不仅使其在上海电影行业成为佼佼者，也同样捧红了张织云、杨耐梅等影星。1925 年公映的《空谷兰》还创下了默片时代票房收入的最高纪录。

胡蝶与张石川、郑正秋早已相识，1927 年与林雪怀订婚时便见过，但是她真正了解并深感佩服他们却是在她进入明星公司之后。胡蝶深得二人的器重，在电影表演方面还得到了郑正秋和张石川的很多指导，他们对胡蝶的前半生有着不可估量的影响。

胡蝶到明星公司上班几天后，张石川、郑正秋便正式启用她主演当年的重头戏《白云塔》上下集。令她最难忘的是与她演对手戏的阮玲玉，影片中她们一正一邪，势不两立，而生活中她们却建立了深厚的友谊，自幼得父母宠爱的胡蝶对出身悲苦的阮玲玉很是同情。

1928 年 5 月制作完成的《火烧红莲寺》公映后引起轰动，这让张石川等人因古装片热潮而寻不到精彩题材的愁云散了。他们将《火烧红莲寺》一集一集地拍下去，胡蝶在《火烧红莲寺》第二集中担当主演。1928 年下半年，明星公司连续推出了《火烧红莲寺》的二、三集，观众对胡蝶所饰演的红姑十分喜爱，胡蝶红遍了大江南北。武侠神怪片是继古装片后又一个热门的电影题材。

1930 年 11 月 3 日，国民政府颁布了《电影检查法》，1932 年 3 月 1 日，"电影检查委员会"成立，武侠片的开创者《火烧红莲寺》被禁播。

胡蝶还参加了多部爱情婚姻家庭类影片的拍摄。1928 年郑正秋根据上海轰动一时的新闻改编成《黄陆之爱》，讲述的是阔家小姐与黄包车夫的爱情，反映了社会不平等的现实悲剧。胡蝶担任女主角，开始了此后与她合作最多的两位伙伴导演程步高、男影星龚稼农的友谊。

在拍摄完《黄陆之爱》后，胡蝶又主演了程步高导演的《离婚》《富人的生活》《爱人的血》《爸爸爱妈妈》等影片，与她配戏的男主角多数为龚稼农。

在1928至1930年，明星公司的多数影片都是胡蝶主演的，张石川力捧胡蝶的计划成功了，胡蝶的名气如日中天，成为明星公司的台柱子。这期间，美国好莱坞著名影星、电影艺术家D. 范朋克和M. 壁克馥夫妇的来访让胡蝶最是难忘，她曾在明星厂房的台阶前与美国影后壁克馥合影。1975年，当胡蝶在电视屏幕上目睹美国电影艺术与科学院授予壁克馥奖章的时候，不禁思绪万千。

1930年，明星开拍中国第一部有声影片《歌女红牡丹》，洪深编剧，张石川导演，胡蝶担任女主角。因为是第一次拍摄有声影片，只能先按照默片的方式拍出胶片，然后全体演员到著名的唱片公司"百代"录制对白。为了与也在尝试有声影片拍摄的天一抢时间，整个拍摄过程非常紧张。影片拍摄容易，录音时却碰到了很大的困难，演员们以前演的都是默片，并未受过任何台词训练，不是念错台词，就是和银幕上对不上口型，直到第五次录音才算成功。

1931年3月15日，耗资12万、拍摄历时半年之久的《歌女红牡丹》在上海新光大戏院公映，明星公司又一次引起了影坛的轰动，南洋片商以高出默片10倍的价格买下了本片在南洋的放映权。

《歌女红牡丹》不仅标志着有声电影时代的到来，还确立了中国电影未来的发展方向，胡蝶继古装片、武侠片热潮后，又幸运地成为中国第一位有声电影的女主角。

终觅良人

胡蝶与林雪怀解除婚约的诉讼持续了一年之久，这使她的精神饱受折磨，就在这时，一次朋友聚会上，胡蝶经自己堂妹胡珊介绍，结识了也来参加聚会的潘有声。

潘有声是福建莆田人，当时在礼和洋行供职。令胡蝶感到诧异的是，潘有声身上丝毫没有令她讨厌的商人习气。潘有声自然认得出眼前这位年轻漂亮的女子是胡蝶，第一次见到胡蝶本人，他有些紧张。这次聚会，胡蝶与潘有声聊了很多，谈话很是投机，到分手时竟都有些不舍。

这一切都被胡珊看在眼里，于是她不失时机地将潘有声再次邀请到胡蝶家里，胡蝶终于鼓起勇气开始了和潘有声的交往。潘有声是个做事扎实的人，待人诚恳，讲信用，肯动脑筋，同时又温柔体贴、谦和豁达。这让胡蝶不由得心动，她觉得自己遇到了一个可以托付终身的人。

而潘有声也觉得胡蝶与别的女星的做派完全不同。胡蝶成名后，仍旧对电影表演有着发自内心的喜爱和追求，而且为人谦和，人缘很好，并且洁身自爱，生活也比较节俭。她的这些优点在成名的女星中，可以称得上是凤毛麟角，这让潘有声对胡蝶的爱慕又添了几分。

胡蝶与潘有声相恋了，这次她没有像第一次那样张扬。

胡蝶并不急于结婚，两人都将心思扑在了事业上，潘有声先是在礼和洋行供职，后在德兴洋行任总经理。胡蝶忙于拍电影，于1934年西行欧洲对各国电影业进行访问，事业达到了巅峰。

1935年深秋，胡蝶和潘有声决定结婚，吉日订在11月23日，婚礼采取中西合璧的方式，中午在教堂由牧师证婚，晚间在酒楼举办喜宴。婚后，两人的生活很幸福，抗战爆发后，他们移居香港，四年后，胡蝶已经是两个孩子的妈妈。香港沦陷后，两人虽四处逃难，经历了一段屈辱的生活，但是抗战胜利后，他们的生活又恢复了甜蜜。

1952年，平素身体很好的潘有声感到身体不适，起初并未在意，胡蝶也以为是多年劳碌所致。谁知潘有声日渐消瘦，这让胡蝶感觉不妙。胡蝶的父亲是因癌症去世的，如今这一悲剧又在自己的丈夫身上重演，怎能不令胡蝶悲痛欲绝。

但是，她还有一对念书的儿女，她只能强打精神，支撑起这个因男主人的离去而沉浸在悲痛中的家。祸不单行，胡蝶与潘有声呕心沥血共同创建的兴华洋行和热水瓶厂随着潘有声的去世无可挽回地倒闭了。潘有声去世后，胡蝶再也无心经商，她决定留在香港，陪伴儿女。

无辜胡蝶与"跳舞"事件

自胡蝶主演的有声影片《歌女红牡丹》上映后，电影界的竞争更加激烈了。明星公司开拍的《自由之花》被列入公司年度重头戏，期望该片成为明星发展电影艺术，提高影片水准的典范。

这部影片以护国战争为题材，男女主角分别由龚稼农和胡蝶担当，而同时在北平取景的《落霞孤鹜》《啼笑因缘》也由胡蝶担任主演。9月中旬，由张石川带队，外景队40余人开赴北平。然而，正当胡蝶与明星外景队的列车开往天津时，震惊中外的"九一八"事变爆发。南京国民政府对于日本帝国主义的侵略采取了不抵抗的政策，东北大部分地区沦陷。

外景队抵达北平的第6天才开始拍摄，并辗转北海公园和颐和园。就在拍摄进入尾声的时候，张石川接到了一个令他无比震惊的消息：《啼笑因缘》出现了"双包"，即除了明星公司在拍摄外，另一家公司也在拍摄此片。于是，张石川决定立即结束外景的拍摄返回上海。

1931年11月中旬，张石川率外景队回到上海，迎来的却是令明星公司特别是令胡蝶难堪的风波。

从"九一八"开始，日本侵略军在中国东北大举推进，烧杀抢掠无恶不作，除了锦州、哈尔滨等少数城市，东三省几乎全部沦入敌手。这引起了全国人民的气愤，而东北军不抵抗的根源便是张学良接受蒋介石的指令，采取不抵抗政策。当"不抵抗将军"的头衔被国人牢牢地加在张学良头上时，张学良懊悔不已。

日本为了搞垮张学良，特地"造"了一股"祸水"，日本通讯社散布谣言称，"九一八"之夜，张学良与红粉佳人胡蝶欢歌共舞于北平六国饭店。

这可苦了无辜的胡蝶，她在毫不知情的情况下被卷入风波，当她在上海听到关于自己的恶毒谣言时，惊得目瞪口呆。舆论对于胡蝶的指责不绝于耳，胡蝶也由此被冠上了"红颜祸水"的罪名。

11月22日，胡蝶在《申报》上发表了题为"胡蝶辟谣"的声明，声明中义正词严地说明真相，澄清事实，并一针见血地戳穿了日本新闻媒体造谣生事的险恶用心。

胡蝶作为明星公司的台柱子，其声誉与公司息息相关，因此，张石川绝不容许玷污胡蝶声誉的谣言蔓延，他率外景队主要成员在《申报》以《明星影片公司张石川等启事》的形式发表了声明。

　　胡蝶和张石川的声明对遏制沸沸扬扬的谣言起到了一定的作用，然而很多人还是将信将疑，这个谣言跟随着胡蝶走过了半个世纪，直到20世纪70年代末，张学良司机的谈话等一些重要证据被披露，才彻底为胡蝶洗刷了冤屈。胡蝶不仅未曾与张学良共舞，而且终其一生，也未曾与张学良见过面。

左翼影片铸造胡蝶辉煌

　　20世纪30年代初，胡蝶先是陷于与林雪怀的解约案，后又陷入"九一八"跳舞风波，紧接着费尽心血拍摄的《啼笑因缘》闹出双包案，迟迟不能与观众见面。1933年，胡蝶终于苦尽甘来，步入她一生中最辉煌的岁月。

　　1933年元旦，《明星日报》创刊，为扩大销路，报社发起了评选"电影皇后"的活动。在中国电影史上，这并不是第一次也不是最后一次选举"影后"，早在20年代中期，张织云就获得了"影后"桂冠，成为第一位"电影皇后"。而1933年的评选活动影响更大，胡蝶是此次评选"影后"的不二人选。

　　正当胡蝶获得"影后"桂冠，满怀信心地投入到新的影片拍摄中时，左翼文艺工作者大量涌入影坛，掀起了一场左翼电影运动。

　　在"一二八"上海抗战期间，由胡蝶主演的以抗日救国为题材的影片《战地历险记》公映，深受观众赞赏。不久，夏衍、阿英、郑伯奇三人加入明星公司，田汉在"艺华"也取得了举足轻重的地位，并担任"联华"的编剧。至此，"明星""艺华""联华"成为了左翼电影运动的主要阵地。

　　1933年2月9日，中国电影文化协会在上海成立，郑正秋、周剑云、

卜万苍、孙瑜、胡蝶、金焰、程步高、张石川、田汉等21人当选为
执行委员，夏衍、聂耳、龚稼农等11人当选为候补执行委员。胡蝶
是执行委员中唯一一位电影女演员，对此她感到极为荣幸。1933年
3月，胡蝶主演、夏衍执导的一部全新式样的影片《狂流》公映，引
起了巨大的轰动。

继左翼电影的开山之作《狂流》后，胡蝶又主演了左翼另一
部重要作品《脂粉市场》，这是夏衍"专替胡蝶写的"。夏衍
1900年生于浙江杭县的一个书香世家，阅历丰富，1927年7月加
入中国共产党，1929年受中共党组织委托参加"左翼作家联盟"
的筹建工作。1932年成功打入电影界，并为胡蝶量体裁衣，定制
了《脂粉市场》这一剧本。本片在1933年5月公映，受到观众的
欢迎和影评人的赞赏。在《狂流》和《脂粉市场》中有出色表演
的胡蝶，也确立了新的银幕形象。在此之后，胡蝶又主演了郑正
秋编剧的《春水情波》和张石川编剧的《满江红》。

到1933年冬天，左翼电影运动已经开展了一年，在这一年胡蝶
主演的《狂流》《脂粉市场》《春水情波》《盐潮》等数部影片都
体现了影坛新作风，这些影片也使她进入了电影表演的新领域。

随着左翼影片蓬勃展开，国民政府当局终于意识到了它潜在
的威胁，1933年9月，国民党宣传委员会成立了"电影事业指
导委员会"，下设"剧本审查"和"电影审查"两个专门委员会。
明星公司的左翼影片《女性的呐喊》和《上海二十四小时》在送
检时遭到种种刁难，被删剪得支离破碎，而后者直到1934年12
月才准许放映。

因为当局的刁难以及左翼电影并不十分对观众胃口，所以在公

司经济十分不景气的 1933 年初冬，郑正秋将他的舞台剧《贵人与犯人》改编成电影，亲自抱病执导，在拍摄过程中又更名为《姊妹花》，由胡蝶一人分饰两角。

1934 年春节，该片在上海新光大戏院上映，创下了连续放映 60 余天的空前纪录，而胡蝶一人分饰两角则被公认为是影片受欢迎的原因。对于胡蝶而言，《姊妹花》是她电影事业达到顶峰的标志。

之后胡蝶出演的《女儿经》，因新颖的构思和无与伦比的阵容很卖座，《美人心》于"九一八"事变三周年之际放映，不仅及时提醒观众莫忘国耻，胡蝶也因为担当主演而再次洗刷了"跳舞风波"中的不白之冤。

除了这两部戏，1934 年胡蝶还主演了《三姊妹》《麦夫人》和《路柳墙花》三部影片。其中张石川 1925 年导演的默片《空谷兰》被重新拍成有声影片，成为这一年度的重头戏，胡蝶仍旧担当主演。张石川为此片花费了许多心血，该片 1935 年春节公映，成为继《姊妹花》后最为卖座的影片。

胡蝶西行

1935 年 2 月，苏联举办国际电影节，此时胡蝶刚拍完《空谷兰》，胡蝶以及明星公司接到了来自苏联的邀请。

促成这次邀请的是当时在苏联的中国著名新闻记者戈公振先生。戈公振于 1890 年出生在江苏东台，1912 年步入新闻界，1913 年进入《时报》，并逐步升为总编辑。1933 年 3 月，他以中央社特派记者的身份随同中国驻苏联大使颜惠庆前往莫斯科，在苏联期间，他负责筹办了徐悲鸿赴苏画展，后又积极筹办梅兰芳赴苏公演活动。

当苏联决定办莫斯科电影节时，有关人士特地向他咨询中国电影状况，他推荐了中国"影后"胡蝶。

来自苏联的邀请让中国电影界很振奋，经过反复商定，代表团的成员最终确定为："明星"制片人周剑云、摄影师颜鹤鸣、翻译孙桂藉、演员胡蝶，"联华"制片人陶伯逊、编剧于一清、副导演黄谦，共参展 8 部影片，"明星"的《姊妹花》《空谷兰》《春蚕》《重婚》，"联华"的《渔光曲》《大路》，"艺华"的《女人》以及"电通"的《桃李劫》。

胡蝶是代表团中唯一一位电影演员，这让她心中涌动着按捺不住的喜悦。2 月 21 日，胡蝶与周剑云夫妇踏上了赴苏旅途，并于 3 月 12 日平安到达莫斯科，然而这时，影展已于 10 天前闭幕了，"联华"的《渔光曲》荣获了荣誉奖。

令人欣慰的是，苏联同行并没有因为他们迟到而冷落他们，在 3 月 13 日特意设宴欢迎他们，其间还带胡蝶、周剑云等在莫斯科参观游览。莫斯科的电影学校给胡蝶留下了深刻的印象，让她不禁想起了自己就读的中华电影学校。在这里，胡蝶第一次领略到了话剧艺术的魅力。3 月 24 日《姊妹花》的招待观摩日，深受莫斯科公众喜爱，而胡蝶在异国也受到了不菲的称赞。这时国内传出阮玲玉自杀的消息，这令她心痛不已。

4 月 15 日，胡蝶、周剑云夫妇踏上了继续西行的旅途。到达柏林的第二天，胡蝶一行怀揣着使馆的介绍信，来到了德国最大的制片企业乌发公司参观，并参加了柏林举办的国际电影会议。

5 月 13 日，胡蝶一行人来到法国巴黎。18 日，侨胞们在巴黎中国学生会举行了招待会欢迎他们的到来，次日放映了《姊妹花》，

23 日公映了《空谷兰》，深受观众喜爱。

之后，胡蝶一行又来到伦敦与日内瓦，最后到了意大利的罗马，这里是西行的最后一站。那宏伟的建筑令胡蝶惊叹不已。期间他们还参观了一家意大利制片厂，1935 年法西斯统治下的意大利电影乏善可陈，而令胡蝶感兴趣的则是这里拍戏时的专职化妆师，这在当时的中国还没有。制片厂的经理、导演、演员对于来访的胡蝶一行很是热情，也希望看到胡蝶主演的影片，但是片子已经做了其他安排，胡蝶也感到歉疚。这笔"旧债"终于在 1982 年 2 月得以偿还，在意大利都灵举行的"中国电影回顾展"上，放映了胡蝶主演的《姊妹花》。

胡蝶一行的欧洲之旅历时 3 个月，在 7 月 8 日才回到上海。胡蝶的父母、弟妹、恋人都来码头迎接，闻讯而来的影迷、新闻记者，沪上电影界的同行也纷纷前来。

欧洲之行以及公司、影迷、观众的期望让胡蝶感受到了一种无形的压力，她知道，唯有用比出国前更出色的表演才能报答他们殷切的期望。

战后告别影坛

刚刚回国的胡蝶很是忙碌，不仅要宣传此次欧洲游的成果以扩大公司的影响力，而且还要为重新投入拍摄做好准备。

然而就在这时，传来了明星公司协理、首席编导郑正秋去世的噩耗，这令胡蝶悲痛不已。她想起自己入明星公司 8 年来，郑正秋对她的教诲和帮助，尤其是他呕心沥血编导的《姊妹花》将她推上表演艺术的巅峰，而如今良师已去，她怎能不伤心?

到 1935 年底，胡蝶与明星公司的合同期满，她就此提出退出影坛的请求。然而胡蝶对于公司的重要性是任何影星都不可比拟的，在张石川、周剑云二人的再三挽留下，胡蝶答应每年拍一部电影，仍留在明星公司。

胡蝶婚后第一部影片《女权》由洪深编剧，张石川执导，讲述的是一位受过高等教育的知识女性怀着服务社会、追求解放的志向走上社会，却四处碰壁最终失败的故事。在《女权》拍摄过半时，她又接下了在明星公司的最后一部影片《永远的微笑》。

1937 年 1 月，《永远的微笑》作为明星公司新年第一部影片被隆重推出，并在新中央、中央、新光三家上海一流影院放映，公司为该片做了空前规模的宣传，影片的上座率也很高。

拍完《永远的微笑》后，胡蝶淡出了影坛。这时，中国全面抗日战争爆发，明星公司被日军占领，从此不复存在。胡蝶同家人一起避居香港。

1938 年春，一位 30 年代后期崛起的上海影坛的重要人物张善琨的来访，让胡蝶重新走进银幕中。胡蝶在香港为新华公司拍摄了《胭脂泪》，又分别于 1940 年和 1941 年拍摄了《绝代佳人》和《孔雀东南飞》两部制作尚可的古装片。

1941 年 12 月 7 日，日军偷袭珍珠港，太平洋战争爆发，不久香港沦陷，在日寇统治下生活的胡蝶，感到做人的尊严受到深深伤害的屈辱。

1942 年 8 月 27 日，胡蝶开始了在日寇眼皮底下的逃亡。5 天后，胡蝶一家到达曲江，并在电信局长李大超的帮助下住在了新盖起来的简易房屋里，随着战火逼近，胡蝶和潘有声决定去重庆。然而去重庆的交通不便，他们便走一程算一程，1943 年 10 月到达桂林。期间令胡蝶痛心的是，她在香港要托运回大陆的 30 箱重要财物被人变卖了。

1944 年，世界反法西斯战场形势发生了根本变化，中国大后方电影业开始复苏，胡蝶在这时来到重庆，并重新开始拍电影。但由于在拍摄影片《建国之路》外景时遇到了大规模的日军，回重庆后，胡蝶的家人再也不让她拍电影了。

1946 年，胡蝶与潘有声携子女来到香港。不久，一家新成立的电影公司引起了胡蝶的关注，这就是"大中华影业公司"。在这家公司，有多位胡蝶十分熟悉的人，如张石川、周剑云、邵邨人等，于是胡蝶忙里偷闲，为"大中华"主演了《某夫人》和《春之梦》两片，又为长城影业公司拍摄了《锦绣天堂》一片。此后，胡蝶第一次长时间告别影坛，一心一意地辅佐潘有声进行经营活动。

潘有声去世后，她与儿女的生活来源便是往日积蓄。对胡蝶素有了解的邵氏公司适时地向胡蝶发出了重返影坛的邀请，伴随着经济原因与自己的精神寄托，胡蝶欣然应约，重新回到了水银灯下。

胡蝶相继拍摄了《街童》《两代女性》《后门》，并在 1960 年第七届亚洲影展上凭借《后门》中的精彩演出获得了最佳女主角奖。

1963 年胡蝶又拍摄了《苦儿流浪记》《孝道》《慈母千秋》。1965 年，胡蝶应"国联"之邀，赴台拍摄了《明月几时圆》和《塔里的女人》，并跟随剧组跑遍了台北、台中、高雄等地，沿途的秀丽风光给她留下了美好的印象，使她对宝岛台湾十分着迷。

胡蝶在她 58 岁的时候，依依不舍地告别了拍片生涯，此时距她初登银幕已整整 40 年。

"胡蝶"飞走了

胡蝶在台湾拍完她一生中最后两部影片，在台湾安下家来。孩子们也都先后成了家，女儿女婿自香港去了美国，不久，儿子媳妇去了加拿大。

远在异国他乡的儿女很不放心胡蝶独住台湾，多次催她前往北美同住，但她舍不得离开已住习惯了的生活环境和许多老朋友。直到 1975 年胡蝶 67 岁时，才拗不过儿子媳妇的执着要求，来到加拿大温哥华与他们一起生活。房子在温哥华的远郊，白天儿子媳妇都上班，孙子也要上学，胡蝶只能一个人待在空荡荡的家中。于是，她决定搬到市区居住。

在她居住的房间里，既能饱览大自然的优美风光，又能享受到现代都市的种种便利，更让胡蝶感到高兴的是，她又可以生活在同胞中间了。胡蝶开始了恬淡宁静的普通人生活，她放弃了"胡蝶"这个名字，更名为潘宝娟，宝娟是她父母给她取的乳名，以潘为姓则表达了她对亡夫潘有声的深深怀念。

胡蝶虽已成了普通人潘宝娟，但对电影的那份钟爱和关心依然如旧。在温哥华，电影院仍是她常去的场所之一，年纪更大些了，她又迷上了电视。不管是看电影还是电视剧，胡蝶首先注意的是导演的手法、演员的表演、摄影的技巧、剧情的安排等等，而且分析得头头是道，让她的老友们很是佩服。

影迷们也没有把她遗忘，在温哥华的唐人街有许多胡蝶当年的影迷，她常常会被影迷认出来。祖国大陆的同胞们也没有忘记这位"影后"。20 世纪 80 年代初，国内多家文艺电影类的报刊陆续发表了关于胡蝶的报道以及胡蝶对中国电影的贡献。

当身在海外的胡蝶看到友人给她寄来的报纸时，她的心情久久不能平静。朋友们都热情地催促她，将影坛的生活经验写下来，留给后人。于是，胡蝶在她将近八十高龄的时候，开始动笔撰写她的从影回忆录。

伴随着回忆录的撰写，胡蝶仿佛再一次走过人生历程，1986 年8 月底，胡蝶完成长达 20 余万字的回忆录并交付出版，年底时，《胡蝶回忆录》率先在台湾出版。1987 年 8 月，新华出版社在大陆出版了该书。《胡蝶回忆录》得到了海内外读者的热烈欢迎，至 20 世纪80 年代末，仅在大陆地区就至少出了 3 个版本。

1986 年，台湾金马奖评委会鉴于胡蝶对电影事业的杰出贡献，授予胡蝶金马奖。这对息影多年但仍心系影坛的胡蝶来说，无疑是最大的安慰。

1988 年，胡蝶已整整 80 岁，但仍然举止优雅，步履矫健。1989 年 3 月 23 日，胡蝶在外出途中不慎跌倒引发了中风。4 月23 日下午，胡蝶的心脏停止了跳动，她安详地走完了人生的最后旅程，她最后的话是："胡蝶要飞走了。"

作为"影后"，虽然胡蝶走红的年代已经成为过去，但是她却为中国电影发展史添上了浓墨重彩的一笔。她虽然离开了她所钟爱的电影事业和她的影迷，但是她留在电影胶片上的端庄贤淑的身影，将永远不会磨灭，她伴随中国电影所走过的艰难曲折的道路，将永远镌刻在中国电影史上。

第九章

潘玉良：凤凰涅槃，浴火重生

她是我国近现代美术史上颇具传奇色彩的女性，她历经磨难，终成大器；她一生勤奋作画，对绘画事业孜孜不倦。孤儿——雏妓——小妾——艺术的追求者——中国最高学府的教授——世界艺坛的艺术家。她在坎坷的人生道路上，完成了生命华丽的蜕变。

悲惨童年几多事

扬州的广储门外有条石砌的街，在这优美的街道住着一户姓张的人家。张家世代是手工业者，以做毡帽为生，远近闻名。这一年，张家因为轻信外埠商人而破产，而就在这时，张家第二个女儿诞生了，这就是张玉良。

上天并没有怜悯善良而勤劳的他们。玉良一岁时，父亲便撒手人寰，她两岁时，姐姐也去世了。玉良与母亲失去了生活的依靠，母亲精美的绣花技艺成了母女二人唯一的生活来源。

玉良时常感到孤独，她常常依着母亲的腿，呆呆地看她刺绣。看着料子上奇迹般出现的绿叶红花，玉良觉得母亲很了不起。

她时常趁母亲外出或者烧饭的时候，尝试母亲那变戏法般的劳动。虽然每次她都把绣件刺得跟蜘蛛网一样，但是母亲从来不责备她，总是耐心地将线一根一根拆掉。玉良幼小却敏感的心灵感觉到自己给母亲增加了麻烦，这让她决定再也不往绣件上乱刺了，并且盼望能快快长大，然后像母亲一样绣出许多好看的花。

人人都说玉良命苦，八字硬，刚出生家里便破了产，还克死了她的父亲和姐姐。但她的母亲却不管这些，倾其所有来爱她，将她视若珍宝，为了赶在玉良 8 岁前完成一件绣品，好给她买生日礼物，母亲积劳成疾，最终倒在了绣架上，临终前她将玉良托付给了玉良的舅舅。

然而，玉良这个舅舅却不务正业，整天泡在茶楼酒肆，对玉良更是不闻不问。玉良在舅舅家生活了 6 年，舅舅没有为她添置一件新衣服，还经常饿肚子。最让玉良感到难过的是，虽然舅舅不打她不骂她，但也不管她不教育她。

在玉良 14 岁这一年，舅舅突然给她做了一身新衣服，还请来了理发师傅将她的大辫子剪掉，并对她说："现在是民国了，女孩子也可以出去工作了，我已在芜湖给你谋到一个事，你可以自食其力。"玉良觉得自己可以养活自己了，开心得一夜没睡。

路上，玉良的舅舅曾为他的决定后悔，然而摆在他面前的各种债务，像是烦人的苍蝇，挥之不去。他只能在心里祈求，让他的姐姐保佑玉良有个好运气。

玉良跟着舅舅经过三天的航行，来到了芜湖，穿过摆满地摊的洋码头和熙熙攘攘的人群，住进了一家客栈。舅舅让她等他回来，而玉良却不知道，舅舅正在与妓院的老鸨谈价钱。正当她沉浸在对美好将来的幻想中时，怡春院的老鸨出来了。毫不知情的玉良听舅舅的话，对老鸨双膝下跪，并欢快地与叫小兰的姑娘一同回到后院。而拿了钱的舅舅，又开始了醉生梦死的生活。

当玉良跟随小兰看到那些挤眉弄眼、浓妆艳抹的女人和进进出出轻佻的男人时，蓦地惊醒，难道舅舅说的工作就是将她卖到火坑里吗？她怯怯地问小兰，这里是做什么的？

小兰答道："做什么的？你还不知道？就是卖笑卖歌！卖肉卖魂！我们都是干妈买来赚钱的呀！"

玉良高叫一声"天哪"，转身朝池塘边的柳树上撞去。小兰吓慌了，忙上前抱住玉良往回拉，而玉良却倔强地抱住树干不放，小兰只好将老鸨找来。老鸨将玉良拉过来，满脸堆笑地将玉良搂在怀里，哄道：

"我的孩子，这是何苦来！撞伤了身子，碰破了皮相，那可怎么得了！你自己不心疼，我还心疼……"玉良未等她说完就要挣脱她的怀抱，然而老鸨却不放，依然动之以情。

玉良对她的话无动于衷，低着头继续哭，可是哭改变不了她的命运。

一曲惊扰一池水

1916年初夏的一个夜晚，芜湖县最豪华的餐馆中，各界名流云集，人声鼎沸，为新到任的海关监督潘赞化接风洗尘。

潘赞化，1885年生于安徽桐城西乡，18岁就留学日本，并有幸结识了孙中山先生，加入同盟会，袁世凯称帝后，他又参加了反袁护国军，成了革命的功臣。潘赞化西装革履、风度翩翩地坐在主宾席上，周围一群光头、毡帽、长衫、马褂的商贾老板，愈加显得潘赞化鹤立鸡群。

正当所有人都沉浸在醉语拳声中时，商界巨头马会长招来了两个怀抱琵琶的姑娘。只见两人羞涩中带着些许惊恐，然而却无法掩盖她们的绰约风姿。她们穿着旗袍，显出优美的身体曲线，这两人便是玉良和小兰，不过玉良的身材比小兰高挑，也出落得更水灵。

潘赞化说："拣你们熟悉的弹唱吧。"一首《卜算子》便在厅内回旋开来：

不适爱风尘，似被前缘误。花落花开自有时，总赖东君主。去也终须去，住也如何住！若得山花插满头，莫问奴归处。

　　悠远凄凉的曲调中透露着渴望幸福和自由的心愿，让潘赞化吃惊的是，这两个姑娘不仅能弹出这样的雅调，居然还敢借这首词来抒发自己的情怀。

　　潘赞化沉默良久，转向玉良问道："这是谁的词？"

　　张玉良叹气说："一个和我同样命运的人。"

　　潘赞化又问："我问她是谁？"

　　张玉良像是回答又像自言自语道："南宋天台营妓严蕊。"

　　潘赞化又端详了玉良一眼说："你倒是懂点儿学问。"

　　没想到玉良说："不，大人，我没有受过教育，是听教唱先生讲的。"这让潘赞化心中产生了一缕怜爱与惋惜之情。

　　宴会尚未结束，潘赞化就以不胜酒力为由，在众人众星捧月般的相送中坐上回家的黄包车。车子在石板路上缓缓前行，而车上眯着眼睛的潘赞化却不断想起玉良那对忧伤的眼眸，耳旁也不断响起那渴望又忧郁的旋律，这让他心乱如麻，内心涌动着一股从未有过的烦躁。

　　他20岁结婚至今八年，妻子也算是名门闺秀，已经生儿育女。他自认为没有什么可以牵涉自己的心弦，而刚刚邂逅的这个烟花女子，只是轻拢慢捻一曲，淡淡的几句话，便犹如巨石一般在他平静的心上，砸下了层层浪花。

　　潘赞化回家不久，玉良便被马会长送了来。然而当她听到潘赞化的家仆传话说，"明天上午请她陪我看芜湖风景"时，她以为自己在做梦。

　　第二天，玉良奉命陪潘赞化出游，可是她不知道这些名胜的故事，也讲不出它们的好处。潘赞化并没有因此而轻看她，而是耐心地将这些风景名胜的历史和典故讲给她听。

夕阳西沉，她又深陷痛苦之中，回也不是，留也不是。终于，她踉跄着跪在潘赞化面前，双眼盈盈，盛满泪水地说道："大人，请你留下我吧……"

这让玉良留在潘赞化心中的美好形象毁之殆尽，潘赞化不客气地对她说："我原是很同情你，可怜你，你却太不自重。"

玉良听到这句话，突然站起来，毫不示弱地说："大人，算我有眼无珠，看错了人，我原以为大人是天底下最好的人，只有大人能救我，所以求大人留下我。谁知我错了，天下是没有好人的！你也一样，今日我纵一死，也不留恋世上什么了！"

这几句话让潘赞化心里像被狠狠锤过一般，他伸手拦住了向外走的玉良。在玉良的哭诉下，他才知道，如果玉良回去了，等待她的便是万劫不复。

经过反复思量，潘赞化最终留下了玉良，并让出卧室给她住，自己住在书房。潘赞化教她读书识字，鼓励她学习知识，犹如在她黑暗空漠的心里点亮了一盏明灯。

相惜不若结发相守

第二天玉良很早便起来了，可是不敢出门造次。当她饿了想要出去找好心的老伯时，善良的老伯已经将饭菜端了过来，这让玉良又是歉疚又是感激。

她没有再迈出房门，她将昨晚学的《爱莲说》背得滚瓜烂熟，不仅抄写了几遍，还默写了几遍。夕阳西下，她的听觉像一根绷紧的弦，大门口有一点儿动静，她都以为是潘赞化回来了，几次跑到窗前顾盼。她说不清楚心里的感觉,有一丝丝的甘甜,也有些惆怅。

直到天色完全黑下来,她也没点灯,索然无味地坐在床边,摸索出琵琶,小声地弹唱。直到潘赞化将屋内的灯点亮,玉良才惊喜地站起来,开始听潘赞化给她上第二节课。

玉良有着超强的接受能力,理解文章也深刻透彻,这让潘赞化既惊又喜。

就这样,玉良仿佛投入了知识的海洋,贪婪地吸收着。虽然在世人眼里,她是一个低下的妓女,潘赞化是好色之徒,但是潘赞化却从未在她房间里过夜。

这年入夏,潘赞化带玉良到陶唐看荷花,见她不高兴,便问缘由。

玉良答道:"我叹人不如花,它能出污泥不染,濯清涟不妖,而我呢?只能算是它的一节根,永远留在烂泥里。蒙大人的庇护,暂时还未受践踏,但我担心,就像那些花瓣一样,很快就要回到泥水里去。"

玉良的话就像一声响雷,让沉醉在梦幻中的潘赞化清醒过来。他原以为自己只是同情她才暂时将她收留,然而经过几个月的相处,他对她早已不存在怜悯了。然而若是纳她为妾,他认为不仅对不起糟糠之妻,也辱没了这个天资极高的姑娘,为此他很是苦闷。

然而当他提出要赎出玉良并将她送回扬州老家时,玉良却果断地拒绝了。潘赞化不解,玉良向他述说了自己的不幸身世,最后悲哀地望着潘赞化,乞求着说道:"大人,回扬州,我一个孤苦的女子,无依无靠,无疑是从一个火坑跳进另一个火坑。大人的情我白领了,大人的恩更无从报答。大人,我钦佩您,我知道您也喜欢我,我求您把我留在身边做个佣人吧,我愿终身侍奉大人。"

这个时候，潘赞化听到报童卖报的声音，便买了一份报纸。片刻之后，潘赞化脸色阴沉地骂道："无耻！"原来报纸上刊登了一篇攻击潘赞化独占一妓，不务正业的文章。

玉良自知是自己连累了他，但是潘赞化已经下定决心，要给诋毁他的人一个意想不到的回击。于是他诚恳地对玉良说："玉良，你是个好姑娘，又很聪明，在我眼里，你还是个孩子。我长你 10 岁，家中早有妻室儿女，我总不忍委屈你。现在看来我已没有别的办法了，要是你愿意，我就娶你做二房。明天就在报纸上刊登结婚启事。"

玉良美丽的眼睛大放异彩，点头答应了。

画中寻真知

新婚之夜，玉良改姓为潘，第二天便与潘赞化一起坐上了前往上海的轮船。潘赞化让玉良住到上海的原因很简单，就是为了让玉良能更好地接受教育，学习文化知识。

到上海半个月后，潘赞化与玉良依依惜别，只身回到芜湖。玉良在上海开始跟潘赞化给她找的老师学习。老师每天上午来给她上三个小时的课，下午她就做练习，有时候累了，她便在廊上逛逛。有一次，她无意间向洪野老师窗里望去，一种美的魅力立即抓住了她，她看到洪野老师对着镜子在画自画像，此后她经常徘徊在这扇窗前，直到洪野老师发现她。

自从被洪野老师发现后，她便将文化课的练习和预习都安排到上午，腾出整个下午的时间去看洪野老师画画，专注得都舍不得眨眼睛。

有一天，洪野老师画"大卫"的素描画了一整个下午，直到家人叫他吃饭，他还是不想离开画架。大家都把玉良视为罪魁祸首，洪野老师的妻子斜睨着痴痴望着画的玉良说："潘夫人，你也不饿？"

玉良这才意识到该回去了，连忙告辞。她刚出门，洪先生的女儿便用力地将门关上了，嘴里嘀咕着："真不识相，天天到人家家坐着不走，少见！"

洪先生并没有理会妻子和女儿，继续完成他的画作，听到女儿讲那些没有礼貌的话，才停下来说道："你们不能这样待人，她只不过想看看我画画而已。邻居，要互相尊重。"

"哼，尊重？她值得？"洪夫人的声音渐渐小了。可是这段对话却让玉良的心仿佛被利刃划伤，她伏在被子上，隐忍着不哭。她知道自己只有争口气才不会让别人奚落。第二天天还没亮，玉良便点灯起来了，不仅复习了前一天的功课，还预习了当天的课程。之后她来到早市，吃了点早饭，去文具店买了图画纸和绘画铅笔，又去了书店，买了一本《芥子园画谱》。

下午她便开始对着画谱临摹，没几天，她已经临摹了不少，而且对绘画的兴趣越来越浓。她也像洪先生那样，将茶壶茶碗摆到茶几上，照着洪先生的画法画了起来。

玉良一连十几天没有到洪先生家里看他画画，这让洪先生觉得那天妻子和女儿的态度伤了玉良的自尊心。于是他来到玉良家，准备向她道歉。

当他推门进来后，发现玉良在严格按照他的画法画画。在他的授意下，玉良将这几天临摹的画稿捧到了洪先生面前。

洪先生看着这些凝聚着爱与意志的画稿，异常感动，良久没有言语。突然他站起来对玉良说："我被你的勤奋和毅力感动了。从明天起，你就跟我学美术。不过绘画是艺术，艺术不是孤立的，它需要文学和许多别的知识做基础，你不能放松别的功课的学习。我想，只要你真正地爱艺术，就会走出一条路来。"

玉良久久凝视着洪先生，顷刻间，眼眶中的泪水像断了线的珠子，簌簌地落了下来。这是玉良继认识潘赞化，走过人生第一个转折点后，人生的第二个转折点。

《裸女》事件

玉良一直相信，像她这样不幸的女人，只有奋斗才能改变自己的命运。1918年，她迈进了当时中国最高艺术学府的大门——上海美术专科学校。

军阀混战让中国的天空布满了浑浊的空气，而上海美专却像刚出水的莲，傲立在水面。年轻的艺术家刘海粟任这所新型艺术学校的校长，王济远先生任油画系主任，玉良师从王先生学习西画。

1917年画展上一系列的人体习作，让一位女子中学的校长斥责刘海粟是艺术界的叛徒，五省联军统帅孙传芳下令查禁模特，封闭上海美专。对于这件事，玉良隐约从洪先生那里知道一星半点，但是她并没有因此而动摇追求艺术的决心。玉良在众多考生中脱颖而出，以第一名的优秀成绩排在榜首，可是榜单上却没有玉良的名字。

洪先生到教务处询问得知，学校以模特纠纷未平息，玉良出身不好为由，拒绝录取玉良。这让洪先生无比愤怒，他冲进校长办公室据理力争。不一会儿，刘海粟校长手执毛笔，跟在洪先生后面走到校门口，在第一名间隙的位置上写下了"潘玉良"三个字。

洪先生和刘海粟找到玉良告诉她："玉良，你被录取了，刘校长非要跟我一道来,亲自通知你。"

玉良说:"我热爱美术,也爱你们的美专学校,但我不忍因为录取了我这个出身不好的学生,让您为之奋斗的艺术事业和美专受到别人的攻击。我不愿……"

刘校长的眼角湿润了,他对玉良说:"潘女士,追求美的人,从来都是勇士!美专因为收了你们这些勇士,它的青春才会焕发出光彩来!"

在一张张记录了黄浦江边晨曦、苏州河畔落日。虞美人墓地的画卷中,玉良度过了第一个学年。第二个学年伊始,他们开始了人体素描的学习。

有一天玉良到浴室洗澡,看到一个个裸体的女人,顷刻间,她的眼睛放出了光彩,心想这不是练习人体动态的一个好机会吗?于是她放弃洗澡,拿来了速写本和铅笔,迅速画了起来。

她感觉灵感开启了她的心扉,浓淡相间的流畅线条从笔尖流出,几笔就构成了一个潇洒的体态。就在这时,一声惊叫从她身后传来:"哎呀,你们都来看哪,这个不要脸的女人在画我们哪!"顿时,浴室沸腾起来,众人一齐向她涌来。玉良慌了手脚,但又很敏捷地将速写本塞到怀里。

这时一个较为年轻的女子走上前来,拨开众人,劝解道:"放了她吧,她可能是美专的学生,听说模特很难请。"

不料这句话却激怒了前面的胖女人,甩手给了年轻女子一个耳光。尖细的声音传到玉良的耳膜:"怪不得人家讲这个学堂的学生专画女人光屁股,真不要脸,女人也进这个学校,肯定不是个好东西,不是疯子就是婊子。"

这让玉良的心如同被针扎了一样，紧缩着，令她窒息。那个年轻女子将她推出人群，并轻声说："快走吧，这些人惹不得，想画，就画自己吧！"

女子善良的启发给了玉良力量。星期天她回到家里，便关好门窗，拉上布帘，脱去了衣物，站在镜子前，支好画架，仔细地观察起来。整个下午她都沉醉在艺术里。

这一习作《裸女》后来在学校举办的师生联合展览会上展出，轰动了全校。刘海粟校长召见了她，得知这幅画的成因后，说道："玉良女士，西画在国内的发展受到很多限制，你毕业后还是争取到欧洲去吧！我给你找个法文教授辅导你学习法文！"

然而，当潘赞化看到这幅画的时候，怒火中烧，他拿起裁纸刀向画冲了过去。玉良见状，忙赶在潘赞化之前护住画，高声说："要杀我，要割我的肉，请便。你给我的恩情，就是把我割成碎片奉献给你，也表达不了我对你的感激，但割画不行，它不属于哪个人，它是艺术，产生于我心上，胜过我的生命。"

潘赞化倏然转身离开，玉良心里好似打翻了五味瓶，不知是什么滋味。

痴迷艺术的女人

出国那天，潘赞化陪她从十六铺乘小轮到吴淞口，送她乘上加拿大皇后号邮轮。他们面对面站了很久，潘赞化轻轻地揉搓着玉良的手，说："小心，保重，我等着你。"然后便痴痴地注视着玉良，似乎要将她的身影嵌在心里。依依惜别后，湛蓝湛蓝的海将两人远远隔绝，同样隔绝的还有年华与岁月。玉良这一去，便是八年。

　　玉良到法国后，先是在吴稚晖先生主持的里昂中法大学待了一个月，很快便以优秀的素描成绩考进了里昂国立美专。

　　1923年，她从里昂美专转入巴黎国立美术学院，在巴黎美专攻读的同班同学徐悲鸿带她外出熟悉城市并写生。他们步行过迷人的香榭丽舍大街，玉良就像乡下人进城一般，被五光十色的镜头撩拨得眼花缭乱，凯旋门东西两个立面上的浮雕深深吸引了她。卢浮宫自1793年辟为博物馆以来，陆续收藏了人类艺术的精华，为了多临摹大师们的作品，玉良极少休息。

　　这天，玉良又来到了卢浮宫，她在令她魂牵梦绕的《蒙娜丽莎》前停下，支好画架，却无法下笔。原来，这幅杰作在1911年曾不翼而飞，经过一年的时间找回来后，博物馆便对它采取了特别的监护措施。它被镶嵌进墙里，外面还加了防护玻璃，因此要临摹下它，很不容易。然而玉良主意已定，直到画厅关门，她才恋恋不舍地跟随管理员向外走。

　　她被廊柱间那些精美的、粗犷的雕塑占据了心房。管理员看到她站在维纳斯雕像前如痴如醉的样子，无可奈何地摇了摇头，转身对玉良说："艺术真是个魔鬼，使你们中国人也着了魔。前不久，有个徐先生像个疯子似的在这里待了几个月，现在又换成了你。好吧，看在上帝的面上，今天为你破个例，你就留下吧！"

　　玉良向管理员深深鞠了一躬说："谢谢先生，上帝保佑您！"说完便兴奋地折回到原来的地方，继续临摹，一直到下午四点，眼看临摹作品就要完成了，玉良的胃里直冒酸水，她这才想起自己还没吃午餐，可是昨天晚上放在包里的面包却找不到了。

　　这时管理员老人用盘子端了一杯咖啡和两块面包递到玉良面前，

玉良被老人的心意感动，顿时精神振奋，重新挥舞起画笔，终于赶在关门前将这一杰作的临摹工作完成了。

然而到了半夜，玉良口干舌燥，腹痛恶心，冷得浑身发抖，躺在床上辗转反侧。房东米斯太太焦急地赶来，用手摸了摸她的前额，看看她的嘴唇，这是病了呀。可是她拎起水壶，是空的，食品橱里只有两片干面包，她不禁摇了摇头，快步走到自己的房间，端来一碗热气腾腾的姜汤。

玉良双手捧起碗，浑身感到了暖意，仿佛回到了自己的家里，那里依旧有她的童年和慈祥的妈妈。

优秀的中国画人

1925 年，玉良结束了巴黎国立美术学院的学业，来到了艺术之都罗马，这里以规模宏大的古代建筑和丰富的艺术珍藏著称于世。玉良住在台伯河畔的一家收费低廉的小旅馆，站在临河的阁楼上，便能一览台伯河旖旎的风光。在投考罗马国立美专前的一段空闲时间，玉良便去礼拜罗马城。

白天她没命地画画，晚上回到旅馆，便与同住的安妮丝聊天，安妮丝悲苦的经历让两人惺惺相惜，玉良为安妮丝画了张画像，命名为《黑女》，此时的玉良从未想到，这幅画竟给她带来了意想不到的好运气。

当安妮丝捧着标价五百里拉的肖像画在法迪坎宫门口叫卖时，一位气宇轩昂、头发花白、满腮胡须的老人欣赏着画作，兴奋地询问画的情况，并出钱买了下来。此时的玉良正与这座古老宫殿的特殊建筑形式融为一体，老人静静地站在玉良身后看她作画，只见画笔在画布上不停飞舞，色彩古朴尽显法迪坎宫的壮伟和质感，令老人不禁忘情叫好。

因为玉良的学费拿来为安妮丝赎身了，因此她暂时不能去读美术学校。老人了解情况后，静静地走开了。三天后，玉良收到了国立美专绘画系主任康洛马蒂教授的邀请。

康洛马蒂教授愉快地告诉玉良："今天找你来，是告诉你一个好消息，你是我们录取的第一名中国女学生。你的实际成绩已达到三年级水平，我和校长商定，同意你插在三年级。学费嘛，你不用考虑，我可以帮你解决一些，学校还有奖学金，我相信你能得到。"

玉良激动得一时语塞，半晌才向教授道谢："谢谢教授的关心，学费国内很快就会寄来，我自己还是能解决的。"

就这样，玉良每周去美专听几节康洛马蒂教授的油画课，其余时间便去法迪坎宫。她节衣缩食，把所有时间和精力都用在了绘画上。

两年的时间飞快地过去了，玉良就要从绘画专业毕业了，回到客栈，她看到安东尼大爷摆了一桌子的饭菜，要为她送行。她被深深地感动了，她悄悄拿来画具，画下了《酒仙》。罗马美专师生联合画展上，玉良的展品除了一张少女裸体素描外，就是这张油画。

画展开幕那天，雕塑系的琼斯教授正式收玉良为学生，让玉良免费上学，这让玉良高兴得一句话都说不出来。1928年，玉良油画专业毕业后正式考入雕塑班，成为琼斯教授的在校正班生。

而这时的中国，北伐战争胜利，许多军阀摇身一变成了民国的新贵，这引起了人民和同盟会员的不满。潘赞化受老友牵连，丢掉了海关监督的职位，如今是一个闲散官员，玉良本来就很少的留学津贴，开始时断时续了，再加上潘赞化心中不快，也很少给玉良写信了。

到 1929 年春天，玉良一连四个月没有收到家信和津贴了，生活陷入了窘境。这段时间，她每天只吃一点干面包，身体慢慢虚弱，雕塑时经常头晕眼花，体力不济。直到有一天，她发现自己看不清模特鼻子眼睛的位置，对手中的泥土也分辨不清颜色。

教授激动地劝她去治疗，惊动了工作室所有的人。正当同学们不约而同地从自己口袋里掏钱给玉良的时候，忽然听到外面喊："中国的张玉良女士，你的汇票。"

这是欧亚现代画展评选委员会发来的，玉良的油画《裸女》获得了三等奖，奖金五千里拉。顷刻间，画室里洋溢着最真诚的祝贺。

玉良顺利通过了毕业考试和答辩，她最后一次到法迪坎宫，跟大师们不朽的作品告别。毕业典礼进行到最后一项，琼斯教授代表全班同学将他们为玉良准备的纪念品送给了她——那是一本意大利提花缎面烫金图案的纪念册和一套精致的雕塑工具。

人性的不公平对待

在外漂泊 8 年的玉良终于回到了祖国，在王济远先生的主张下，她在上海举办了"中国第一个女西画家画展"。画展共有展品两百多件，轰动了中国画坛。

就在玉良任教于上海美专，并在教学中取得一些成绩时，她的留法同学徐悲鸿以中大艺术系主任的身份，聘请她到中大执教。考虑再三，玉良采取了一个两全其美的办法，一周给中大兼两节课。

从此她开始往返于宁沪两地，虽然辛苦，但是每周都能见到在南京任职的丈夫，而且沿途风光也都进入了她的画卷。

回国后的两年里，玉良不仅创作了大量作品，还先后在上海开办过三次个人画展，第四次画展在明复图书馆开幕，展出了她上百件作品。其中《我之家庭》《瘦西湖之晨》《白荡湖》和《春》引起了画坛轰动。

然而，就在她带领一群中大艺术系学生在瘦西湖写生的时候，一位记者模样的人站在她面前说道："请您恕我直言相告，我听说，您的作品都是洪野先生画的，您每月给他送钱……"

玉良被这突如其来的中伤气得说不出话来，她想不通为什么总有人喜欢颠倒黑白。洪野先生得了肺病，已经几年没有工作了，她只是每个月接济洪野先生一家的生活。

她拿过一个青年的画板画笔，走到玻璃窗前，调好色后，轻舒手腕，动作欢畅灵敏，少许，一幅栩栩如生的《自画像》便画成了，而这个谣言在一阵热烈的掌声中不攻自破了。

"九一八"事变，让她从国家的不幸想到了自己的不幸。她想要是能多为国家培育一些艺术人才，也算是自己对民族尽的一点心意了。因此，她决心不去理睬那些刻意为难她的人。

可是这仍旧没有逃脱一些人的责难。新学年一开始，玉良便召开研究所成员会议，讨论新学期的教学。她将自己的设想告诉与会者，征求意见，有人却说："潘教授，我有个问题要请教，有人说我们美专是凤凰死精光，野鸡称霸王，不知是何指，特求解惑。"

这让玉良气闷不已，面对着咄咄逼人的话语，玉良伸手打了挑衅者一耳光。原来，她与她的学生在教学上做出的成绩，妨碍了某些人的利益和机遇。她回到家立即写了三封信：一封发给在威尼斯的刘海粟校长，一封发给王济远先生表明请辞，一封发给了徐悲鸿答应应聘。

辛劳换来赞誉

1932 年，老校长刘海粟第一次欧游回国时，恰逢玉良在中大举办第二次个人画展，刘校长在报上见到这个消息，决定亲临画展。

接到电文的玉良怀着激动和忐忑的心情等到了刘校长的到来。展厅里，刘校长仔细观看每一幅作品，有时一幅画要端详半天，有时走过去后又要回过头来再看。玉良见刘校长舒眉展颜的神态，仿佛看到了他对作品的赞许。

这些作品多是描绘祖国河山壮美之作，严格按照西画的要求所作。刘校长可以说是引进西画的开创者之一，玉良能够从事西画的创作与学习，也是由他亲自引导的。如今他的学生在事业上有所成就，他哪能不高兴呢？

玉良一直以自己的画风为西画之正宗而自豪，然而刘校长的一番话却让她受益良多。刘校长指着她的《浮山古刹》说："这幅古刹可谓是惟妙惟肖，用色极其准确。它说明你坚实的西画功底，也表现了纯熟的技巧。可是我不喜欢也不主张这种描绘。我主张借鉴西方的艺术，用以丰富发展我国的绘画艺术。玉良啊，如果仅此一幅，作为研究，那还应该大大赞扬一番，可惜全室一格。这幅可以称得上是自然主义的典范，我们向西方艺术作探索、借鉴时，可不能被它们束缚了个性。无论画什么，如果不倾注画家自己满腔热情，就不会有鲜明的艺术个性，也没有生命力。玉良你的许多作品，从绘画技巧上讲，是忠实于西画传统的，但是看不到你的个性，这是这次展品的通病。"

之后，刘校长又说："玉良，我这次来除了向你表示祝贺，更重要的是想和你研究如何打破人们认为学习这一外来形式，只能永远跟在人家后面转的自暴自弃的心理，以及没完没了的完全重复人家已经不想走的路。我们应该一起来考虑如何一边吸收外来的新画风，一边尊重自己的传统，集中西画之长，融会贯通。你愿意和我一起研究吗？"

玉良无比激动又坚定地说："当然愿意，我一定按您的教导努力。"

晚上，玉良仔细咀嚼刘校长的话，内心仿佛翻滚着疾风骤雨。她决定终止画展，不创造出独特艺风的作品，便不与观众见面。她打算拜张大千先生为师。

她将这一想法告诉潘赞化，潘赞化却说："你现在身为中央大学教授，画坛知名画家，专程去上海拜一个同辈画家为师，传扬开去，岂不是被人看不起？被学生们知道了，也会成为笑柄的！"

潘赞化的劝解并没有说服玉良，她说："刘校长的话我愈琢磨愈觉得正确，一个中国人学西画不与中国传统艺术相结合，不去创造自己的独特风格，那不是有志于艺术事业的人，也不是有出息的艺术家。我决心已定，不管他人怎么议论，我都要走一条自己的路。"

此后两年，玉良以谦恭的态度，广拜名师，古从石涛、八大、沈石田，近到齐白石、张大千等，采百家之长，通过千百次的探索和实践，她的素描、水粉、水彩、油画都形成了自己的特色。两年后，她公开展出了别开生面的作品，获得了很高的赞誉。

广博的地域却无她的容身之地

1936 年，玉良举办第五次个人画展，这也是她在祖国大地上的最后一次画展。这时的中国正处在民族危难之中，成千上万的难民流离失所，举国上下都在担心祖国的命运。

在这次画展的展品中有幅大型油画《人力壮士》，画上表现的是一个裸体的中国大力士，双手搬掉一块压着花草的巨石。这是玉良想借助对力的赞美，来表达对拯救民族危亡英雄的敬意。观众在留言簿上赞扬它说："在力的韵律中表达了无声的诗意。"画展开幕那天，教育部长王世杰在参观时以一千大洋买下这幅画，并议定在画展闭幕时取画，然而这天晚上画展遭到了破坏，《人力壮士》被划破，边上贴了字条："妓女对嫖客的颂歌。"

画这幅画的那一天是十九路军奋起反抗日本侵略军五周年纪念日，玉良以画的形式怀念为捍卫国土而牺牲的十九路军战士，却被人侮辱成这样，玉良心痛不已。

画展事件刚过去，潘赞化的大夫人来到了南京。玉良买了一大包食品兴冲冲地往家赶。然而刚来到院门口，屋里的争吵声便让她停住了脚步。

"你的心真好哇！把我和孩子丢在家里，时刻不离狐狸精。瞒了我多年不说，后来被我知道了，叫你送她回家，也让我风光风光。你倒好，悄悄把她送出洋！人家男人纳妾，为了自己和太太享受、玩乐，你这个天底下第一个好人却供养小老婆读书、留洋！

"好哇，你不让我讲，我偏要讲！她是教授，传出去不好听是吧？她就是当了皇后，我也是大，她还是小，走遍天下，我也是主，她还是婢呢！

"国有国法，家有家规，大主小婢，千古常理，不要以为当了教授就可以同我平起平坐……"

屋内那恶狠狠的话语、瓷器摔落地板的炸开声、歇斯底里的哭喊声，一一传入玉良的耳朵。玉良站在门外，双腿簌簌发抖，那些话句句如针，直入她的心神，世俗的偏见和封建的等级就这样紧紧扼住她的喉，让她呼吸着实困难。

她想要昂首挺胸地进去，理直气壮地告诉大夫人："我们是平等的人！"可是当她看到潘赞化那痛苦的身影，她的心软了。手中的见面礼散落在地上，玉良顾不得去拾，便双膝跪了下去。

社会没有她立足的地方，家庭也没有她容身的角落，这接二连三的打击，让玉良重新站在了选择的路口。她想到了曾经奋斗过的地方，然而她爱潘赞化，想到要离开他，心中充满了不舍。最终，玉良怀抱着潘赞化送给她的那只具有特殊意义的怀表，重新踏上了前往法国的轮船。

我们是中国人

来到巴黎后，玉良仍旧住在米斯太太家，有时会去大学弥尔画苑作画、雕塑，有时到郊外写生，得到好作品她就自藏起来。在巴黎的半年多里，她拒绝同任何画廊签订合同，坚持中西画结合的研究。

一天，玉良正在聚精会神地为张大千先生塑半身像（这个塑像她已经断断续续进行了几个月，塑了毁，毁了又塑，因为一直没能很好地表达出她的设想。），突然，她拿起铲刀，要把它铲掉，然而她的学生田守信却握住了她的手臂，令她无法下手。

后来经田守信介绍，她接受了为格鲁赛先生塑像的活计。格鲁赛致力于介绍中国文化，让中国古老的文化得到法国人民的理解，对中国艺人多方关照。所以在他逝世后，中国乐园同仁提议为格氏塑像，表示纪念。

三个月后，格氏雕像按期完成，这时她的画室来了一位鉴赏家。他微笑着随田守信的世伯李林先生走进画室，经过久久的审视，他说："潘夫人，谢谢您！这座格氏雕像是我所见过的成功作品之一。我是格鲁赛先生生前好友俄耶赛夫，非常熟悉他。我感谢您这灵巧的木笔，再现了他庄严的学者风度和永远谦和的品格。我们博物馆决定收藏它，您同意吗？"

这让玉良很高兴，俄耶赛夫先生随后又说："我希望您结束与外界隔绝的状态，让巴黎人知道您的奋斗，这样才有意义，让才华被社会承认。夫人，我愿意为您举办画展，把您介绍给巴黎和艺术界，您不会反对吧？"

玉良听了这话又惶恐起来，一年前的教训太痛苦了，她害怕重蹈作品遭践踏、人格受侮辱的覆辙。于是她直率地说："谢谢您的好意，俄耶赛夫先生，不过目前我还没有这个打算。"

1938 年初的一天，玉良应一位女同行的邀请去弥尔画苑，无意中听到报童的叫卖声："号外！号外！日军占领了中国首都南京！"

玉良的心仿佛从云端跌落尘埃，那里有她唯一的亲人。她一路跌跌撞撞地回到画室，眼前幻化出硝烟弥漫的中国大地被膏药旗抢占的悲惨景象。她想号啕大哭，想尽情流泪，可是却流不出泪，也哭不出声。

第二天，玉良一早就来到制作室加工《中国女诗人》。正当她全神贯注地塑像时，李林和田守信来了。

"唉！国难！使我们都成了无娘的孤儿，现在我们也该考虑一下自己的处境和出路，李老伯有个朋友在这里的政府供职，给我们出了个主意，让我们早日加入法兰西国籍，并给我们送来了入籍登记表。"田守信长叹一声，将表格递到了玉良面前。

玉良听着他的话，心头被灼烧一般疼痛。她恨人情薄如纸，恨血肉淡如水，转身拂袖而去。

田守信心烦意乱地在画室内踱步，突然他的视线被一尊女人的塑像吸引了，凝神一看，这不是李易安又是谁？他看到像座上有两行字，便凑过去读了起来："生当作人杰，死亦为鬼雄！"

这两句话像是滚滚雷声，空中闪电，深深地震撼了他。他突然泪流满面，万分羞愧，仿佛从玉良冷峻面孔后看到她的深意。他决然地将表格撕碎，扬出窗外。

玉良走在巴黎的街头，看到一幅巴黎中华贸易公司推销中国茶叶的广告，像是突然受到了启发，想起俄耶赛夫曾经提议的画展，这不也是中国艺术家并没有消沉的宣告吗？打定主意后，玉良感到内心轻松了很多。

她回到画室看到李林和田守信，便说："我什么都明白了，院内的纸片说明了一切，我们不能绝望，中国是不会亡的。过去，可悲的狭隘意识让我想到的只是我自己的得失，却忘记了首先我是个中国人，我所做的一切都是中国人的一部分。守信，这几天你来帮我，把贮藏的画都搬出来，清理一下准备展出。"

李林感慨地对玉良说："潘夫人，谢谢您的壮举教育了我，我这就去赛鲁西博物馆，也为您的画展做点事。"

李林走后，玉良与田守信把画搬出来，清除了尘埃，这时的玉良真想将"中国"两字写在每幅画上。

与田守信姐弟般的友谊

1940 年夏，美丽的巴黎遭到了纳粹铁蹄的践踏，玉良的房子、画室被德军征用，她不得不迁居，在达累齐亚路租了个房间。战乱中的巴黎，通货膨胀、物价飞涨，到了这年的初冬，玉良经常一连几天无米下锅。

后来田守信也搬到了达累齐亚路，与玉良只隔几个门牌，几乎每天都去看她。这时的玉良更加勤于作画，但她不愿意走形式，始终坚持沿自己追求的艺术目标奋斗。这样的画很难卖出去，一个月也就能卖出一两幅。但是每隔一段时间，门缝中就会出现一只钱包，她知道这是田守信干的，他既然不想让自己知道，她也不去追究。

过去玉良同田守信有过师生之谊，但自从弥尔画苑邂逅，两人变成了亲密的朋友。每当她在生活中有困难时，田守信都自愿帮其解决。当玉良发现他眼里有种异样的光芒时，她惶惑极了。她曾专程去拜访李林先生，请求他关心田守信的婚姻大事。谁知李先生听后摇摇头说："他是个怪人啦，不可思议的怪人！"原来，他早就为他介绍过女朋友，可是他见都不见。

这让玉良开始回避他，知道他要来时，她就躲出去。田守信接连好几天没有遇到她，就坐在画室里等。玉良悄然回来时看到他像关在笼子里的小兔，焦虑不安地在画室里来回走动。

玉良问道："守信，找我有事吗？"

谁知田守信低着头，结巴起来，半天没说出一句完整的话："明天……我们一道……去塞纳河边写生，好吗？"

玉良爽快地答应了，他这才恋恋不舍地走了。

第二天玉良和田守信来到了塞纳河边，很快他们就各自找到了绘画的目标，玉良选了一棵老菩提树，便固定好画布，准备下笔。田守信选了路边一丛有特色的野蔷薇，然而眼前却不断幻化出玉良的脸。

其实玉良的心也乱极了，可是要怎么开口跟他讲清楚呢？时间一晃到了中午，玉良将面包分成两份，将其中一份给了田守信，说："守信，祝愿我们的友谊像野蔷薇那样圣洁，像塞纳河那样清澈，永不枯竭！好吗？"

田守信没有回答，却将面包上的黄油果酱刮到了玉良的那块面包上。他们的手在相互推让之中相触，点燃了他心中久藏的心意。他抓住玉良的手，向她表白道："先生，你一点都看不出来吗？我晚上为你失眠，梦中与你相见，一天见不到你就感到不安，见到你又心悸神慌。我们是天涯沦落人，你就答应与我一同生活吧！"

对于一个女人来说，能听到动人的告白，总是一件愉快的事情。但是对于玉良来说，她觉得内疚、痛苦，她说："守信，我早就看出来了，并且应该同你谈谈，我比你大十岁，你应该有你的生活和幸福，你在南京读过书，难道不知道我的过去？也不知道我早就成家了吗？"

田守信被爱情冲昏了头脑，他握紧玉良的双手，急切地回答："我不管那些，我只知道我离不开你，需要你。我爱你的人品、艺术、精神。即使你曾经有过家，但是现在连音讯都断了，你不能再这样生活下去，你没有理由再为早已不存在的关系守节！"

这一段剖白一针见血地戳在玉良的伤痕上，她何尝不希望有个真心爱她的人与她共同生活呢！但是她不能辜负潘赞化，更何况他还一直占据着她的心。

一代画魂的离去

玉良在田守信的陪同下，又一次来到了意大利，重温了这个艺术发源地给予她的厚爱和深情。她很想念康洛马蒂教授、琼斯先生、安妮丝以及安东尼大爷。

玉良见到琼斯教授后，两人热情高涨地谈起了各国艺术界的情况，当琼斯教授友善地询问中国的情况时，玉良喟然长叹道："我和刘海粟先生早已失去了联系，现在不知道他在哪里！"

琼斯教授听后，像是想起了什么，赶忙拿出一份报纸递给玉良。玉良一看是一周前出版的《晚邮报》，便轻声念了起来："中共重用艺术家，徐悲鸿任北京中央美术学院院长，刘海粟任华东艺术专科学校校长。他们的个人画展，由官方分别在北京、上海举办，盛况空前。"

玉良的眼睛湿润了，当即给刘校长写了一封热情洋溢的祝贺信。两个月后，她回到布鲁塞尔便接到刘校长的回信。这是她十六年来接到的第一封来自祖国的信。

刘校长的信向她描述了祖国日新月异的变化，也给她送来了鼓舞和力量。她还没有实现作品进入巴黎现代美术馆的愿望，她想，愿望达成的那一刻，便是她重归故里的时刻。

这时，安妮丝交给了她一封厚厚的信，当她看到信件地址的时候，心怦怦地跳个不停。自从南京沦陷，她便与潘赞化失去了联系，没想到刘校长这么快便将她和潘赞化的心连接上了。

这封信给了玉良无尽的力量，她想尽快达成愿望回归家乡，于是铆足了劲，白天在缤纷的色彩中度过，夜晚在泥土中忙碌，辛劳令她的身体日渐消瘦。

她感到身体不适的同时，潘赞化的信件也越来越少。一天，田守信走到她的病床前递给她一份报纸，她看到："中共清洗知识分子，艺术家刘海粟以右派罪名被清洗。"

1958 年 8 月，"中国画家潘玉良夫人美术作品展览会"在巴黎多尔赛画廊开幕，展出了她多年来的作品，其中雕塑《张大千头像》《矿工》《田守信胸像》，油画《塞纳河畔》，水彩画《浴后》等刊印了特刊。

玉良的汗水没有白流，她成功了，她现在终于可以毫无愧色地回到自己的祖国了。然而，潘赞化的来信，让玉良陷入了痛苦。信中说明，刘海粟是右派，潘赞化也同罪，潘赞化希望玉良同他们划清界限。

1964 年，法兰西与中华人民共和国互相承认并建立了外交关系。玉良的心中也似阳光照过，驱散了心中的雾霾。

可是大使馆派王萍给她带来的关于潘赞化的消息，让玉良沉寂的如同一尊泥雕。王萍说："潘先生早在 1959 年 7 月就离开了人世，您的孩子们怕您过度悲伤，才一直没有告诉您。"玉良感到自己的心空了，她的希望随着潘赞化的离开破灭了。

这时的玉良也进入了多病的晚年，田守信给她请来了医生，医生告诉她，从此不能远行。

在清理旧物的时候，玉良那昏暗的眼睛时不时发出神奇的光芒。对玉良来说，能够回忆往事，是最幸福不过的事情！

半年后，玉良住进医院，痛苦和乡愁蚕食着她的神智，她双颊凹陷，颧骨突起，眼珠也不能自如地转动了。她仿佛又看到了儿时走过的道路，仿佛又踏上了故国的土地。

当她清醒时，医院的病房里挤满了人，她在人群中搜索，最后收回来，落到床边田守信身上，他像个孩子一样，眼睛肿得像对核桃。

玉良向田守信示意，要和他讲话。她颤抖着手从胸前口袋里掏出怀表，又从脖子上取下镶嵌着她与潘赞化合影的项链，交到田守信手中，说："兄弟，这些年来，有劳你照应。看来我不行了，最后还要托你一件事。"她的眼泪落下来，很费力地继续说："这两样东西，请求你把它带回祖国，转交给赞化的儿孙……还有那张自画像和几只箱子也带回去，就算我回到了祖国……"

玉良的声音越来越轻，她的眼睛在嘴唇无声的蠕动中闭上了，握着田守信的手也慢慢松开了。

1977 年 7 月 22 日，潘玉良辞世。安葬当天，不同肤色、不同国籍的人们捧着翠菊来悼念她。唯一遗憾的是，她听不到亲人的哭泣，只有塞纳河的低声呜咽久久回响。

第十章

阮玲玉: 你是无声的离歌

她是一个美丽如昙花的女人，是 20 世纪 30 年代当红电影明星。在她短暂的生命里，她以最优美的姿态绽放在中国大地，然而却以最极端的方式结束了自己的生命。

苦难童年多自哀

1910 年 4 月 26 日的上海，天刚蒙蒙亮，机器工人阮用荣匆匆吃了一碗泡饭便汇入了上早班的人流之中。这一天的傍晚，日后在上海红极一时、惊艳如昙花的女子，降生在这个工人家庭。

她有着巴掌大的小脸，五官很匀称，细细长长的眼睛微微睁开，笔直的鼻梁下，一张小嘴轻巧动人。这让身为父亲的阮用荣心头升起了一股暖流，不禁动情地对妻子说："你看我们的小女儿长得多漂亮啊！"

阮用荣与妻子给她取名叫凤根，与天下父母一样，对自己的孩子寄予了无限的期望。若干年后，他们的愿望真的实现了，他们的凤根成了风靡影坛的著名电影演员。

10 月底的一天傍晚，下班后的阮用荣照例抱起了女儿，觉得凤根的身子有点烫，妻子说："早上起来她就有些发烧，可能昨晚受了点凉，伤风了，大概不碍事。"

孩子伤风感冒是常有的事，阮用荣也没当回事。可是到了半夜，凤根的热度越来越高，还出现了呕吐和抽搐，这可吓坏了夫妻俩，他们守着凤根直到天亮。妻子看着闹腾了一夜，此刻沉沉睡去的凤根，发现她的左脸颊上出现了数个暗红色的丘疹。如她所料，凤根患的是令每个母亲都心惊胆战的天花。

对于穷人家来说，疾病来了别无他法，只有祈求老天保佑。不知是阮用荣夫妇的祈祷产生了作用，还是凤根的生命力顽强，在阮用荣夫妇担忧了几天后，凤根竟奇迹般地痊愈了，仅在左脸颊上留下点浅浅的疤痕，不用心看根本看不出来。

阮用荣夫妇终于松了一口气，但在经过一个寒冷的冬季后，他们那身体一直羸弱的长女不幸夭折了，仅在这个世上度过了三个春秋。夫妇俩伤心至极，对凤根更加疼爱。

过了农历新年，两周岁的小凤根虽然身体瘦弱，但却很聪明，早早就学会了讲话，而且讲得清楚又流利，还能逼真地模仿大人的腔调和动作，十分可爱。虽然日子过得清苦，但是凤根这个可爱的女儿给了夫妻俩精神上的慰藉。

1913年，凤根一家搬到了浦东的亚细亚工人住宅，在这里，阮用荣有了稍多的时间陪凤根。每天晚饭后，阮用荣就会带着女儿到附近散步，逗的凤根高兴了，她就会给父亲唱家乡小调。凤根很有唱歌的天赋，只是缺乏调教，于是阮用荣决心带女儿去看一场歌剧。在剧场，年仅五岁的凤根看得津津有味，回家后即能惟妙惟肖地模仿剧中歌舞，这让阮用荣不由得暗暗称奇。

这一段时间是阮玲玉幼年时期最为幸福的时光，随着父亲的病倒，她的生活也黯淡下去。阮用荣因为长年辛苦劳累加上恶劣的工作环境，患上了肺病，他这一病，全家便失去了生活来源，无奈之下，妻子只好去做帮佣。在一个风雨交加的夜晚，阮用荣还是撒手而去了。邻居与好友凑钱，为阮用荣买了口薄皮棺材，将他安葬于广肇山庄坟地。

父亲的去世给年幼的凤根打击很大，她仿佛一下子长大了几岁，原本活泼的小女孩变得沉默寡言。

守寡的何阿英拒绝再嫁，从此开始了帮佣生活，而凤根寄住在何阿英的朋友家里。离开了母亲的凤根变得少言寡语，整日沉浸在忧闷的情绪中，半个月后，一场大病袭来，凤根连续数天高烧不退，药也不管用，近两个月后，凤根被折磨得皮包骨头。最终何阿英无法忍受与女儿的分离，毅然辞去了工作。1916 年，有一个姓张的富人家雇佣了她，并同意让他将女儿带在身边。于是，7 岁的凤根随母亲生活在张家。

在这里，她时刻担心因为说错一句话或做错一件事而被逐出大门，她感到从未有过的压抑，便每天躲在那间栖身的小屋，只有吃饭时才随妈妈出门，晚上妈妈在外面忙活，她便缩在床上，连灯也不敢开。

这段帮佣生活，在凤根幼小的心灵上打下了深深的烙印，让她深切地体会到了世事的艰难、贫富的差距、命运的不公，这对她以后的人生道路影响巨大。

阮家有女，灿若繁星

阮玲玉是一个识文断字的女子，她后来的演员生涯和她所取得的成就与她的母亲何阿英是分不开的。何阿英为生活所迫，不得已成为女佣，饱尝作为下人的苦楚，因而不愿让女儿步自己的后尘。她明白，想要出人头地，就必须让她读书。

1917 年新年来临之时，凤根随母亲进入张府已经快一年了，这一年是她童年时代最压抑的时光，她跟在母亲的身后，尽力减轻母亲的劳累，能做的事情总是抢着去做。渐渐地，她的孝心和善解人意得到了大家的好评，他们都很喜欢她。

在凤根 8 岁这一年，何阿英将凤根送进了张府附近的一家私塾去。凤根背起书包上学了，何阿英觉得凤根这个名字在学堂里叫起来不大好听，于是就给她取了个正式的学名——阮玉英。

旧式私塾中的读书生活对于一个 8 岁的女孩子来说，是有些枯燥的事情。但与整天被关在张府的后院中谨小慎微的劳作相比，阮玉英十分珍惜这来之不易的机会，学习也非常用功。先生教的《三字经》《千字文》，她都背得滚瓜烂熟，还练就了一手秀气的字。只是她自幼多病，这一年又连续得了两场病。先是出麻疹，连日高烧不退，后又患了喉疾，咽喉肿痛，气管发炎，再次高烧。

转眼又一年，阮玉英 9 岁，每天去先生家的路上，她都会看到有钱人家的孩子背着书包去洋学堂上学。当时的上海，上西式学校是很时髦的，比起传统的私塾，西式学校规模大、设备好、教学方法也先进得多，开设的课程也很合孩子们的胃口，但是学校的收费不低。阮玉英也曾在母亲面前流露过对洋学堂的羡慕之情，但是她却不敢奢望自己也能成为其中一员。

何阿英也知道私塾学堂和西式学校之间有巨大的差别，她虽然是女佣，但也明白要送女儿去西式学校读书才能使她有出息。在张家这样的环境里，女儿的性格已经有了很大的改变，若不及时让她换个环境，她的前途也许就真的毁了。于是母亲让 9 岁的阮玉英离开了自己，离开了张家，去崇德女校过独立的学校生活。

离开母亲之前，母亲告诫她，千万不要告诉同学和老师，妈妈是做佣人的。阮玉英虽然很小，对世态炎凉却也深有体会，她明白母亲的良苦用心。因此，直到她去世，除了她的至交好友外，人们对她的身世都不甚了解。

在崇德女校，她是最穷的学生之一，衣服免不了要打补丁，口袋里也没有几个零花钱，因此她经常遭到一些浅薄富家女孩子的冷眼。可是她不在乎，她学习刻苦用功、仪容清秀整洁，才华初步显露，最终赢得了那些不趋炎附势的同学和老师的赞誉。很快她就交了两位极为要好的朋友——谭瑞珍和梁碧如。她们两人的家境虽然比阮玉英强得多，但是她们却非常珍惜与阮玉英的友谊，更看重阮玉英的为人和品格。在崇德女校的几年里，她们三个形影不离、情同手足。

阮玉英的性格开朗了许多，身体也奇迹般地变好了，这让何阿英觉得自己受再多的苦也是值得的。

阮玉英上四年级后，一个偶然的机会，她借到了一本《邓肯自传》，她被美国舞蹈家邓肯为舞蹈事业终生奋斗的事迹和精神深深地打动了。以她当时的年纪，虽然不能理解邓肯的许多艺术主张，但是却能够真切地感受到该书所营造的特殊氛围。自幼对音乐很有天赋的阮玉英，在接受了三年多新式教育后，《邓肯自传》无疑又为她开启了一扇探视艺术殿堂的窗，激起了她心中对表演艺术的憧憬。

然而在当时的中国剧院舞台上，还没有真正意义上的现代舞蹈，只能从外国电影中看到一些舞蹈片段。阮玉英的好友对电影和戏剧也十分喜欢，经常拉着她一起去看电影和戏剧，这两者都让阮玉英着迷。

1922年初的一个周末，阮玉英与好友谭瑞珍、梁碧如一起看电影《海誓》，该片的女主角殷明珠给她们留下了深刻的印象。殷明珠比阮玉英大五六岁，是开一代风气的人物。中国故事片始制于1913年，是由中国电影事业的开拓者郑正秋和张石川拍摄的《难夫难妻》，但是当时的上海还没有哪位女性敢走上银幕，因此在上海真正成为女影星的，殷明珠当属第一人。

如果说《海誓》使阮玉英对中国电影产生了兴趣，并有了一种朦胧的向往，那么1924年底上映的中国电影史上里程碑式的作品——《孤儿救祖记》，则使已是初中生的阮玉英对电影有了更为浓厚的兴趣。

中国电影在20年代出现了空前繁荣的局面，1925年前后，上海的电影公司竟达141家之多。女星杨耐梅、张织云等的相继亮相，使电影女演员这一职业为思想较为开放的人们所接受。上海影坛已经向阮玉英这样有志于表演艺术的年轻女性，尤其是知识女性敞开了大门。

情窦初开芬芳时，却如镜花水月

1925年，阮玉英已经是崇德女校初中二年级的学生，她布衣布鞋，不施粉黛，但仍旧挡不住耀眼的美丽。升入初中后的阮玉英经常与母亲在虹口的昆山花园见面，说说贴心话。她很少去张府，但仍旧引起了张家四少爷张达民的注意。

张达民时年已22岁，在交际场所和生意场上早已见惯了美女。当他第一次注意到已经是中学生的阮玉英时，被她超凡脱俗的气质和漂亮的面容深深吸引了。张达民开始有意无意地出现在何阿英的身边，借机打听有关阮玉英的事情，投入到对阮玉英疯狂的追求中。

他得知阮玉英经常去昆山花园，便制造了多次巧遇。阮玉英自父亲去世后，特别是进入崇德女校后，一直生活在女性世界里，16岁的她情窦初开，读过许多缠绵悱恻的爱情故事，也很憧憬现实中的美好爱情，而张达民对她的体贴入微，让她很是感动。不管怎么说，阮玉英在她16岁那年的秋天，开始了她的初恋。

阮玉英沉浸在与张达民恋爱的甜蜜中，随着她年级的升高，学费日重，仅靠何阿英做佣人的工钱不免时常捉襟见肘，张达民多次慷慨解囊，补贴阮玉英母女，待到自己花钱时，再到他母亲那里去索要。

张太太发现张达民的花销比以前明显增多，遂留心观察，很快便知道了儿子与阮玉英恋爱的事情。在她看来，这无疑是何阿英从中牵线，让阮玉英用美貌勾引自己的儿子。当她警告张达民的时候，谁知张达民并不理她这一套，还真的动了要娶阮玉英的心思。如此一来，张太太将她的一腔怒火全部发泄到了阮家母女身上，将其逐出了张府。

突然被逐出张府的何阿英茫然不知所措，这时张达民提议让阮家母女随他住在义姐家。几天后，趁着阮玉英上学去了，张达民又借母亲一时半会儿不消气为由，向何阿英提议与阮玉英同居，声称只有有了夫妻之实，才有希望让他母亲同意他们的婚事。

何阿英很失望，她不愿女儿受委屈，可这毕竟是女儿自己的事情，于是便告诉了阮玉英，并表示自己不赞同，而阮玉英毅然同意了张达民的提议。从此，阮玉英与张达民开始了同居生活。

阮玉英与张达民同居之初，张达民依旧保持着追求阮玉英时的绅士风度与温柔体贴，父母给他的零花钱也足够支付小家庭的开支。阮玉英对张达民不顾家庭反对与自己结合而心存感激，于是辍学后便转变为一个贤惠的妻子角色，两人生活很是甜蜜。

然而在小家庭温馨的外表下，却隐含着危机。张达民父母对这桩婚姻始终不承认，坚持不让阮玉英进张家门，并且对何阿英母女恶语相向。张达民也不是甘于平静的人，新婚燕尔的缠绵过去后，他就感觉到了同居生活的乏味，并且他也不能随心所欲地花钱，公子哥的本质便渐渐地显现出来。

起初看到阮玉英伤心落泪，张达民会去安慰一番，久而久之便熟视无睹了，还把仅有的钱拿去赌博，输光了便不再露面，偶尔赢了会来看看阮玉英。

对于同居后的情形，阮玲玉在20世纪30年代那场知名的诉讼中，曾这样描述："那时我意志还很薄弱，同时年龄也究竟还轻，所以认识不多久，受不住他的欺骗，两人便同居了。张达民原系一个世家子弟，他并没有什么固定职业，一天到晚尽是在赌场里混日子。因此，同居了数月后，由于他自己经济上的拮据，便对我断绝了生活上的供给。"

即使张达民嗜赌成性，阮玉英仍旧不愿意怀疑他对自己的爱，而一个突发事故将两人本就浅薄的缘分割断，从此分道扬镳。

在阮玉英与张达民同居几个月后，张达民的父亲突然中风去世了，在吊唁这个问题上，阮玉英很是纠结，而张达民担心他母亲因嫉恨阮玉英而不将财产分给他，于是不顾阮玉英前去可能会受到的委屈，便拉着她一同前去吊唁。

阮玉英随张达民走入灵堂，正当她要在灵前跪拜时，张太太冷声发问："你是张家什么人？谁要你来磕头？"

阮玉英顿时僵住了，这时她是多么希望张达民能站出来维护她，可是他却站在一旁，一句话也不敢回。接着张太太又对阮玉英冷嘲热讽地说了一串不堪入耳的话，而张达民仍旧一言不发。阮玉英又气又恨，愤然转身出了张府，张达民望着母亲铁青的脸，一步也不敢动。

灵堂受辱给了阮玉英很大刺激，她终于明白，张太太是永远不会承认她是张家儿媳的，而张达民的态度让她从幻想中清醒过来，她决心在经济上独立。

阮玲玉之后拍片挣来的钱，张达民挥霍无度，引发了一次次激烈的争吵，使她下决心与张达民分手。可是张达民又怎么会轻易放过他的摇钱树呢？张达民一次次地做出痛改前非的样子，阮玲玉一次次地给他改过的机会，可是换来的是他得寸进尺的索取，同时还露出无赖的本性来威胁她。

阮玲玉深感绝望，于是吞了一瓶安眠药自杀，然而她命不该绝，被抢救了回来。在众多好友的劝说下、在张达民决心痛改前非的花言巧语中，她仍旧没有摆脱与张达民的关系。

初入影坛，悲戚天成

20 世纪 20 年代初，国产电影兴盛起来，阮玉英又对电影产生了浓厚的兴趣，也曾憧憬着有朝一日能在舞台上一显身手。她从对张达民的幻想中清醒过来，为了奉养母亲，为了自己的前途，她走出小家庭，外出求职。

然而几天下来，她并未找到合适自己的工作，就在这时，《新闻报》上的一则广告燃起了她的希望：明星影片公司即将开拍新片《挂名的夫妻》，公开招聘饰演女主角的演员。

明星公司是当时中国影坛首屈一指的影片公司，从立意到导演的艺术构思，再到摄影技巧和演员的表演水平，都明显高出其他公司。

在阮玉英看到广告的第二天清早，她对着镜子稍作打扮便出了门。明星公司的门房接待了她，并将她带到导演办公室。

　　《挂名的夫妻》导演是卜万苍,早年是江苏一家汽车公司的职员,学会摄影后赴上海担任大中华影片公司的摄影师,后与张织云携手进入黎民伟的民新影片公司后,开始担任导演。

　　招聘女主角的广告贴出两天了,前来应聘的人寥寥无几,这令卜万苍的情绪万分低沉。正当这时,阮玉英被门房带到了他面前,阮玉英端庄秀丽的面庞、苗条轻盈的身材、清新脱俗的气质,令他眼前一亮。

　　在与阮玉英交谈约 20 分钟后,卜万苍敏锐地意识到,这个女子散发的无尽忧伤,正是一个优秀的悲剧演员不可或缺的气质。他立刻决定让阮玉英做《挂名的夫妻》女主角,并告诉她三天后试镜。然而试镜时,更名后的阮玲玉表现得很糟糕,拍出的效果不理想。辛亏卜万苍与张石川、郑正秋等人都觉得阮玲玉很有潜质,便让阮玲玉研读完剧本后,再来试镜。

　　阮玲玉心情沮丧,回到家后便将自己关进了房间,拿出《挂名的夫妻》的剧本开始认真研读。剧本虽然只有简单的几千字,但是却深深吸引了她。

　　第二次试镜给阮玲玉安排的是一场灵前哭夫戏。阮玲玉望着自己一身的孝衣,感受着灵堂压抑的气氛,不禁想起了父亲下葬时的悲戚场景,加之不久前在张家灵堂受辱的经历,悲伤不已,泪水涟涟,满脸忧伤。

　　这次成功的试镜,让明星公司正式启用阮玲玉担任《挂名的夫妻》的女主角,从此,阮玲玉也开始了她的从影生涯,直到她的生命结束。

　　1927 年,《挂名的夫妻》成功上映,阮玲玉塑造的少女和少妇的形象得到了观众的认可,在影片公映后不久,张达民的哥哥张慧冲便邀请阮玲玉去他的公司拍片，虽然阮玲玉拒绝了他的邀请，但是这却给了她更多的信心。很快，阮玲玉又投入到新片《血泪碑》的拍摄中。

《血泪碑》是由郑正秋执导，阮玲玉与有数年银海生涯的丁子明领衔主演。在拍摄过程中，身体虚弱的导演郑正秋那认真的劲头给她留下了深刻的印象，她还领略了洁身自爱、与其他明星不同的丁子明的风采。她决心要成为像丁子明那样的"最规矩的女演员"。

紧接着，她又拍摄了郑正秋执导的《杨小真》，这期间，她与母亲收养了一个弃婴，取名为小玉。

《血泪碑》与《杨小真》公映时，阮玲玉已经步入影坛一年有余，并凭借在这两部影片中的出色表现，在影坛站稳了脚跟。

深陷迷茫与彷徨

1927年下半年，阮玲玉开始拍由张石川执导的古装片《洛阳桥》，与朱飞搭戏。朱飞在当时影坛的名气很大，他的英俊潇洒、风流倜傥令众多太太小姐们为之倾倒，并给他冠以"银幕情人"的雅号。然而成名后的他，逐渐放浪形骸，目中无人，到《洛阳桥》开拍时，自由散漫的毛病更是变本加厉，张石川经常因为他的不守规矩和马虎的表演而发火，不免会迁怒其他演员，这令阮玲玉也吃了不少苦头。

然而经过数月劳作拍摄完成的《洛阳桥》，1928年初投入市场却是波澜不惊，古装片在红了两年之后，早已没有了最初的新鲜感。此番情形使明星公司的老板们敏锐地感觉到电影市场到了转变风向的时候，但下一个热潮是什么却还需要不断摸索。

　　1928 年春天，胡蝶加盟明星公司，与阮玲玉有了第一次也是唯一一次银幕合作，这就是故事片《白云塔》。该片取材于一部连载小说，由张石川和郑正秋联合执导。

　　角色分配时，胡蝶饰演正派女角，阮玲玉饰演反派女角。可是阮玲玉善演悲剧的正角，因此她对这个反派女角并不喜欢也不理解如何演，为此她不知道挨了张石川多少训斥。

　　阮玲玉在《白云塔》一片中的收获，便是与胡蝶建立了友谊。阮玲玉与胡蝶年龄相仿，又是广东同乡，因此两人一有机会便在一起聊天。

　　在《白云塔》角色分配好后，阮玲玉便陷入了深深的失望。在当时，几乎所有演员都是本色演出，而反角不论是形象还是性格都与现实中的阮玲玉差距太大。故而在拍摄时，阮玲玉的情绪一直不高，而该片的上映，也并未引起多大的反响。一时找不到新的热门题材的张石川只好走一步看一步。他开始着手新片《梅林缘》的拍摄，主演是阮玲玉和朱飞。

　　在拍摄中，朱飞散漫的言行较之以往有过之而无不及，阮玲玉受牵连也会被张石川不分青红皂白地训斥。被训斥惯的朱飞满不在乎，而阮玲玉心中却愁苦万分。一天，朱飞因在片场胡言乱语又一次激怒了张石川，被张石川一顿痛骂。第二天，朱飞存着拖个一两月戏的心理，故意以光头形象出现在了公司，结果张石川当众将他开除了，《梅林缘》也就此停拍，张石川又把这股怒气转移到了阮玲玉身上。从 1928 年夏季开始，张石川便不再让阮玲玉在公司的任何一部影片中担任角色，她被"冷藏"了起来，这令她在明星公司的处境极为难堪。

　　在《梅林缘》停拍不久，张石川便寻觅到了新的吸引观众的电影题材——武侠片。1928年5月，由小说《江湖奇侠传》改编的《火烧红莲寺》第一集在各地公映，效果极佳，好评如潮。这时，张石川启用了他一直看重的胡蝶，而阮玲玉仍无所事事。

武侠片在影坛日渐风靡之时，阮玲玉的心却越来越冷。张石川的《火烧红莲寺》掀起了武侠片的狂潮。郑正秋觉得阮玲玉在这类影片中不可用，而其他导演慑于张石川的权势，也没有启用阮玲玉的意思。因此，从暮春到初秋，阮玲玉一直赋闲在家，她本来以为张石川平息怒气后还会再用她，结果最后一丝希望也破灭了。于是在思量许久之后，她向张石川递上了辞呈，并加盟"大中华百合"公司。

1929年，武侠片已经席卷整个影坛，阮玲玉在"大中华百合"主演了《珍珠冠》《劫后孤鸿》《情欲宝鉴》《大破九龙山》《火烧九龙山》等片。尽管阮玲玉在"大中华百合"拍摄的影片并无多少艺术价值，但是却奠定了她在公司举足轻重的地位。

影坛上渐亮的那一颗星

1929年，民新公司黎民伟与华北公司罗明佑筹划拍摄《故都春秋》，由民新公司新晋导演孙瑜执导，民新老板娘兼台柱子林楚楚出演女主角，而片中另一位女主角便是从"大中华百合"借来的阮玲玉。当时阮玲玉陷入事业与个人生活双重彷徨的境地，在接到这部影片时，并未意识到这将是她从影道路上的一个重要转折点。

1929年11月，阮玲玉来到民新公司加盟《故都春秋》剧组。该剧讲述的是北洋时期的故事，通过对一个家庭悲欢离合的细致描写，揭露了官场的黑暗，在当时具有积极的现实意义，而编剧朱石麟的才华也第一次得到了显露。

阮玲玉仔细阅读剧本后，虽然对于燕燕这个角色不是很喜欢，但是素来听话的她还是坦然接受了。影片开拍后，阮玲玉程式化的表演让导演孙瑜连连喊停。孙瑜耐心地帮助她分析角色，启发她体验角色的心理。他告诉阮玲玉，只有对自己所演角色的性格、心理及其所处的环境、地位都有透彻的了解和把握，才有可能将角色塑造好。这些话令阮玲玉很是振奋，从来没人这样细致地教过她如何演戏。因此，阮玲玉在孙瑜手下拍戏没几天，在她眼前所呈现的全新的、广阔的表演天地就令她兴奋不已。

《故都春秋》是罗明佑投资与民新公司合作的第一部作品，罗明佑与黎民伟都格外看重该片，于是开拍不久，便决定赴北平拍摄外景戏。同时开拍的第二部电影《野草闲花》的外景戏也将一并完成，该片仍由孙瑜导演、阮玲玉主演，阮玲玉在剧中一人分饰母女两个角色。

1929年12月，阮玲玉与外景队的成员一起乘车北上。到北平后的几天里，孙瑜一边选景一边带领外景队参观北平。外景地点选好后，很快便进入了拍摄，拍摄过程很顺利。

在拍摄《野草闲花》的外景戏时，阮玲玉的出色表演震撼了在场的每一个人，导演孙瑜回忆说："拍摄时，寒风刺骨，肤裂指僵。我们工作人员穿着大棉袄和皮袍还冻得直打哆嗦，可是阮玲玉只穿着破夹衫，怀抱瘦女婴，扑倒在厚冰上，坚持了一小时，表现母亲在垂死前力尽乳干，咬破手指，放进婴儿嘴里，用她最后的几滴血哺喂婴儿。"她深刻准确地进入了伟大母爱的角色，在导演的几句启发下，从内心的激情到外部的动作，完成了超乎导演预期的更为真挚自然的表演。

《故都春梦》的公映引起了巨大轰动，制作方打出的复兴国片的口号深入人心，影片的主题思想、故事情节以及人物的塑造和艺术处理，都使人们耳目一新。身为主角的阮玲玉在片中的表演使行家们交口称赞，在《故都春梦》里，她完成了由本色演员到性格演员的转变，这是阮玲玉成功道路上的里程碑式的作品。

愈加成熟的演技

《故都春梦》异军突起于影坛，令罗明佑和黎民伟兴奋不已，也让主创孙瑜、阮玲玉、林楚楚等人倍感自豪。

1930年盛夏，《野草闲花》在上海正式开拍。这是一部中国式的《茶花女》，孙瑜受到小仲马的影响和启发，但是却改变了《茶花女》悲惨的结局。因此，他不仅在拍摄中用足了各种技巧和手法，在演员选择上也独具慧眼。

如果说孙瑜执导《故都春秋》与阮玲玉第一次合作时，觉得她的表演还很幼稚，还未充分展现她的表演才能的话，那么在拍《野草闲花》时，孙瑜对她的表演天赋发出了由衷的赞叹。他说："阮玲玉以她真挚准确的角色创造和精湛动人的表演，说明了她不愧是默片时代戏路最宽、最有成就的'一代影星'。"

1930年秋，《野草闲花》完成并与公众见面。当时正值武侠剧烟雾笼罩之时，《野草闲花》的出现令观众耳目一新，深受知识阶层与青年学生的欢迎，叫好声一片。

这时，罗明佑在香港创建的"联华"公司开始运营，而阮玲玉对公司的顺利创建起了十分关键的作用，并与之一起崛起于中国影坛。

之后，阮玲玉接连拍摄了《恋爱与义务》《一剪梅》《桃花泣血记》等影片，在这个越来越广阔的表演天地，她声名鹊起，跻身一流影星行列，也由此走上了一生中最辉煌的阶段。

随着联华公司在20世纪30年代初的崛起，电影事业在中国开始有了新的方向与发展。然而随着"一二八"事变在上海爆发，战火使电影界蒙受了重大的损失，"联华"的损失尤为严重。

为了躲避战火，阮玲玉和女儿小玉、张达民、罗明佑、黎民伟、林楚楚等人一起去了香港。1932年4月，阮玲玉和女儿小玉回到了上海。此时，联华四厂毁于战火，营业每况愈下，导致联华内部也发生了分裂。面对如此颓废的形势，罗明佑和黎民伟都心中惶恐，不知如何挽回。处在困境中的联华为了保证新片的卖座，筹划拍摄了《故都春梦》的续集，即《续故都春梦》。可是公映后并没有太大的反响。

1932年，田汉编写了《三个摩登女性》，并交到联华导演卜万苍手上，卜万苍认为阮玲玉以往饰演的角色不适合饰演该片，所以不打算请阮玲玉来演。阮玲玉从金焰那里知道了《三个摩登女性》将要开拍的消息，读了这个无论是艺术视野还是思想境界都令她折服的剧本后，一直想要拓宽自己表演戏路的阮玲玉，便主动找到卜万苍争取这个角色。

1933年元旦前夕，《三个摩登女性》公映，在影坛引起了很大轰动。阮玲玉也通过这部影片确立起自己新的艺术风格，她的表演得到了影评界的肯定，也为观众所喜爱。她终于跳出了自己原来的表演戏路，这也更加增强了她表演的自信。

1933 年初，上海影迷开始评选"影后"，阮玲玉对此并不在意，她全身心投入到新片《城市之夜》的拍摄中。这是费穆第一次执导的影片，却是出手不凡，1933 年 3 月公映后，立即引起各方面的关注，影评界也给予了较高的评价。

再遇错的人

就在阮玲玉拍摄《三个摩登女性》的 1932 年秋，在香港的张达民突然回来了，这让她明媚的心情又变得阴郁起来。然而这时，一位中年男子闯入了她的生活。

1932 年底，在联华公司的聚会上，阮玲玉见到了一位风度翩翩的中年男士。经过林楚楚的介绍，她才恍然想起，这是年初在香港的一次舞会上见过的唐季珊，他就是曾把号称中国第一位"影后"的张织云金屋藏娇的富商。

席间，举止有礼的唐季珊或询问阮玲玉拍片中的问题，或讲述自己经商时的趣闻，既不显得过分热情，也不会冷落了阮玲玉。

这次见面并未给阮玲玉留下多深的印象，而唐季珊却久久不能忘怀。自从联华公司的那次聚会后，唐季珊频繁地出现在联华的片场，每次来都去阮玲玉所在的那个摄制组，且总不忘给阮玲玉带上一束鲜花。阮玲玉并没放在心上，只认为是熟人的表现。

唐季珊明白，仅到片场送花或偶尔约阮玲玉跳舞，只是正常的社会交往，很难与阮玲玉的关系有进一步的发展，因此他一直在等一个既能让他向阮玲玉大献殷勤，又能让她明白自己心迹的机会。

1933 年元旦后的一天，唐季珊照常来到联华公司给阮玲玉送花，在谈话间得知，阮玲玉正在拍摄的《城市之夜》要去杭州拍外景。于是，唐季珊假借有业务洽谈，突然在杭州出现在阮玲玉面前，给了她一个惊喜。

唐季珊在杭州经营茶叶多年，对杭州熟悉，为阮玲玉及外景组安排好了房间，省去了他们很多麻烦。

此后几天，唐季珊几乎与外景队形影不离，还为外景队安排了丰富多彩的娱乐活动，而唐季珊有了比平时多得多的与阮玲玉在一起的时间。当外景队完成任务回上海时，大家都觉得唐季珊够朋友，而阮玲玉也在不知不觉中对唐季珊增添了几分好感。

凭着在杭州出外景时与阮玲玉结下的友谊，唐季珊开始登门拜访，到 1933 年新春，他已经成了阮玲玉家的座上客。而阮玲玉也总算明白了唐季珊的一片用心。

面对唐季珊的追求，阮玲玉更多地处在迷惘中。她与张达民同居七载，并没留下什么美好的回忆，而唐季珊是这些年第一个执意要闯入她生活的男性，并且无论从哪方面来看，都远胜张达民。但阮玲玉始终是有顾虑的，她的不安来源于张织云的前车之鉴。

唐季珊明白阮玲玉的不安，因此只要一有机会，他便在阮玲玉的面前大诉婚姻之苦，并小心翼翼地提起他与张织云的往事。他说自己与张织云同居是为了摆脱包办婚姻，与张织云分手是因为她贪慕虚荣。唐季珊的解释取得了很好的效果，阮玲玉放松了对他的戒心。唐季珊的爱犹如盛开的罂粟花，既充满了难以抵御的诱惑，又隐含着置人死地的危险。随着唐季珊一次次的爱情攻势，阮玲玉越来越倾向于接受这份爱情了。

由于阮玲玉与唐季珊经常相伴出入一些社交场所，引起了一些专门窥探名人隐私的小报记者的兴趣，在得知唐季珊还经常出入阮玲玉家后，便添油加醋地大肆渲染了一番，说二人不仅有恋情，甚至已经同居。

阮玲玉在看到她的负面报道后十分气恼，而这却正中唐季珊下怀。他来到阮玲玉面前，先是大骂记者无耻，接着话锋一转，说与其担负着这莫须有的罪名，不如果真如此，看他们还有什么好说的。他观察着阮玲玉的表情，见她并无拒绝之意，又大谈自己对她的一片真情。

此时，阮玲玉的心里在做另一番计较。她与张达民并没正式结婚，他却大肆挥霍自己的血汗钱，因此自己不管如何，都没有对不起他的地方。在唐季珊的爱情攻势与报纸舆论的夹击下，仅仅认识唐季珊3个月的阮玲玉决定与唐季珊同居。

1933年3月，阮玲玉带着母亲何阿英和养女小玉开始了与唐季珊的同居生活，而当时身在福建的张达民并不知晓这件事。

1933年4月9日，因赴南京出差路过上海的张达民，发现家里人去楼空。当他得知阮玲玉已经与唐季珊同居后，立即思考应对的方法。张达民的出现也使阮玲玉不得不考虑如何了结他们的关系，依张达民的个性，最好的办法就是用钱来补偿，她预料到她与张达民之间有一场艰难的谈判，于是聘请了律师来办理此事。阮玲玉答应给张达民一笔补贴，张达民答应在律师拟定的合约上签字。

阮玲玉心中的石头总算落了地，而实际上，她并未摆脱张达民，而另一个男人唐季珊也未必可靠。

与蔡楚生相携在影坛巅峰

1933 年初夏，阮玲玉沉浸在喜悦中：在个人生活上，终于摆脱了张达民的纠缠，并与热恋的唐季珊结合；事业上，主演了《三个摩登女性》和《城市之夜》两部影片，大大拓宽了她的表演天地。继《城市之夜》后，阮玲玉又参加了《小玩意》一片的拍摄。

这是一部正面反映抵抗日本帝国主义侵略的影片，阮玲玉饰演的是农村手工艺人叶大嫂。1933 年秋，《小玩意》公映，以丰富的历史蕴藏、独特的导演技巧以及演员出色的表演赢得了一片赞誉，之后，孙瑜、费穆合作的《人生》和《香雪海》，使阮玲玉的表演艺术又到达了一个高度。

就在这时，阮玲玉拍出了她表演生涯中的巅峰之作——《神女》。《神女》是吴永刚的第一个剧本，在确定女主角时也费了一番心思。当时吴永刚还是一个无名之辈，他并不确定能请来阮玲玉。没想到阮玲玉看过剧本后，热情地答应了。

阮玲玉在《神女》中的表演最值得称赞的便是她的眼神，几乎到达了出神入化的地步。1934 年 12 月，《神女》上映，被称为当年最好的国产片之一，有的影评称其为"中国影坛奇异的收获"。

左翼电影兴起后，阮玲玉拍了近十部影片，她的表演才能得到了充分发挥，步入表演生涯的黄金时代。

1934 年初冬，阮玲玉接到蔡楚生的一个剧本，当时她刚拍完《神女》，蔡楚生要请自己拍摄关于艾霞的影片。艾霞是一个很有才华的青年演员，不仅是明星，还是作家，然而她却自杀了。一些小报记者便拿她的死做文章，将罪恶的污水泼向她，于是便有了蔡楚生的《新女性》这个剧本。

蔡楚生于1929年结识他的同乡郑正秋，并得到郑正秋的赏识，加入明星公司。1931年，他加入联华开始了独立执导影片的创作生涯。1934年冬，蔡楚生和阮玲玉这两位著名的影人开始了在电影史上堪称典范的导演和演员之间的成功合作。

《新女性》一片的拍摄使阮玲玉和蔡楚生结下了深厚的友谊，在阮玲玉的身上，蔡楚生不仅看到了一个优秀演员所应具备的良好素质，同时也感动于她在艺术上坚持不懈的努力。阮玲玉对蔡楚生的才华和为人也甚为折服。他是极少数能理解阮玲玉内心苦楚的人，共同的追求将两颗心灵拉近，爱情在他们心中萌生。十分可惜的是，两人并没有走到一起。

默片的影坛皇后

1935年2月，在《新女性》的首映礼上，前来观看的一些记者看到影片中小报记者种种下流无耻的情节时，纷纷愤然离去。在场的联华老板们不禁担忧起来。

果然，这些记者开始策划针对《新女性》的阴谋。《新女性》被迫剪掉了部分情节，才得以与公众见面。然而事情并未就此停止，他们的目标转到阮玲玉与张达民、唐季珊三人的身上。

1934年底，一位自称是张达民表姐的人来到阮玲玉家，与阮玲玉交涉关于她与张达民脱离关系时的协议款，并拿公众来压阮玲玉。

阮玲玉与唐季珊并没有与来人谈妥此事，唐季珊因张达民得寸进尺而恼怒，执意不给他钱。1934年12月27日，唐季珊收到张达民的律师信，而阮玲玉是不愿打官司的。虽然是唐季珊去打官司，可是事情是由她引起的，她不敢想象如果公之于众，小报记者要如何来描述她与这两个男人的关系。

然而唐季珊却一点儿也不考虑阮玲玉的感受，执意要告张达民。于是，阮玲玉被卷入一场直接导致她毁灭的连环诉讼案中。

1935 年 1 月 10 日，对于阮玲玉来说是一个黑色的日子，这一天，上海第一特区地方法院开庭审理唐季珊状告张达民"虚构事实，妨害名誉"一案。早在开庭前几天，报纸便对这件诉讼案大肆宣扬，并绘声绘色地描述了两个男人为一个电影明星争风吃醋的细节。

张达民在辩词中大谈他与阮玲玉的"夫妻"事实，第二天，各大报纸都在头条将事情进行了详细报道，一时间，阮玲玉与这两个男人的事情成为大街小巷津津乐道的趣事。

最终张达民被判无罪。唐季珊对这样的结果始料未及，却也别无他法，他看到阮玲玉满腹心事的样子，便提议外出散心。

在杭州，唐季珊对着记者痛骂张达民，当阮玲玉听到唐季珊讲述她与张达民的旧情时，才明白唐季珊其实是嫉恨的，他的大度都是装出来的，这让阮玲玉很是失望。

几天后，回到上海的阮玲玉坚持拍完了《国风》，然而已经在"《新女性》事件"中被确定为攻击目标的阮玲玉，在张达民对记者们大肆诉说他与阮玲玉的爱情后，成为了新一次诉讼的源头。在第二次诉讼中，张达民指控阮玲玉侵占和伪造文书罪以及阮玲玉和唐季珊妨害家庭和通奸罪。

2 月 27 日庭审，阮玲玉称病未到庭。3 月初，她和唐季珊接到了必须在 3 月 9 日到庭的传票。与此同时，在阮玲玉毫无准备的情况下，一盆盆脏水泼到她身上，令她无处藏身。电影明星阮玲玉与两个男人的故事仍旧是街头巷尾的笑话。这样的"新闻"与"舆论"将阮玲玉逼向了绝境。

3月5日，她一如既往地来到公司，将《国风》最后几组镜头拍摄完毕；3月7日将《国风》内外景戏基本拍摄完毕。

在喧嚣了一天的城市安静下来的深夜，阮玲玉拉开写字台的抽屉，拿出了三瓶十片装的安眠药，将它们混在母亲睡前给自己热的面条中，一口一口地吃了下去，并写下了遗书。

当唐季珊发现阮玲玉自杀后，与何阿英将其送入医院，但却没能挽回阮玲玉鲜活的生命。

1935年3月8日傍晚6时38分，阮玲玉的心脏停止了跳动，年仅25岁。

噩耗传出，整个上海乃至全国都为之震惊，"海内外之急电交驰，所致唁诔哀挽之词，不可胜述，不可数计。市民奔走相告，咨嗟叹惜，相率赴吊。"从9日凌晨开始，人们陆续前往殡仪馆，与他们热爱的电影明星做最后的告别。

3月11日，联华公司会同阮玲玉的家人及唐季珊在万国殡仪馆为阮玲玉举行了大殓仪式，阮玲玉的母亲何阿英与养女小玉守在阮玲玉的遗体旁失声痛哭。3月14日，阮玲玉的灵柩移往位于闸北的联义山庄墓地。

阮玲玉的死激起了广大观众和电影从业人员对她的深切同情，他们对导致阮玲玉死亡的社会恶势力无比憎恨。唐季珊连连控诉张达民，并拿阮玲玉的死大做文章，使得张达民像过街的老鼠，只能远赴香港。张达民于1938年10月25日病逝。

　　阮玲玉的母亲何阿英得到了唐季珊的赡养, 1962 年病逝于上海, 阮玲玉的养女小玉改名唐珍丽, 由唐季珊抚养到中学毕业, 后在泰国定居。唐季珊晚年经营惨淡, 潦倒而逝。

　　阮玲玉的去世, 宣告中国电影默片时代的结束。她在这一时期展露了在默片表演方面非凡的才华, 尽管她在有生之年并没有得到"电影皇后"的桂冠, 然而在热爱她的表演和影片的人们心中, 她已然是一位"影后"了。

第十一章

周璇: 用我一生，赴你花样年华

她12岁进入歌舞团学艺，逐渐成为蜚声海内外的当红歌星，被人们美誉为"金嗓子"。她一生共演唱了两百余首歌曲，她的歌声风靡了大半个世纪，影响了几代人。

凄零女子话童年

艺术的永恒在于无论岁月如何冲刷和过滤，都无法抹杀其深入人心的那一抹笑容或感动。

20 世纪 20 年代初，在上海繁华的北京路外滩的一条小弄堂里，有一户姓周的人家，男主人叫周文鼎，在工部局税捐处任翻译。在做翻译的日子里，周文鼎不仅夜夜笙歌，还金屋藏娇了一名粤剧花旦，人称广东太太。两年后，广东太太在莲花庵里领养了一名女孩，名曰玉芳，这个女孩便是周璇。

根据周璇生前的回忆，也是众多媒体的记载："周璇病愈后，曾对她的精神科主治医师苏复谈起自己的童年经历。她原名玉芳，在五六岁时曾在鸭绿江路莲花庵中度过一年半……"

在周璇近四十年的生命中，为了寻找生父生母，花了很多精力和财力。她在写给柯灵主编的上海《万象》杂志的自传文章中这样说："我首先要告诉诸位的，是我的身世。我是一个凄零的女子，我不知道我的诞生之地，不知道我的父母，甚至不知道我的姓氏。"

小玉芳时候，周家夫妇真的像对待亲生女儿一样疼爱她。可是过了几年，周家接二连三地发生灾祸，周文鼎不仅因吸毒被巡捕房关押，还丢了工部局的饭碗。

这一切的根源，都被推到了小玉芳身上，他们认为"属羊的女人不吉利"。不仅周文鼎将怒气撒到玉芳身上，广东太太更是将耳光甩到了玉芳的脸上。又痛又怕的玉芳，只能坐在地上委屈地哭。

周文鼎没了工作，只能向虹口的大老婆伸手要钱。然而，周
文鼎的长子周履平无缘无故自杀，周家的日子更加拮据，幸好周
履安顺利进入了电影行业，周家才能勉强维持生计。可是，在一
次外景拍摄时，周履安不慎坠马昏倒，因脑震荡几乎丧失了生活
自理能力。

周文鼎借着照顾周履安的名义回到了虹口的家，这使广东太太
与玉芳陷入了经济绝境。广东太太只能重拾卖唱的技艺，供玉芳上学，
指望玉芳将来能成为比自己有出息的女人。

玉芳在学校不敢与同学们交往，经常一个人蹲在墙角里；晚上
就在饭店、妓院的屋檐下惶恐不安地等姆妈卖唱完回家。这样的生
活持续了两年。风雨交加的时候，她即便躲在屋檐下还是被淋得通
透；冬天寒气逼人，她衣衫单薄冻得浑身发抖也不敢离开，即使是
蜷缩在昏暗的角落，也抬着头努力仰望对面的饭馆，分辨着姆妈的
歌声。

后来广东太太患上了眼疾，玉芳的学业也就此中断。就在凄苦
懦弱的玉芳被逼向火坑的危急时刻，经常去孙轶群歌舞团的章锦文
琴师向她伸出援手，把玉芳介绍进明月歌舞社，这使玉芳迎来了命
运的转折点。

更名周璇，闪亮新生

在玉芳刚进歌舞团时，广东太太希望她将来能走红，便将她的
名字改为周小红。

"明月歌舞社"成立于"五四"运动之后，社址在上海西区常
德路一幢三层的楼房里，初出茅庐的周小红在踏进这幢楼房时，心

里十分紧张，她对着一大群人低声唱了一支民间小调：

我有一段情呀

唱把啦诸公听呀

诸公各位静呀静静心呀

让我来唱一支江南景呀

细细那道来唱把啦诸公听呀

……

她唱完有一个人鼓励她说："你有很不错的唱歌天赋，只是现在的嗓音太过纤细，只要你刻苦练习，将来一定会有出息的。"这个人不是别人，正是"明月社"的社长黎锦晖。

为了照顾周小红，章锦文特意安排她与自己同住。安置好了住处，又领着她下楼介绍给大家认识。

当时的"明月社"已经涌现出一批像王人美、黎莉莉、白虹、胡笳等挑大梁的女演员和严华、谭光友等四五个男角儿。

自卑又胆怯的周小红受到了大家不断的鼓励，下定决心把艺学成。

在"明月社"的日子，周小红从零开始学习音乐，在黎锦晖的帮助下，她很快就可以跟琴师章锦文学习五线谱和钢琴了，而表演课是跟着社里来自北京的艺人严华学习。

由于周小红很有音乐天赋，加上超乎常人的刻苦和钻研，在短短几个月的时间里，她在音乐和舞蹈上都取得了很大进步。

在《最后的胜利》里，她出演了反对帝国主义和军阀的群众角色。第一次登台表演，虽然只有不到十句唱词，演出前一晚小红躺在床上不断默念，可出场前她还是慌得两腿发软。她觉得那次演出中自己一直迷迷糊糊的，跟做梦似的，唱歌的声音细小得像蚊子嗡嗡，自己都快听不到了。但没想到下场后却得到了大哥大姐们的赞扬，小红激动地说不出话来。演出回来，她不但得了 15 元工资，还额外得到了 40 元出场费。

1932 年，在歌舞剧《特别快车》的新年演出中，她顶替了当时的台柱子、红歌星白虹的表演，竟然意外得到了观众的好评。不久之后，年仅 12 岁的周小红演唱的《特别快车》成为她灌制的第一张唱片。当时，有记者在报纸上撰文："明月歌舞社里又升起了一颗新星。"

就在周小红灌录唱片时，中国电影业迈向了有声电影时代。王人美、黎莉莉等歌舞社的台柱子演员，先后被挖去拍片。1933 年，明月歌舞社解散。

在告别演出上，周小红的一曲《民族之光》唱得特别成功，喊出了时代的声音，高呼"与敌人周旋于沙场之上……"赢得了台下观众的如潮掌声。

这首歌曲之后，周小红正式更名为周璇。之后每次演唱《民族之光》，台上台下都会呼喊周璇的名字。周璇的知名度与日俱增，一颗灿烂夺目的巨星，将要在 20 世纪 30 年代的上海滩影坛和歌坛上冉冉升起。

金嗓子响彻上海滩

明月歌舞社正式对外宣布解散是在 1933 年夏，进社不满一年的周璇很担心自己的命运。章锦文对周璇的背景相当清楚，于是将事情告知了社里的同仁。

张欣若、严华等人四处奔走筹措资金打算重新组团，并最终开办了一个规模较小的歌剧社——新月歌剧社，周璇幸运地得以继续她的演艺生涯。但几个月后，新月歌剧社也短命夭折了。

新月歌剧社面临解散的困境时，周璇才 14 岁，她回到家里蒙头痛哭。1934 年初，正当她感到绝望时，严华的朋友漫画家丁悚请人投资，成立了新华歌剧社，周璇再次获救。

在"新华社"的这段时间，周璇比以前更加勤奋，她每天早起练声，弹弹唱唱，虚心向他人求教，不敢有一丝懈怠。

然而歌剧社也有不景气的时候，为了让周璇不因经济愁闷，严华决定与周璇搭档去"跑电台"，那时候的"青岛""友联"和"新都"，几乎每天都有他们的一档节目。周璇在每一档节目里都要唱足四十分钟，常常感到喉咙里火辣辣地痛。特别是夏天的时候，狭小的播音间里闷热难熬，周璇、严华经常播得满身是汗。

在严华的鼓励下，1934 年周璇参加了一家民营电视台与《大晚报》联合举办的"播音歌星精选"，结果令她相当惊讶。她与上海滩当红艺人白虹、汪曼杰共同获得了前三的名次，并且以落后于白虹不多的票数名列第二，获得了"金嗓子"的称号。对于歌唱者来说这是莫大的鼓励。

她童年演唱的歌曲《五月的风》和《叮咛》等也被在上海滩上享有盛名的百代、胜利唱片公司灌制成唱片。由此，"金嗓子"之名不胫而走，传遍了黄浦江畔。各路记者蜂拥而至，周璇的照片和访谈常见于大小报刊，她的声音响彻大街小巷。当年有媒体称周璇的嗓音"如金笛鸣沁入人心……"也有人称周璇是中国演唱流行歌曲的先驱。她用传统民族声乐发声的方法，借助话筒创造出了一种真切、自然、独特的演唱风格。

20世纪三四十年代，上海出现了一种特有的情调，这种情调和周璇的歌紧密相连，也是周璇歌唱艺术的魅力。

1935年，周璇演唱的上海民歌《龙华的桃花》被灌制为唱片并在电台播放，这是她的又一个代表作。

1937年"七七"事变前，周璇完成了影片《马路天使》，随后又拍了《满园春色》和中国电影史上第一部广告歌舞片《三星伴月》。这两部影片验证了"金嗓子"不可抵挡的票房号召力。

《三星伴月》是一部不同凡响的歌舞片，周璇担任主演，并演唱了片中的插曲和主题曲《何日君再来》。《何日君再来》完美地展现了周璇那副"金嗓子"的魅力，随着影片的上映，这首歌成为家喻户晓的流行歌曲。

马路天使

1935年，通过活跃在影剧评论界的龚之方和王人美等人的介绍，周璇获得了《风云儿女》中的一个小角色。尽管只是一个普通角色，却成为她步入影坛的良好契机。

《风云儿女》原著田汉、编剧夏衍、音乐贺绿汀，由当时著名导演许幸之执导，袁牧之、王人美等人主演。这些人都是电影音乐界的红人，周璇与这些人相识、合作，并获得他们的青睐和器重，为她以后在电影表演和歌唱事业上的发展助益匪浅。

而这只是周璇步入影坛的一个起点，她一生总共拍摄了43部影片。周璇自己认为，在她主演的电影中，只有一部电影可以代表她，那就是《马路天使》。

《马路天使》的导演袁牧之要找一个与角色中的小红一样命运的演员，而周璇曾叫小红，身世也与剧中小红的命运很是相似，因此周璇成为不二人选。

袁牧之洋洋洒洒地讲述剧本和导演构思，周璇听得很是入迷，时而高兴，时而难过。袁牧之清楚地知道，周璇的身世、年龄、精力、性格、气质、外貌和歌唱才能对于扮演小红这个角色都十分合适。果然，周璇理解人物，进入角色的速度很快，袁牧之看样片时，认为周璇把他所要塑造的小红演"绝"了。

20 世纪六七十年代以来，影片《马路天使》受到海内外几代人的广泛喜爱和欢迎，并成为中国电影的代表作，不断重复播出。经过岁月长久的洗礼，《马路天使》被证明是中国电影史上少有的经典之一。

《马路天使》的成功，使周璇声名鹊起，这部影片的成就无疑为她日后登上影坛皇后宝座起了十分重要的作用，而在四个月的拍摄过程中，周璇结识了一些进步文艺工作者，如袁牧之、贺绿汀等，他们对她的生活和艺术道路产生了积极影响。

1938 年，周旋加盟刘氏兄弟创办的国华影业公司，在不到三年的时间里，她主演了 17 部电影，演唱了 36 首插曲，其数量之多、时间之短在迄今为止的中国电影史上可以说是空前的。周璇在"国华"拍摄的第一部影片《孟姜女》开创了中国古装歌唱故事片的先河，影片拍完后反响热烈，她演唱的插曲《百花歌》更是传唱广泛。在这之后，她又相继主演了《李三娘》《董小宛》《三笑》《西厢记》等古装歌唱片，由此将她推上了影坛皇后的宝座。

桃花潋滟相缠绵

周璇刚入行时，严华的启蒙和关爱让她渐渐萌生了爱意。严华不但悉心调教周璇普通话的咬字发音，还热心地为她提供了许多"走穴"的机会，又不遗余力地托关系陪她到电台播唱，积极地鼓励她参加广播歌星的评比，将她推荐到百代、胜利等音像公司灌制唱片。当"明月社"倒闭、周璇的生存面临困境时，他毫不犹豫地放弃自己的商务公司，出面经办"新月社"。

当新月社面临倒闭的时候，周璇感到要与这位正义而重情义的男子分别，内心无比忧伤。她发自内心地仰慕严华，而严华在事业上对自己的帮助和支持，使从小缺乏温暖的周璇由衷地感动。

周璇多愁善感，看重情谊，她的为人准则是"滴水之恩当涌泉相报"。因此对于严华的百般呵护，周璇感激涕零，她觉得自己无以为报，唯有以情相许。于是在不到15岁时，这位情窦初开的少女便萌发了对严华的爱恋。

严华生于北京，早年父母双双过世，只有一位兄长在北京，其他兄弟姐妹各奔东西，在不同的城市谋生。他很早便出外闯荡，因此虽然才二十六七岁，但已经一脸老成与稳重。

周璇与严华相差9岁，平时都以"严华哥哥"相称，面临近在眼前的离别，周璇终于拿出勇气，将这些年来记录内心的日记本交给严华，并叮咛他登上远赴南洋的渡轮后再看。

严华在开往南洋的渡轮上，打开日记本，细细地读着周璇隐藏的真情。他乐此不疲地读了一遍又一遍，欣喜得就像一个孩子。他将日记本紧紧地贴在自己的胸口，内心炽热的情感如同火焰一般熊熊燃烧，恨不得渡轮可以马上调转船头回到上海，去亲耳听周璇对他爱的呼唤。

严华原本计划在南洋游历一段时间，可如今每天都非常难熬，归心似箭，已无心实施遍游南洋各国的计划。他在泰国、新加坡的几个城市演出结束后，就收拾行装回国了。

中秋那天，严华心急如焚地赶回上海，想给周璇一个惊喜，扫兴的是，周璇因为拍电影《喜临门》的外景，赶去无锡了。好在几天后，周璇提前赶了回来。

得知严华的用心后，周璇面颊通红，羞涩地说不出话。爱情的甜蜜让他们决定马上订婚，第二天就去金铺打了一对婚戒，作为信物互换戴在了无名指上。几天后，严华与周璇找到一处合适的住房，搬了过去。

外界听闻人称"桃花太子"的严华与"金嗓子"周璇订婚的消息，纷纷报道，这一时成为当时最热的话题。

战火繁乱中的演出

1937 年，卢沟桥事变爆发，全国性的抗日战争拉开序幕，全国各行各业都加入到抗日活动之中，周璇也不例外。

1937 年 7 月 15 日，上海市剧作者协会扩大改组为"中国剧作者协会"，会议上通过一项决议，由到会全体会员集体创作三幕剧《保卫卢沟桥》。

为了《保卫卢沟桥》的公演，在中国剧作者协会和上海剧团联谊社的主持下，上海各影片公司和上海各剧团的编导、演员近百人参加筹备和排演工作，周璇与金焰、王人美、王莹、赵丹、崔嵬、英茵、顾而已等上海 20 世纪三四十年代左翼著名影人，都参加了该剧的排练和演出。

1937 年 8 月 7 日，《保卫卢沟桥》以上海市文化界救亡协会后援会的名义，在上海南市小西门内蓬莱大戏院正式公演。周璇虽然在戏里只是扮演一个群众角色，但是她经常待在后台，有时伴唱，有时呼喊口号。

在激动人心的演出进行到第七天，即 8 月 13 日的晚上，忽然从剧院北面传来了震耳欲聋的爆炸声，大家都意识到，战火已经烧到了上海。舞台上停止了演出，几十位演员和上千名观众一起涌出戏剧院，身在人潮中的周璇又是激动又是惶恐。

三天后，赵丹满怀激情地找到周璇，劝她加入救亡会的演出。周璇看着她与严华的结婚照片和手上严华给她的订婚戒指，沉默不语。她有了爱情的牵绊，为了保家，她留了下来。

"八一三"事变的炮火造成成千上万人流离失所，除了租界，上海全部沦陷。设立在虹口、闸北的几家制片基地被炸毁，电影界的多数演员都奔赴内地进行救亡演出，上海这个中国电影事业发祥地一时间冷冷清清。这使得周璇等一些留在上海的艺术家们陷入了窘迫的境地。

为了摆脱困境，"上海剧艺社"再次向他们发出邀请，周璇、严华等人联合加入了海外救亡演出的队伍。他们第一站到达的是香港，可香港当局借口"健康检查"，不准演出，剧艺社被迫在那里滞留了两个多月。周璇和严华就像蜜月旅行一样，几乎天天在外溜达。

春节过后，上海剧艺社到达菲律宾首都马尼拉。菲律宾与南洋其他国家一样，华侨居多。当时马尼拉的华侨对剧艺社的到来极为欢迎，他们中不少是生长在上海的老华侨，特别关心中国抗日新情况，有些华侨还提出希望能在异国他乡多看到些表现祖国人民奋起反抗日本侵略者的节目。在那里的首场演出中，周璇的歌声与严华等人排演的话剧相当成功。直到夏天，上海剧艺社跑了好几座华侨集中的城市，在菲律宾的每场演出都造成了不小的影响。

婚姻的裂痕

回国后，周璇、严华决定北上结婚。1938年，他们在北平度过四个月的蜜月期后，返回上海，正巧赶上国华影片公司成立。国华影片公司的老板是当年周璇在金城大戏院后台认的"过房爷"，姓柳。柳先生登门拜访，希望周璇加盟国华公司，而且工资比在电台唱歌高得多。

面对这个极大的诱惑，周璇欣然答应了。而周璇还未回绝的"爵士"老板也步步紧逼，"过房爷"也责备她，这使得周璇又焦急又紧迫，几天的奔波使得周璇有了流产的迹象。谁知还没来得及打安胎针，"爵士"老板便前来催促，并恐吓周璇。周璇无奈，顾不得腹中胎儿的安危，去参加青岛电台的开幕典礼，还强作精神地唱了一首《龙华的桃花》，可怜的周璇唱到最后，支撑不住昏倒在地。送到医院的时候，腹中的孩子已经没了。

周璇在医院静养了一个月，柳老板夫妇经常前来探望，可是痛失骨肉的严华十分记恨这位把周璇逼得流产的"过房爷"，也时常责怪周璇过于懦弱。周璇没办法，只有委屈忍受。

之后，周璇加盟国华，拍摄了《孟姜女》《李三娘》《董小宛》

等影片，很受观众的喜欢。在国华的一年中，每当有拍片通告时，周璇经过化妆的脸，在银幕上总是容光焕发。可一旦卸了妆，她面色憔悴、病怏怏地连走路的力气都没有。看到心爱的妻子一天比一天衰弱，严华发自内心感到怜惜和心疼。

然而周璇的通告还是一个接一个地来，这让周璇和严华很是生气，柳老板却仍旧态度强硬，步步紧逼。严华出主意让周璇到外面躲一躲，他与柳老板周旋。虽然这场风波平息了，可是柳老板的手段才刚刚开始。

在周璇拍完《西厢》的那天，柳老板接周璇去吃饭，几杯酒下肚，话题逐渐引到了严华身上。他关切地提醒周璇，最近外头有沸沸扬扬的传言，说严华有了"外遇"，还成为一些小报的头条……他边说边看周璇的反应，见周璇面色突变，于是又把戏做足地劝她不要相信外面的那些闲话，那都是媒体记者夸大其词。

周璇根本没有察觉到柳老板是在给她下圈套，心里难受得如针扎般。回家后她也未和严华打招呼，便忍着怒气上床睡觉了。

尽管并没有证据证明严华有"外遇"，可是柳老板的那些话，始终盘桓在她心底。

婚后的两年间，周璇与严华偶尔有口角，却也非常恩爱，而如今的严华经常在外忙碌，还会用称赞的语气谈起别的女性，这让周璇确信他有了出轨的预兆。加之柳老板对她的关怀和吹捧，使她的虚荣心也日渐膨胀，丈夫的"移情别恋"使她内心分外苦涩。

就在周璇最烦恼的时候，有位幽默风趣的年轻人闯进了她的生活，他就是韩非。周璇认识韩非的时候，他只是一个业余话剧爱好者，经常寻机会到各个剧社客串。熟悉之后，周璇只要拍戏得空就会去剧院看韩非演出。

韩非一双有神的眼睛很是讨人喜欢，加上他的幽默感，待人接物又颇有鉴貌辨色的本领。因此每当周璇愁眉不展的时候，他都能想法子逗她笑。严华和广东太太对他也有相当的好感，韩非顺理成章地成了家里的常客。

接下来一部《夜深沉》，公司宣布由周璇自己选男主角，影片还未开始拍摄，便已做足了宣传功夫。周璇所选的男主角正是名不见经传的韩非，着实让人们揣测不已。自此，周璇与韩非的关系日益见密。

不久，严华便听到有关周璇与韩非的闲言碎语，他自然怒不可遏。对于周璇，他多次出手相助，又结为终身伴侣，在爱自己妻子聪慧的同时，又见不得她软弱，他怕她受到坏人的欺负，素来对周璇严格要求。殊不知这种严格的管束使周璇内心隐藏着压抑和恐惧，他并不知道周璇是因为听闻他有新欢而心存芥蒂，而是因为韩非才有意与自己疏远。

一次，韩非深夜护送拍完戏的周璇回家，却被严华狠狠训斥。于是，周璇与严华发生了激烈的口角，正是信任感的消失才导致了这场冲突。

这段婚姻的裂痕越来越大，而柳老板看到如今的情景很是满意，不过还差一步。因为《夜深沉》停机，周璇在家休息。有一天，她起了个大早，忙着收拾家。严华一早去上班，半路上想要回家取东西，一回来便看到桌上放着糖果饼干。听说是韩非要来，严华又开始跟周璇大吵大闹，甚至武力相向，并警告妻子不准再与韩非往来。韩非看到此种情况，明白严华的性子，此后再也没敢上门。

没过几天，报刊上发布了周璇服毒自杀的消息。这一来，国华公司也受到了震动，公司上上下下都对严华发难，周璇在离家出走后不久，便提出了离婚，舆论一下子将两人推到了风口浪尖。

周璇与严华九年的婚姻，以离婚而告终。虽然夫妻双方都有破镜重圆的愿望，但由于好事者在旁怂恿，破坏者从中干预，一些报刊从中造谣生事，散布流言，致使两人无法复合。

疯狂世界的病态折磨

在离婚前后的一段时间，周璇被柳老板留在他的家中，除了每天为"国华"拍戏，其他时候毫无生气，过去的美好生活一直在脑海里晃动，令周璇苦闷不已。

柳老板工于心计，他报复严华的目的已经达到了，因此对于周璇的烦恼和痛苦根本不关心，并且对周璇的经济压榨变本加厉。周璇终于看清了柳老板的真面目，搬出了柳公馆。

1941年，太平洋战争爆发，日寇踏进租界，不久，日寇伙同汉奸全面控制了上海的电影事业，上海的电影业进入了有史以来最黑暗的时期。

周璇对外宣称"退休"，以摆脱柳老板的控制。成为伪"中联"总经理的张善琨却千方百计地想要把周璇挖过去，在物价飞涨入不敷出的情况下，周璇很快便被张善琨"钩"到了伪"中联"。

因为电影市场被垄断，除了卜万苍导演的《渔家女》与《鸾凤和鸣》在观众心中留下比较好的印象外，周璇并无其他上乘之作。卜万苍为周璇量身订制了《渔家女》《交换》《疯狂世界》《婚礼曲》四首电影插曲。

鸟儿为什么唱

花儿为什么开

你们太奇怪

太奇怪

什么叫情

什么叫爱

鸟儿从此不许唱

花儿从此不许开

我不要这疯狂的世界

这疯狂的世界

……

这一首《疯狂世界》将当时浮生如梦的时代勾勒得清晰可见，同时，这也是发自周璇灵魂的呐喊，它风靡了整个华人世界。

日寇知道周璇在国内的名气大，想让周璇在电影里演唱一首亲日歌曲。周璇想到当年贺绿汀大哥的忠告，咬紧牙关坚决不同意唱，并且还跟张善琨大发脾气。事情几经波折，才平息了下去。

1944年，卜万苍编导的《红楼梦》获准 6 月拍摄，周璇饰演林黛玉。由于剧中调用了众多一线明星，拍摄进度相当紧张，基本上与在国华拍戏一样，连着拍片七天七夜使周璇落下了神经衰弱的病根。拍《黛玉葬花》这场戏时，周璇突然呕吐起来，感觉脑袋像是要裂开一样，眼前还一阵阵的眩晕。当时来督戏的张善琨对周璇一阵奚落，可无人敢出来顶撞他。

等到《红楼梦》拍摄完毕时，周璇再次病倒了。这次旧疾复发，加重了当年的神经衰弱，医生说长此以往会致疯。精神疾病本就顽固，加上拍摄过程中饱受张老板的奚落，导致周璇心火旺盛，更糟糕的是周璇常常躺在床上胡思乱想，眼前飘着幻影。

凤凰于飞寻生母

1944 年中秋后，张善琨派人来催促周璇尽快履行合同，为"华影"再拍一部《凤凰于飞》。自《马路天使》后，周璇每部影片必有演唱的歌曲，她也希望有机会施展自己的音乐才华，最重要的是，张善琨答应让周璇借此片对外公开寻母。因此，她虽然病体未愈，但经不起张善琨的紧逼，又碍于《凤凰于飞》导演登门力邀，便抱病走进了摄影棚。

当周璇读完原著《倾国倾城》后不禁联想到了自己，虽然故事不是写自己的，但是表达了母女团聚的心愿和深情，于是便接了这部片子，并在影片中演唱了《笑的赞歌》《慈母心》《前程万里》《嫦娥》《合家欢》等 11 首插曲。

通宵达旦的拍片、练歌、背台词，使周璇的作息时间再次毫无规律可言。她的神经衰弱病症更严重了，在拍摄过半的时候，周璇再次病倒。好友们纷纷劝周璇借机去杭州疗养一段时间，把病养好了再拍片。

周璇也希望张善琨能谅解一些，可是出于生意的考虑，伪"华影"的老板们坚决不同意周璇去杭州养病。张善琨与童月娟发动了人情攻势，带了珍贵的吉林野山参去周璇家慰问。

一时间，周璇被张氏夫妇弄得不好意思起来，并对因自己的病而耽误了拍摄感到十分内疚。她当即表示，工作的事情一定尽力完成，到杭州疗养的事情便搁置了。

银幕前的观众无不为影片的情节所感动，为故事里的夫妻母女重聚感到欣慰，谁又会想到银幕主角周璇呢？周璇从没见过自己的生母，这些年来，她一直默默等待着与母亲团聚的一天，可这一天始终没有到来。

影片公映后，有几个自称是周璇生母的人找来，而当提出验血时，都避而不见了。这些都是窥探周璇歌星声望和钱财而来冒认的人，这使周璇从殷切的盼望陷入了绝望。

1945年伪"中联"解散。周璇自与"中联"脱离关系后，有近半年时间在家养病，极少外出活动，也没有涉足影坛。

在电影业受到魔掌的压制，穷途末路时，话剧艺术却在茁壮成长。1944年，先后出现了几十个剧团，很多电影演员也转移阵地，从事话剧演出。就在这个时候，国凤剧社在金城大戏院演出了改编自《渔家女》的《渔歌》，仍请卜万苍导演，周璇主演。

从这次演出起，周璇受到柳老板侄子的骚扰，致使她终日惶恐不安。她在台上塑造的角色被逼疯了，紧张而疯狂的情绪一直持续到台下，这无疑又加重了她的病情。

而她的生母，直到她死去的那一刻，也毫无音信。

与话剧皇帝的邂逅

周璇本以为抗战胜利，黑暗便会过去，可谁知天亮后的噩梦更让人害怕，好不容易摆脱了张善琨的纠缠，却被戴上了忤逆的帽子，并且有好几帮人前来勒索，吓得周璇不敢轻易出门。绝望和从未有过的难堪，使她难过不已。

赵丹牺牲的消息，对周璇的打击也很大，哀伤和悲愤在很长一段时间里占据了周璇的情绪，久久不散。

第二年春，香港大中华电影公司老板蒋伯英多次邀请周璇到香港拍电影。于是周璇第一次与香港方面合作。这个时候，香港的电影业正处于一个特殊的历史转折期。在港期间，周璇与"大中华"共签订了两部电影合同，一部是《长相思》，一部是《各有千秋》。由于这两部影片受到了南洋片方的赞赏，"大中华"老板要求周璇继续签订合同，可是周璇却急于回到上海，一方面是同行的朋友都纷纷归去，另一方面谣传死去的赵丹已经活着回了上海，这样的喜讯怎能不让周璇着急。最重要的是，她想见这些年来在感情上一直若即若离的朋友——石挥。

石挥这个被称作"话剧皇帝"的男人塑造了许多令人难忘的角色，并深受广大观众喜爱。周璇和石挥原来只是互相熟知对方的名字，一直到抗战末期的一次机缘，才让他们邂逅。那是霞飞路重庆路口的一家绸布庄举行开业庆典，石挥、周璇作为剪彩嘉宾出现在那里。自此之后，两人才开始密切交往，时间一久，便有熟识的朋友来撮合他们。

然而第一次婚姻的失败对周璇的打击很大，使她轻易不敢再涉足婚姻。在此期间，周璇生命中只出现了一个男人，并与他交往了七八年，他是上海一家著名绸布商店老板的儿子，名叫朱怀德。到了1947年，当周璇与朱怀德走到淡然相处地步的时候，石挥又走入了周璇的生活。

石挥看起来比分别时消瘦了许多，还蓄着过长的头发，周璇见了他，担心他得了病，而石挥告诉她，他只是拍了一部影片。于是周璇静静地听他讲趣事，就像以前他们两个在一起时一样，周璇永远都是一个好听众，而石挥便在那里不停地对她诉说。

周璇觉得很奇怪，他为什么会有那么多话要对自己讲，而自己又怎么会像傻瓜一样百听不厌？如果不是两人平日里都忙于拍戏，见面的时间少之又少，还会不会有这样的新鲜感呢？想到这里，周璇又患得患失起来。

要不是失败婚姻的教训历历在目，她又怎么会对美好的感情提防不已呢？周璇对这种感觉既迷恋又害怕。

去香港前，两人才在惜别中互诉了衷肠；在香港时，石挥一封封的书信催促着周璇快点回来，希望她从此不再东奔西走。可是周璇这些年的经历，让她真的不敢再对感情有任何奢望，因此，她不断问自己，真的可以留下吗？如果再次失败，自己还能放得下吗？如果留下了，意味着永远吗？

在面对人生难题的时候，周璇显示出了女人都有的依赖和胆怯，她试着寻找留下或离开的理由，因为无论是留下还是离开，都需要勇气。为此，周璇很是犹豫。

"璇"风又一次刮起

电影《忆江南》是由田汉、于伶、洪深等为特约编剧，应云卫为导演，以抗战为背景的影片，讲述的是身世惨淡的谢黛娥与最终成为叛徒的稚云、香港小姐黄玫瑰的爱情纠葛，剧中揭露了叛徒自私贪婪的丑恶面目，颂扬了民族革命的斗争。

导演应云卫从剧中人物和一人兼饰姐妹两人的要求出发，找到了周璇。虽然与柳老板有芥蒂，但这动人的剧本和一人兼饰两角的吸引力，踌躇在与石挥感情中的周璇欣然答应了。

一人分饰两角吸引着从未尝试过的周璇，同时也给她带来了前所未有的压力与艰辛。她比以往更加用心地钻研剧本，细细揣摩着两个不同性格人物的特点。

在拍摄谢黛娥与黄玫瑰见面这场戏时，周璇要先饰演衣着普通的谢黛娥，随后导演倒回胶片，周璇再饰演衣着华丽、浓妆艳抹、口吻爽辣的黄玫瑰，这中间只要有"NG"，所有的戏份都要重拍。周璇要靠真功夫一次完成，这犹如人格分裂，还有着人物的各种对比，令周璇很有压力。一场戏下来，虽然得到了导演的肯定，可是周璇紧张得整个后背上都是冷汗。

1947年10月，影片上映后引起了极大的反响，也赢得了舆论的一致好评，上海再度刮起了"周璇"热。

周璇的表演才华在《忆江南》一片中再次展露夺目的光彩，一些电影公司的老板和编导，开始对她包围和追逐。柳老板以酬劳达到上海影星的最高水平来邀请周璇；"中电"（中央电影企业股份有限公司）的编导何非光也到周璇家邀请她拍一部叫做《铸情》的影片；香港"大中华"公司老板蒋伯英，更是接二连三地派人前来催促，希望周璇赴港履行隔年再度合作的诺言；文华影片公司老板吴性栽也亲自出马，不但与周璇多次洽谈，还搬出石挥从中斡旋，请周璇拍摄《夜店》。

在这么多的邀约中，周璇首选了文华公司的《夜店》，因为这是她和石挥的首次合作，石挥也说：非拍不可！

文华这部《夜店》是柯灵根据《在底层》改编的，周璇演绎一个受尽折磨最后自杀的"小人物"，而石挥也将自己的演技发挥得淋漓尽致，成功地塑造了一个反派人物。

可是周璇还未来得及等到影片公映，便被"大中华"公司派来的人接走，去香港履行片约了。一边是烈焰般的爱情，一边是无法停止脚步的事业，她只得在临行前与石挥匆匆订立婚约。

《夜店》成为新中国成立前周璇在上海拍摄的最后一部影片，而剧中石小妹的角色，也是旧上海时期周璇在银幕上塑造的最后一个以自杀结束生命的悲剧角色。

事业得意，情场失意

在上海，周璇不但拍了两部自《马路天使》以后难得的高质量影片，还找到了爱情的归宿，这让周璇感到自己的生命又焕发了光彩。因此，赴港拍片，周璇满怀着对事业的信心和对爱情的憧憬。

在《长相思》《各有千秋》之后，她参与拍摄了由香港大中华影业公司出品的黑白喜剧《花外流莺》，并在影片中担任了多首歌曲的演唱。她本以为只履行一部片子的承诺就可以离开了，谁知蒋伯英却不放她走。于是 1948 年她又出演了《莫负青春》，并演唱了片中《小小洞房》《莫负青春》《月下的祈祷》等插曲。

同年 12 月，香港大中华影业公司又为周璇量身打造了一部黑白故事片《歌女之歌》，在这部影片里她又演唱了《爱神的箭》《一片痴情》等 5 首插曲。这段时间，周璇穿梭在上海和香港之间，穿梭在电影拍摄与唱片录制之间，穿梭在事业和爱情之间，恐怕这是周璇这辈子最忙碌的阶段了。

就在周璇被香港"大中华"的拍摄合同所束缚，被强迫出演合同外的三部影片时，她从身边的人口中听闻，石挥对她的爱情日渐冷淡。那段时间，周璇最信赖的助手朱小姐从上海赶来香港，当周璇问及石挥的消息时，朱小姐吞吞吐吐地说不清楚，这使周璇很是郁闷与惶恐。

这时，由张善琨、李祖永精心策划的《国魂》开拍，卜万苍执导，刘琼、陶金、乔奇等大明星合演，强大的阵容可谓空前。同时，张善琨又提议要以舞台剧《清宫怨》为蓝本，改编成《清宫秘史》，邀请当时蜚声海外的周璇来饰演珍妃。

周璇在香港拍的几部电影都是小戏，接到《清宫秘史》的邀请，很是高兴，于是又打消了回上海的念头。

1948 年 12 月，《清宫秘史》投入拍摄，周璇演唱了《御香缥缈歌》《冷宫怨》两首插曲。李祖永在这影片上砸了大价钱，不管是场景、服装还是礼节动作都做得很细致。当时香港正值炎夏，外面日头暴晒，棚内闷热难耐，而周璇还要穿一身厚绣的清装，头顶十几斤的头饰，她凭着毅力支撑着羸弱的身体，没有半点马虎，甚至有不理想的地方还主动要求重拍。在拍珍妃挨打的那场戏时，为了表演的逼真，周璇硬生生地挨了三次猛掴，掴得她眼泪直流。

与此同时，周璇生活一团糟，她时常陷入痛苦之中，她不断听到有关上海的消息，朱小姐甚至还拿出了上海的小报，证明石挥对她感情下降的消息可靠。周璇给石挥写信，有意试探他的口风，而石挥的回复很简短，语气中偶尔还透露出对周璇忘情的责怪。

周璇感到莫名其妙，加上朱小姐从中吹风，她的心情跌到了谷底。

在拍珍妃被打入冷宫这场戏时，周璇的状态不佳，有时感情失真，有时表演走神，有时跟不上节奏，有时突然忘掉歌词，足足拍了两天两夜。这令所有人都感到诧异，并暗暗揣测原因。谁也想不到，周璇是因为珍妃的遭遇联想到了自己的处境。

拍完这部戏，周璇憔悴了很多，卸妆后的她眼窝深陷，眉目凝重，像是另一个人。她给石挥写了很多信，但石挥好似忙得不可抽身。

与周璇凄苦哀怨的心境截然相反的是，影片《清宫秘史》上映后，在香港又一次掀起了"金嗓子"的热潮。与此同时，周璇身边的朱小姐巧舌如簧地不断鼓吹嫁给圈外的商人或资本家才能幸福。这使周璇与石挥之间飘荡的爱情火苗渐渐熄灭，可是周璇还记得临行前的婚约和仍旧回荡在耳际的誓言。

周璇的身体已经疲之不堪，再加上感情问题的折磨，她消瘦了许多，回到上海后经过半个月的调养，才渐渐康复，而她与石挥也终于见面了。两人生疏尴尬的对话，加上朱小姐的旁听，使得气氛逐渐变得难堪起来，最后石挥转身离去。周璇与石挥的爱恋，便这么匆匆而过。

1949 年，周璇又参与了香港长城影业公司拍摄的戏剧故事片《彩虹曲》。这是周璇拍摄的第一部彩色故事片，在这部影片中，周璇与韩非再度合作，并演唱了插曲《彩虹曲》《青春之歌》等。

同年，周璇与韩非合作，出演了歌舞片《花街》的女主角，在该片中，周璇演唱了《媳妇受折磨》《母女俩》等六首歌曲。这也是周璇在香港拍摄的最后一部电影，她的演艺生涯渐近巅峰。

生命从此沉寂

当周璇沉浸在爱的痛苦泥沼中不能自拔时，一个处心积虑的男人向她发动了体贴温柔的感情攻势。这个男人便是朱怀德。他不但为周璇的病情四处寻医问药, 还为她获得丰厚的投资回报。

周璇似乎对他很放心, 就连他时常关心自己的积蓄也没有了警惕, 周璇耳根向来很软, 很容易相信别人的话, 尤其是她身边的那位朱小姐。她一直在周璇的耳边吹捧朱怀德如何体贴如何好, 怎能让周璇不动心呢?

就在"金嗓子"周璇与"话剧皇帝"石挥传出情变时, 朱怀德时常追随在周璇的左右, 为她分解忧愁, 并对周璇承诺, 只要周璇同意, 便立即和她结婚。事实上, 周璇也确实经不起朱怀德这般的耳鬓厮磨, 温存的话语令周璇对未来的生活充满了幻想, 对朱怀德也深信不疑。

就这样, 那段时间朱怀德与朱小姐便成了周璇的左膀右臂, 她将这二人看做是值得信赖的知心朋友。

1949 年, 周璇在朱怀德的蛊惑下又一次奔赴香港, 并被朱怀德的真心所感动, 将自己的积蓄全部交给朱怀德作为经商的本钱, 希望将来有一个温暖幸福的家庭。

1949 年春末, 周璇投入《彩虹曲》的拍摄时, 与朱怀德也开始了同居生活。在拍摄《花街》时, 周璇欣喜地发现自己怀孕了, 这对于曾经流产的她来说, 是多么珍贵。而在这时, 朱怀德说想去上海做生意, 让朱小姐与周璇在香港等他回来。

谁知, 朱怀德一到上海便消失了, 没有了音信。周璇担心他发生意外, 但《花街》的拍摄还没结束, 自己有孕的身体也行动不便, 只能苦恼地等待他有一天突然回来。

在《花街》拍摄最后一场戏时, 周璇终于接到了朋友的一封信, 她看完信后脸色惨白, 双手止不住颤抖, 信上说朱怀德到上海后以周璇的名义向人借钱, 并在广州与一个舞女同居。信末告诫周璇,朱怀德原本不是绸布庄小开，而是小开的亲戚，希望她不要上当。

而那位朱小姐是几年前被朱怀德安插到周璇身边的眼线。周璇半信半疑，这突如其来的事使她烦恼又恐惧，食不下咽，而等待的结果也是失望。

周璇的不幸遭遇传遍了香港影坛，也传到了上海的影剧界朋友耳中。1950年，周璇在朋友们的护送下，带着产下的婴儿回到了上海，许多朋友来看她，她也经常到老朋友黄晨、赵丹等人的家里去做客。上海的朋友从各方面给予她帮助，使她那受伤的心灵感到温暖。

而朱怀德对欺诈周璇一事一口否认，这令周璇对他的信任、希望和幻想彻底破灭，她的精神又一次受到刺激，并陷入极度痛苦之中。

过了些日子，周璇又接了《和平鸽》这部电影，她还是那样虚心请教，工作得也很愉快。然而，回到家里看到摇篮中的孩子时，她又无论如何也驱赶不走往事的纠缠。

在《和平鸽》拍摄接近尾声时，周璇扮演的护士要为戏中的工人输血，查验血型这一简单的过程，深深刺痛了周璇。她突然失去了自控力，哭笑交替扰乱了现场。她旧疾复发，精神失常了。

周璇的病情轰动了上海影剧界，他们派人照顾她的小孩，请了上海最好的精神科专家为她治疗，使用从英国进口的昂贵药物，安排她住进高级的虹桥疗养院，甚至成立了专门为她理财的小组。

1957年五六月间，周璇的病情有了些起色，当时各种报刊对她的一举一动都进行了详细报道。海内外喜爱周璇的听众和观众纷纷来电，寄来各种礼物、药物、钱财，表达对她的关切。在医院里，她还接待了泰国、菲律宾、马来西亚等国来访的朋友。

中央新闻纪录片厂还专门从北京赶到上海拍摄了关于周璇康复

后的系列活动，当时作为主管电影工作的文化部副部长夏衍也给她发来了慰问电报。

1957年夏，周璇渐渐适应了新中国的社会和政治生活。正当人们期待着周璇艺术生命的又一个春天到来时，凶恶的病魔再一次将她击倒了。

7月19日，在酷热的星期五下午，周璇突患中暑性脑炎，高烧不退，昏迷不醒。苏复医生与其他医师一同抢救，使她脱离了生命危险，但是一连几天，她都昏迷不醒。就这样，她陷入了无边的"沉睡"中，再也没有醒过来。9月22日夜，死神夺走了这个年轻的生命，中国影剧界最亮的那颗星陨落了。

上海电影界为周璇举行了公祭，人们共同追忆着"金嗓子"短促坎坷的一生。

她一生拍摄了四十二部电影，演唱过几百首歌曲，录制了三四十张唱片。

她坎坷的一生中，爱的深沉，却被爱灼伤。

然而她的一生，仍然受到了极高的赞扬。

第十二章

龚秋霞：上海滩上一枝梅

她是 20 世纪三、四十年代上海滩响当当的人物，亦歌亦影，是典型的"两栖明星"。在她漫长的 32 年演艺生涯中，拍了百余部电影，灌唱过一百多首歌曲。她的歌喉甜润婉转，有"银嗓子"的美誉，与当时的"金嗓子"周璇名列"上海十大歌星"的前两位，并以在电影中自演自唱的形式开创了影歌风气的先河。

能歌善舞最多才

"好一朵美丽的茉莉花，好一朵美丽的茉莉花，芬芳美丽满枝丫……"你是不是以为这首耳熟能详的歌曲是江苏民歌"茉莉花"？其实不然，这首歌曲的原作者是陈歌辛，歌曲的原名叫"白莲花"，原唱是龚秋霞。"啦啦啦，啦啦啦，我是卖报的小行家……"这首安娥作词、聂耳作曲的《卖报歌》，原唱也是龚秋霞。

龚秋霞原名龚莎莎、龚秋香，1918 年 12 月 4 日出生在上海，后来定居崇明浜镇，是当地"龚、郭、赵、黄"四大望族之首。龚秋霞的父亲龚二宝是上海一家酒店的小职员，后来一个偶然的机会，他做了外国人的厨师。龚秋霞的母亲早年学过英语，便在一户外国人家里当保姆。

由于生活所迫，父母从小就把龚秋霞送到外婆家里，由外婆来照看，在这里，她过着无忧无虑的童年生活。龚秋霞的一个舅舅在私塾里做先生，他发现小秋霞特别喜爱唱歌和跳舞。为了能让外甥女在唱歌和跳舞领域有所发展，这位眼光独特的舅舅替小秋霞在上海俭德会主办的歌舞训练班报了名，并自掏腰包替她缴了学费，那时候龚秋霞只有 7 岁，正在"仁善"女校读书。舅舅算得上是龚秋霞的第一个伯乐。

小秋霞年纪虽小，却很懂事。她喜欢唱歌和跳舞，但也不想丢下学业，于是她白天在学校上学，晚上则去训练班接受歌舞的基本训练。后来，龚秋霞又到魏萦波创办的梅花歌舞团学习（原名梨花歌舞团，1929 年改为梅花歌舞团）。

1932 年，14 岁的龚秋霞离开学校，正式加入梅花歌舞团。在歌舞团学习的日子是辛苦的，不管你歌唱得多好，舞跳得多棒，都要从最基础的学起。一开始练习跳舞，龚秋霞接触的是《麻雀与小孩》《三蝴蝶》《毛毛雨》《葡萄仙子》等黎锦晖的作品。后来，歌舞团里来了位苏联老师，水手舞和踢踏舞便成了龚秋霞练习的主要舞蹈。对于这一段经历，龚秋霞记忆深刻，她曾回忆说："学得很苦，要从头练起，脚趾都破了。"

龚秋霞原来使用的是"龚莎莎"这个名字，在歌舞团期间，龚秋霞成为职业演员后，把"龚莎莎"改为"龚秋霞"。龚秋霞跟随梅花歌舞团在国内各大城市巡回演出，还远赴东南亚各国。这种有歌有舞的生活给她带来了心理上的满足。

1931 年，为了深造，龚秋霞四处寻师。她获悉德国人里本考夫人是一个优秀的歌舞者，而且正在中国，于是龚秋霞马上找到她，向她学习歌舞。勤奋好学的龚秋霞很快便在梅花歌舞团崭露头角，并成为歌舞团的台柱子。

在梅花歌舞团期间，是龚秋霞最丰产的一个时期，她先后演了《名优之死》《后台》《杨贵妃》等二十多部歌剧和话剧，与徐粲莺、蔡一鸣、钱镜秀、张倚四人因歌喉动人、舞姿优美被喻为"梅花五虎将"，并与周璇、姚莉、白光、白虹、李香兰、吴莺音齐名，并称为 20 世纪 40 年代上海的七大歌星。

龚秋霞频繁地出现在各大报纸上，旧上海的舆论界曾这样赞扬她："龚秋霞的歌则最宜于清晨听，因为她的歌充满着青春朝气，抑扬顿挫，甜润婉转……"不过有意思的是，说起龚秋霞，观众首先想起的并不是她圆润的歌喉，而是她精彩绝伦的踢踏舞。

《桃花江》《丁香山》等歌舞一直是梅花歌舞团的主打节目，但随着时间的推移，这些歌舞已经不适合时代的需要。1934年，龚秋霞随梅花歌舞团到青岛演出《杨贵妃》，这种流浪的生活龚秋霞早就厌倦了，她想要过新生活，于是做出一个出人意料的举动，她拖着疲惫的身躯，离开歌舞团，一个人回了上海。

1936年，龚秋霞认识了她生命中最重要的一个男人——胡心灵。

那是在回到上海之后，龚秋霞加入"明星"电影公司，当时，从日本回国的胡心灵也加入"明星"公司。胡心灵求学日本时攻读的是政治经济学，但其个性却倾向艺术，并曾与志同道合的朋友们一起研究戏剧。他在回国初期创办了"新东方剧团"，专演歌剧、话剧和改良京剧等，是中国第一家正式公演舞台剧的戏院，但不久后便因故停业。后来，胡心灵又创办"文化影业公司"，后被"明星"公司兼并，胡心灵便也隶属于"明星"旗下。

这一时期，胡心灵编导了第一部影片《父母子女》，龚秋霞和胡蓉蓉担任主角，参加该片演出的还有闵翠英、吴茵等人。影片中龚秋霞的形象清纯秀美，十分可爱，很受观众欢迎。从此，龚秋霞便成了上海明星影片公司的基本演员，开始了她的银幕生涯。后来，胡心灵与龚秋霞结为伉俪，珠联璧合，一起为事业努力，被传为一段佳话。

抗日战争爆发后，上海很快成了一座"孤岛"。这一时期，龚秋霞在"明星""星光""国华"等影片公司拍摄了《梦里乾坤》《压岁钱》《古塔奇案》《歌声泪痕》《四千金》《雁门关》《孤岛春秋》《花溅泪》等影片。其中，由她主演的《压岁钱》《古塔奇案》和《花溅泪》受到了观众的热烈欢迎。

在夏衍编剧的电影《压岁钱》中，龚秋霞扮演的是一个善舞的年轻姑娘，影片中的龚秋霞轻歌曼舞，充分施展才艺，把电影人物塑造得活灵活现。影片上映后，影坛为之瞩目，观众为之倾倒，龚秋霞也尝到了成功的喜悦。

影片《古塔奇案》是由王铭勋编剧、张石川导演的。在这部影片中，龚秋霞一人分饰凤珍和小珍母女两人，两人虽然面貌相似，性格却迥然不同，龚秋霞把这两个人的不同性格演绎得恰到好处。该影片分为两段，第一段中的凤珍，每晚临睡前望着女儿小珍，百感交集，她以高亢哀伤的优柔嗓音唱着歌曲《秋水伊人》，唱出了女主人公感怀身世、期望未婚夫归来的心声，不禁让人听后大为动情。第二段描写小珍长大以后，每天思念母亲，龚秋霞深情委婉的歌声更是令人回味无穷。

《秋水伊人》的词曲作者是贺绿汀。贺绿汀是我国著名的音乐家和教育家，1934年进入电影界，聂耳介绍他到明星电影公司任作曲股长。贺绿汀曾为《船家女》《十字街头》《马路天使》等电影配乐，并创作了《春天里》《怨别离》《怀乡曲》《摇船歌》等上百首脍炙人口的歌曲，这首《秋水伊人》是他的代表作之一。

在《古塔奇案》的拍摄过程中，贺绿汀不仅多次指导龚秋霞演绎《秋水伊人》这首歌曲，还亲自为她挑选乐队，并灌制成唱片。今天，我们依然能够听到当年龚秋霞灌录在黑胶唱片上的美妙歌声：

望穿秋水，不见伊人的倩影，

更残漏尽，孤雁两三声；

往日的温情，只换得眼前的凄清；

梦魂无所寄，空有泪满襟。

几时归来呀！伊人哟！

几时你会穿出那边的丛林，

那婷婷的塔影，点点的鸦阵，

依旧是当年的情景，

只有你的女儿哟！

已长得活泼天真；

只有你的女儿哟！

来安慰我这破碎的心。

这首歌低沉而哀怨，似乎夹杂着哭声，让人听后回味无穷。影片公映后，龚秋霞出色的表演及演唱赢得了广大观众的喜爱，由此一炮而红，插曲《秋水伊人》及《思母》更是唱遍了大江南北。《秋水伊人》成就了龚秋霞，龚秋霞也成就了《秋水伊人》。

成为影坛中的"大姐"

1942 年，龚秋霞与陈绮、张帆、陈娟娟等合演了李萍倩编导的影片《四姐妹》。在片中，龚秋霞扮演的大姐是一位小学教师，性格娴静温雅，自尊心很强，龚秋霞以她扎实的演技把这个人物的性格刻画得恰到好处。这部影片上映后，深受广大观众喜爱，有趣的是，此后许多观众和演员只要一看见龚秋霞，便称她为"大姐"。

银幕上的四姐妹，私下的关系也亲如手足，三个妹妹经常到龚大姐家做客，或各做几道拿手小菜，或相互学习编织毛衣的新花样，或在一起交流演技。有时，龚秋霞弹琴，其他三人齐声和唱，其乐融融。后来，四人还合伙在上海福熙路（今延安中路）开设了一家"四姐妹咖啡馆"。咖啡馆开张那天，群星云集，许多歌迷和观众都来捧场，场面十分热闹，在当时的上海滩传为美谈。

1948 年，龚秋霞姐妹四人再一次合体，在香港合演了一部歌舞片——《四美图》。片中，四人合唱了《郊游曲》，让喜欢她们的观众一饱耳福。

龚秋霞的歌曲很多都是出自陈歌辛、贺绿汀等名家之手，如《船歌》《春风野草》等，龚秋霞演唱起来信手拈来。而纯粹的流行歌曲，她也能处理得恰到好处，这正是龚秋霞的独特之处。

龚秋霞在"中联""华影"先后拍摄了十多部影片。她在影片中所唱的插曲，有不少家喻户晓，如《蔷薇处处开》中的插曲《蔷薇处处开》，《歌儿救母记》中的插曲《心碎》《白兰花》，《浮云掩月》中的插曲《莫忘今宵》《是梦是真》等。其中，歌曲《蔷薇处处开》曲调明快，充满青春气息，曲中有明显的踢踏舞风格，而踢踏舞又是龚秋霞最擅长的，自然演唱起来得心应手。

当时的"金嗓子"周璇曾公开表示："我最喜爱秋姐所唱的电影《蔷薇处处开》的主题曲，和另一部她与王丹凤合演的电影《浮云掩月》的插曲《莫忘今宵》……"

龚秋霞演唱的《秋水伊人》和《蔷薇处处开》两首歌曲传遍了上海滩的街头巷尾，很快成为新潮歌曲之一，直到今日仍在传唱。

1945 年 5 月，龚秋霞和芭蕾舞演员胡蓉蓉（龚秋霞的小姑）在上海兰心大戏院联袂演出了一场歌唱舞蹈音乐会。音乐会中，龚秋霞三次出场，演唱了《思乡曲》《恨不相逢未嫁时》《秋水伊人》

《春风野草》《何处不相逢》《蔷薇处处开》《莫忘今宵》《是梦是真》《不变的心》和《牧歌》等 10 首歌曲，首首经典，这场音乐会成为龚秋霞歌曲的一次回放。

塑造贤妻良母的形象

抗战胜利后，龚秋霞随丈夫定居香港，但热爱演戏和唱歌的她往返于上海、香港两地，辛苦之余也乐在其中。

1947 年，龚秋霞在香港与周璇合演了电影《各有千秋》，影片中龚秋霞扮演一位老年妇女，这是她首次挑战这类角色。一位"金嗓子"，一位"银嗓子"，两位佳人相遇，在影片中却吝声如金，谁都没有唱歌。这在她们出演的电影里是极为罕见的。

此后，龚秋霞接二连三出演贤妻良母的角色。她与路明合演的由胡心灵导演的《未出嫁的妈妈》在香港上映后，曾轰动一时。在影片《凯风》中，龚秋霞更是从中年妇女一直演到白发苍苍的老人，把一个平凡而伟大的母亲刻画得细致入微。

《柳浪闻莺》算得上龚秋霞事业的最高峰。这部歌唱影片由吴村编导，龚秋霞和白光主演，片中的 15 首歌曲，龚秋霞唱了 9 首，与白光合唱了 3 首。合唱歌曲中的《湖畔四拍》是殿堂之作，龚秋霞是女高音，唱得甜润婉转；白光是女中音，唱得低沉性感，二人相得益彰，唱出了旧日上海的风华。而《梦里相逢》《江边月》《梦中人》《春风野草》等歌曲，也都达到了龚秋霞步入歌坛以来的最高水准。

1950 年，香港"长城"影片公司改组，龚秋霞加入，同时兼替"凤凰"影片公司拍片。这一时期，她共拍摄了近 60 部影片，在《雷雨》

中扮演鲁妈侍萍,在《寸草心》中扮演一个生活贫困的小职员的妻子,在《一年之计》中扮演一个夹在两个儿媳之间左右为难的母亲,在《豆蔻年华》中扮演既管教女儿又溺爱女儿的母亲……

细观龚秋霞所饰演的母亲形象,无论是古是今,是贫是富,都被演绎得细腻动人,十分贴切,令人印象深刻。龚秋霞因此成为香港影坛以扮演贤妻良母著称的演技派明星。

活在一百年的歌声里

龚秋霞严格认真的工作态度,在电影界有口皆碑。无论是烈日炎炎的酷暑,还是寒风凛冽的严冬,她都能保持旺盛的精力,一丝不苟地拍戏。在"长城"时,她曾主持"演员训练班",给新演员讲课。她毫不保留地把自己的经验传授给他们,有时还亲自到现场进行辅导,热心培育青年一代。为了表彰龚秋霞的敬业精神,"长城"公司特地为她颁发了一枚奖牌。

在银幕上,龚秋霞饰演着贤妻良母,在现实生活中,龚秋霞也是个为人称道的好主妇。对长辈,她无比尊敬,对丈夫、对女儿,她无微不至地关怀。

1967年,龚秋霞夫妇到台湾台北市郊区居住,1972年应邀参加了台湾联邦影业公司《精忠报国》的拍摄,在影片中,龚秋霞饰演岳母,把岳母那种楷模形象演绎得淋漓尽致,受到了观众的一致好评。

1980年,浙江电影制片厂与香港长城公司合拍古装故事片《胭脂》,龚秋霞在片中饰演胭脂的邻居栓子妈,虽然是配角,但年逾花甲的龚秋霞却全神贯注地投入到角色中,热情地为饰演胭脂的新秀朱碧云配戏,仿佛她的艺术生命仍处在明媚的春天。年仅18岁的朱碧云在龚秋霞娴熟而精湛的演技和真诚的激情感染下，很快进入了角色。

1990 年，昔日好友"梅花五虎将"之一的徐粲莺诚邀年逾古稀的龚秋霞赴新加坡参加"怀旧之夜"的义演活动，龚秋霞欣然答应。在观众热烈的掌声和期待下，她演唱了成名曲《秋水伊人》，幽怨的歌曲，加上她忘情的投入，很多观众都不禁热泪盈眶。三年后，龚秋霞随"香港电影代表团"到上海参加"上海国际电影节"，她终于回到了阔别 40 多年的故土。

《一百年的歌声》是中央电视台 2003 年拍摄的专题纪录片，作为这百年中的重要角色，龚秋霞自然是不可缺少的。中央电视台派记者专程赴香港采访龚秋霞，85 岁的龚秋霞坐在轮椅上接受了采访，这是她最后一次出镜。

一年后的 9 月 7 日，龚秋霞在香港逝世，享年 86 岁，这位能歌善舞的传奇人物走完了她灿烂的人生之旅。

第十三章

上官云珠: 哀愁如一江春水

　　她是那个时代电影女演员中最有风情的一个, 眼波流转间顾盼生姿, 小巧玲珑, 吴侬软语, 虽非艳光四射, 却别有一番温婉柔媚的味道, 她凭着一系列"坏女人"式的反面角色成就了在银幕上的流光溢彩, 她塑造的许多角色已经成为铭刻在一代中国人心中永恒的经典。

照相馆里来了个西施

1920 年，上官云珠出生在江苏江阴长泾镇，是家中的第五个孩子。父亲韦亚樵给这个孩子取名为韦均荦。"荦"有超然出群的意思，父亲大抵是希望这个女儿能像名字一样超然出群吧。

韦均荦 6 岁时进入本地宋氏小学，10 岁时进入长泾小学堂，这一时期，她的才气便显露了出来。学校搞文艺演出时，舞台上最亮丽的是她，学校举行国语竞赛时，摘桂冠的也是她。

韦均荦是一个娇小的江南女子，有着江南小巧玲珑风格的美丽，再加上她从小就乖巧，自然很招人喜欢。

韦均荦的哥哥有一位叫张大炎的同学，是长泾当地有名的富绅，在上海美专学西洋画，毕业后到苏州一所学校教美术。对这个比自己小 9 岁的同学的妹妹，张大炎很是照顾，并很快表达了对她的喜欢之情，韦均荦也很爱慕张大炎。张大炎要娶家境清贫的韦家女，遭到了张家人的反对，但在张大炎的坚持下，韦均荦还是嫁进了这个面积有千余平方米的大宅门。从此，韦均荦藏起了她的美丽，她深爱她的丈夫，即使遭到婆婆的责骂甚至打罚，她还是愿与其厮守终身。

不久，韦均荦怀孕了，在她 17 岁那年，生下了儿子张其坚。

1937 年，抗日战争爆发，战火打破了长泾小镇的宁静，为了躲避战祸，韦均荦抱着一岁多的儿子，和丈夫一家人迁居到了上海。

张家到上海，只是为了躲进相对安全的租界，求个太平而已。为了生活，张大炎到一所学校去教书，韦均荦则和上海大多数女子一样要出门工作。刚到上海的韦均荦，到巴黎大戏院（今淮海电影院）附近的何氏照相馆做了一名开票小姐。

韦均荦有南方女子的乖巧，而且聪明大方，很得何氏照相馆经理何佐民的器重。何佐民给韦均荦买来时髦衣服，为她拍了许多照片，他把这些照片放在橱窗里，作为照相馆的招牌。对于韦均荦来说，这大概是在上海生存下去的生存之道吧！她明白了衣裳对女人的重要性，她把工作收入的大部分拿去购买做工细致的旗袍和最为考究的定制皮鞋，成了一个一辈子都喜爱衣饰的女子。

韦均荦从小就是影迷，很多人把演员叫做"戏子"，但她却愿意做"戏子"。照相馆里常有一些明星去照相，这让韦均荦羡慕不已，偷偷做起了明星梦。

何佐民原本是明星影业公司的摄影师，和上海电影界人士来往密切。当时，影业公司老板张善琨与红极一时的女星童月娟因片酬产生矛盾，于是，张善琨打算让韦均荦取代童月娟出演正筹拍的一部电影《王老虎抢亲》。后来，张善琨与童月娟重归于好，韦均荦又被换了下来，虽然失去了这次演出的机会，但这却是她进入上海演艺界的起点。

1940年，韦均荦考入华光戏剧学校学习话剧，之后进入新华影业公司演员训练班学习。

韦均荦是幸运的，她初入淹艺界便认识了当时的著名导演郑君里。再好的千里马都需要伯乐来识，郑君里便是韦均荦的伯乐，他发现韦均荦是非常难得的艺术苗子，于是对其大力栽培。郑君里最欣赏"上官宛儿"，因此让韦均荦取艺名为"上官云珠"。

张大炎乐于康宁小家的生活状况，他不愿意韦均荦抛头露面当演员，但韦均荦却暗下决心，非要当演员不可，而且还要当高人一等的演员。为此，她与丈夫的分歧越来越多，二人经常因为这件事争吵。韦均荦的姐姐是一个知识女性，且终身未嫁，她一直鼓励妹妹要独立，做新时代的女性。为了能走自己的路，实现自己从小的梦想，1940 年，韦均荦与张大炎离婚，张大炎带着儿子回了老家，而她一个人留在了上海滩。

第二段婚姻的失败

没有学历、没有靠山，来自江南小镇的上官云珠在片场唯一能依靠的就是认真演戏。在弱肉强食的上海名利场，在底层苦苦挣扎的上官云珠，为了演戏愿意付出一切。这时，她邂逅了一位在上海演剧界颇有名望的男人——留洋归来的世家子弟姚克。

姚克是苏州人，毕业于耶鲁大学，是 20 世纪 30 年代活跃在上海文坛的才子，回国后成了鲁迅的得意门生。因为姚克，鲁迅才得以与美国记者斯诺相识，斯诺在《活的中国》中收录的鲁迅的 7 篇小说，都是由姚克初译的。鲁迅去世后，姚克是 10 位抬棺者之一。因为姚克的举止洋化，曾被人称做"洋场恶少"，但上官云珠却是最爱他的洋场大少做派。

在姚克的推举下，上官云珠在演艺界立住了脚，上官云珠也暗中委身于姚克，这件事在当时的演艺界被传得沸沸扬扬。1943 年，上官云珠与姚克在北平正式登记结婚。

结婚后，上官云珠一家搬进了法租界的永康别墅，渴望成功的她在丈夫的推荐下，得到天风剧团首部话剧《雷雨》里的重要角色"四凤"，从某种意义上成为报纸上不吝笔墨的大明星。

可是不久，上官云珠便发现她和姚克的思想出现了严重的分歧。比如说，姚克经常劝上官云珠不要亲共，要与共产党保持一定的距离，但上官云珠却是中国共产党的忠实拥护者。女儿两岁的时候，上官云珠去北方演出，而姚克却背叛了她的真挚情感另找新欢。性格要强的上官云珠哪能容忍这种背叛，毅然带着女儿离开了姚克。

生活道路上的坎坷经历，使上官云珠温柔的性格变得深沉而刚强，在人们眼里，她仍然是那么光彩照人，但是熟悉她的人，却能从她的眼神里看出疲惫和顽强。

第二段婚姻的失败对上官云珠的打击很大，此后，这个独身的女人把孤单藏在了笑脸里，直到蓝马出现，才渐渐抚平了这笑意背后的凄凉。

蓝马是北京人，性格粗放，有激进的左翼思想，鄙视腐朽的生活方式，而上官云珠则情感细腻，喜欢风花雪月，喜欢奢华的生活。当两个人的激情褪去的时候，摩擦则不可避免地出现了。终于，在某一天的晚上，两人结束了这段没有结果的感情。

上官云珠在进入电影这个圈子时没什么特殊的优势，但她聪慧可人，感悟能力强，有创造力，也很会处理在电影界的各种关系。比如与姚克的结合，与蓝马的交往，她善于利用这些关系促进自己演艺道路的前进。但是，光有这些关系是不够的，要想在电影这个舞台上有长足发展，必须要有扎实的表演基本功。

1946年，电影《天堂春梦》正在筹备拍摄，男女主角已经确定，只差一个女二号的角色。在蓝马的推荐下，上官云珠得以饰演女二号，一个泼辣无比的奸商妻子。刚进剧组时，上官云珠那略带长泾口音的上海话甚至还不能将国语台词说清楚，但电影拍完后，人们已经能够看到一个影坛明星的雏形了。

经过《天堂春梦》的锻炼，上官云珠的表演技巧得到了极大提高。凭着得天独厚的表演天赋，稍加点拨，上官云珠便茅塞顿开，电影表演的大门向她正式打开了。

因为在《天堂春梦》中的出色表演，上官云珠被左翼电影公司"昆仑影片公司"相中，吸收为正式演员。从此，她的演艺事业迎来了的高峰。

成为"红角色"的上官云珠没有一丝明星的架子，她认真演戏，渴望成功。为了在镜头前更漂亮，她经常送小礼物给摄影师，就连剧组打灯光的人，也非常喜欢没有一点明星气派的上官云珠。

红遍整个上海滩

1947 年，上官云珠参与拍摄电影《太太万岁》，虽然她在这部电影中饰演的是一个小角色，戏份不多，但上官云珠认为，这部电影是名家名作，还可以与她仰慕已久的话剧界著名演员石挥、张伐等合演，自己一定会受益匪浅。在这部戏里，上官云珠饰演的专勾有钱男人的交际花，眼神顾盼风流，体态楚楚可怜，演技丝毫不输主演。

接着，在蓝马的推荐下，上官云珠参演了蔡楚生导演的电影《一江春水向东流》。这部电影通过一个家庭的悲欢离合，反映了国民党统治区从"九一八"事变到抗战胜利的这段历史现实。影片中，上官云珠扮演妖艳的反派角色，戏份不多，所以在拍摄期间并没有引起人们的注意和重视。当剪辑完成时，人们才发现，这位新来的女演员表演得不愠不火，恰到好处，与主角白杨、舒绣文各显其能，平分秋色。

在此期间，上官云珠的名字家喻户晓。从 1947 至 1949 年间，上官云珠共拍摄了 9 部影片，作为影坛上的后起之秀，她的表现让人交口称赞。

与上官云珠合作过的导演都认为，她是一位可塑性强、戏路子宽，有表演才华的性格演员，她的表演"情于中，形于外"，有一种发自内心的魅力。而且，她善于扬长避短，藏拙显优，感情流露恰到好处。往往她在摄影机前一站，导演便能感受到她的"神"，这是一般演员难以达到的境界。

用转型来证明自己

上海解放后，上官云珠参与了影人宣传队，到工厂、码头、公园为大众演出。面对新的环境，上官云珠既无比高兴，又有些担忧，一连三部影片走红影坛，上官云珠被公认为是善演反派角色的女明星。人们的称赞却刺痛了她的心，前夫姚克就曾因为她饰演反派人物而反感，于是，她开始争取饰演正派角色。

但是，她成熟的戏路和气质在人们脑海中与"工农兵"的形象反差很大，这可如何是好呢？正当上官云珠踌躇时，机会来了。

1949 年，上官云珠走进了《乌鸦与麻雀》剧组，导演决定让她饰演小官僚的姨太太，演员黄宗英饰演小知识分子（孙道临）的太太。

一天，在讨论剧中的角色时，上官云珠拉起黄宗英的手问道："我是一个坏女人吗？我讨厌这些坏女人，而我却总是饰演这些坏女人。"看到上官云珠那双妩媚的眼睛黯淡下来，黄宗英同情地抓住她的手说："我和你换一下角色吧！"

就这样，上官云珠第一次在影片中饰演正面人物。

《乌鸦和麻雀》上映后，人们发现，上官云珠并不是惯演"坏女人"的专型演员。她饰演的交际花、商人家的少奶奶，眼睛里会表现出尖利如刀的苛刻；她饰演的孤苦女工，眼神一样能够懦弱动人，表现出在被碾压的命运里脆弱的挣扎。

此后，上官云珠和黄宗英成了影坛知交。

几经沉浮的上官云珠看似柔弱，其实早有了一份坚强的韧劲，她懂得忍耐，明白要用演技来反击。

上官云珠多才多艺，为了不断磨炼与提高自己的表演水平，她经常出现在话剧舞台上，在《日出》《风雪夜归人》《红旗歌》《上海屋檐下》《北京人》等剧中担任过主要角色，在一些译制片如《曙光照耀着我们》《世界的心》《牛虻》等剧中担任配音演员。除此之外，上官云珠的诗歌朗诵，如《他在我们中间》等，也曾在群众中产生过较大的影响。

1952年，在全国第一届优秀电影评比中，《乌鸦与麻雀》获金质奖，上官云珠受到了毛泽东、周恩来的亲切接见。

在1955年拍摄的《南岛风云》中，上官云珠扮演了一个女八路军。在此之前，她从没演过女兵，这一角色对她的演技是一个挑战。为了演好这一角色，她千方百计地去找角色的信念、性情、环境，以缩短自己和角色之间的距离。

为了能表演得逼真，上官云珠还去海南岛体验生活，和女兵一起生活，一起进行打枪、投弹等军事训练。由于谦逊好学、苦下功夫，上官云珠终于成功塑造了让同仁和观众一致叫好的女兵形象。这次的表演完全看不出她过去的表演痕迹，这部表现英雄女性的影片取得了出人意料的成功。

《南岛风云》后，上官云珠又饰演了不同的角色，如《舞台姐妹》中的商水花、《今天我休息》中的儿科主任、《早春二月》中的文嫂……

荣耀背后的坎坷情路

1951年，上官云珠与程述尧在上海"兰心大戏剧"举行了婚礼，程述尧成为上官云珠的第三任丈夫。

程述尧出生于北京一个殷实之家，毕业于燕京大学，与黄宗江、孙道临是同班同学。1937年"七七"事变后，司徒雷登等人在燕京大学被日本人扣押，由于程述尧是学校文艺舞台上的活跃分子，他和一些进步学生被逮捕。毕业后，程述尧用自己的工资资助朋友的戏剧活动，并组建了南北剧社，担任社长，丁力、黄宗江、孙道临、黄宗英等都是剧社成员。到上海后，程述尧便做了"兰心大戏院"的经理。

1952年，"三反"运动在全国展开，有好事者举报程述尧贪污兰心剧院的款项。作为典型的知识分子，程述尧想得过于简单了，他没有急于申辩，而是心存侥幸：这笔款项数目不多，如果承认下来，将钱补上可能会更早地摆脱麻烦。于是，夫妻俩做出了一个错误决定，上官云珠把家里仅有的800美元和两个戒指作为"赃款"送到剧院。

这对夫妻实在是太天真了，这件事情虽然后来被证明是诬告，但有了"退赃款"事件，程述尧被彻底打上了"贪污犯"的标签，上官云珠也受到牵连，在评定演员级别时，上官云珠只被定为4级，上海电影制片厂还对她做出了5年不能上银幕的处罚。

没戏演，上官云珠就另辟蹊径：为灾区筹款义演，为劳军义演。

那段时间里，上官云珠吃、穿、住都在舞台上，一天两三场，一连演出了131场，直到她因过度劳累患急性肺炎昏倒在舞台上。

再坚强的女人都有脆弱的一面，上官云珠也不例外。她不能容忍丈夫的"错误"，为了自保，她提出离婚。但是，因为受到程述尧的牵连，上官云珠还是被反复调查，她的心情很是苦闷和压抑。

在国家领导的关怀下，不久后，上官云珠主演了《小白旗的风波》，还跟随中国电影代表团去捷克进行访问。已被厂里列入"右派"名单的上官云珠，一下子成为了"保护对象"。

上官云珠十分珍惜这来之不易的演出机会，只要有戏演，哪怕是小角色，她也会竭尽全力，全身心投入。命运的转机，使上官云珠有了新的希望。

腾空一跃的绝唱

在上官云珠与程述尧结束婚姻之后，她与演员贺路有过一段感情。贺路对上官云珠心仪已久，当上官云珠与程述尧之间产生裂痕时，他"适时"地出现在上官云珠的生活里。贺路对上官云珠的关心无微不至，做起事来井井有条，在一定程度上弥补了粗枝大叶的程述尧给上官云珠造成的缺憾。

但是，这是一段不被祝福的感情，所以他们二人并没有结婚。贺路是生活在上官云珠阴影里的人，他曾经无比崇拜上官云珠，但上官云珠的光环并没有照耀他多久。一次体检时他被查出了癌症，短短一周后便去世了。

1966年，上官云珠在拍片之余参加了"四清"工作队，她经常到外地的学校、乡村演出，参加农活劳动，以至于累得吐血。不久，上官云珠被查出得了乳腺癌和脑癌，不得不回上海做肿瘤切除手术。手术很成功，她的身体恢复得也很快。手术之后，上官云珠以超人的毅力，克服了脑癌手术带来的语言障碍，希望能重返她热爱的银幕。

就在这时，"文革"开始了。《舞台姐妹》被定性为"美化30年代文艺黑线的反面教材"，遭到重点批判，上官云珠也受到牵连。不过，当时有医生的干预，身患重病的上官云珠得以留在医院，没有过早地被卷进那场险恶的政治斗争中。

两个月后，上官云珠突然昏倒，她的病情进一步恶化，虽然在做了一个大手术后又从昏迷状态中苏醒过来，但她几乎不认识任何人了。此时，外面的形势变得更加险恶，《舞台姐妹》与《早春二月》成了文艺界的两株"大毒草"，作为参演人员，上官云珠一瘸一拐地被赶出了医院。造反派们全然不顾上官云珠身体虚弱，硬拉她到厂里去参加批斗。

之后的日子，对上官云珠来说是黑色的岁月，她每天都得拖着未恢复的身体去"牛棚"报到，在那里学习、劳动、写交代材料、受批判。因为"反思不彻底"，在上影厂召开的批斗大会上，上官云珠多次遭到造反派的毒打和鞭笞。

1968年11月22日，一个周末的傍晚，上官云珠又被专案组提审。但无论审讯人员怎么威逼，上官云珠都没有说一句话，她实在不知道自己有什么问题要交代。审讯人员一阵猛扇耳光，拳打脚踢，折磨了她近两个小时后，一脚把她踢出门外，并下了最后通牒：第二天必须交代，否则后果自负。

当天晚上回到家里，身心极度疲惫、万念俱灰的上官云珠在黎

277

明前最黑暗的一刻，从四楼的窗口跳了下去……

　　一切繁华与衰败都已剧终，国民倩影上官云珠像一片凋零的树叶，为她这一个出人头地的故事，画上了不甘心的句点。

第十四章

黎莉莉：银幕女神的世纪光影

　　她与"一代名伶"阮玲玉同时代、比"金嗓子"周璇更早投身银幕，她的出现，给影坛带来了新鲜空气，她在电影中的形象是那么的生气勃勃。

动荡的童年

黎莉莉出生在一个不寻常的家庭，原名钱蓁蓁，"蓁"有茂盛的意思，钱壮飞给女儿取名"蓁蓁"，小名唤做"小旺"，大概是希望女儿能够拥有旺盛的生命力，茁壮地成长。钱壮飞和妻子张振华都是中国共产党地下工作者，常年奔南走北，没有一个安定的家，钱蓁蓁的童年便是在这种动荡中度过的。她从小就知道父母的工作，李克农、潘汉年常到家中做客，大人在楼上开会，乖巧的她便在楼下站岗放哨。

不到 7 岁的时候，为了能更好地完成党交代的工作，母亲把钱蓁蓁和姐姐送到了一所天主教创办的笃志女校，在这里寄宿一段时间后，钱蓁蓁又辗转被送到著名教育家陈垣先生创办的北京孤儿工读园，之后，她还做过一个张姓人家的养女（因为这家人对她不好，被母亲接回家），除此之外，她还在当时很有名的琴家戏班子学过京剧。

小时候的钱蓁蓁对跳舞情有独钟，她喜欢在路灯下跳舞，优美的舞姿成为路灯下的一道靓丽风景。认识钱蓁蓁的人常常夸赞她："别看小旺'蔫儿淘'，常惹她妈生气，会跳舞能唱歌，说不定长大会有出息呢。"小蓁蓁听了心里乐开了花，她是多么希望真的能有出息啊。

1926 年，钱蓁蓁 12 岁，这时候钱壮飞的公开身份是北京光华影片公司的编导。当时光华公司正在筹拍一部电影，名叫《燕山侠隐》，在这部影片中，钱蓁蓁扮演了一个小角色。

回忆起这段经历，她说："在影片《燕山侠隐》中，我妈妈扮演我爸爸的母亲，我扮演爸爸的妹妹。有一场戏，爸爸的父亲要赶他出家门，爸爸的母亲舍不得儿子，只是哭，我拖住哥哥（爸爸）不放，不让他走，也要哭，但是我哭不出，反而笑。因为我觉得我拖的是我爸爸，嘴里却叫哥哥，很可笑。这场戏拍了多次不行，我妈妈生气打了我，我真的哭了，最后拍成了。"

这部戏中钱蓁蓁的表演虽然有玩笑的成分，但也正是这部戏使她与电影结下了不解之缘。

1927年"四一二"事变，中国共产党在上海的地下党组织遭到重创，根据工作需要，钱壮飞从北京调任上海，从事秘密情报工作。由于没时间照顾钱蓁蓁，他急于找一处可靠的地方将女儿安顿下来。

一天，钱壮飞正翻阅报纸，一则广告引起了他的注意：黎锦晖筹备中华歌舞团计划赴南洋演出，正在招募新学员。谁也没想到，这一则广告成了钱蓁蓁人生轨迹的分水岭。

钱壮飞决定让钱蓁蓁去报考歌舞团，他带着女儿走进萨波赛路（今淡水路）的一栋楼房。黎锦晖先生正忙碌着，钱壮飞向对方礼貌地打了声招呼，双方坐定后，便介绍起能歌善舞的小蓁蓁。黎锦晖先生把钱蓁蓁上下打量了一番，被这个明眸善睐的小姑娘吸引了，他心中认定这是一个跳舞的好苗子，便点头让钱蓁蓁留了下来。

黎锦晖先生是中国新兴歌舞的开拓者，他所办的歌舞学校与当时一些旧戏班子是大不相同的，钱壮飞夫妇对女儿在这样的学校学习很放心。在这里，钱蓁蓁开始了她的表演生涯。

小荷才露尖尖角

钱蓁蓁进团的时候年龄偏大，她只能靠刻苦用功来弥补。她每天除了练习唱歌外，跳舞也是很重要的一部分，艰苦的练习，使得她压腿压得下楼梯都困难，只能坐在楼梯上一步一步往下挪。

功夫不负有心人，在去南洋长达八个月的旅行公演中，钱蓁蓁能够扮演大多数角色，团里谁生病或者闹脾气，她就上台"补场"。嘹亮的声音、纯正的国语使钱蓁蓁很快在团里崭露头角，并得到了团长黎锦晖的赏识。

令钱蓁蓁印象最深的，是在香港最大的"香港大舞台"的演出，原定五天的演出，因受到热烈欢迎又加演三天。演出中，有一首歌叫做《总理纪念歌》，是纪念孙中山先生的，钱蓁蓁和八个身材差不多的女孩，穿着洁白小纺袖褂和长裙，齐声歌唱，气氛庄严肃穆。当八个姑娘唱道"我们总理，宣传革命，革命血如花。推翻了专制，建立了中华……"时，很多观众起立，加入到合唱之中。

南洋演出后，歌舞团被迫解散，无家可归的钱蓁蓁被黎锦晖收留，并随黎锦晖到了新加坡。当时那里的法律规定：一家不能有两姓。于是，钱蓁蓁认黎锦晖为干爹，改姓黎，取名黎明莉。回到上海后，黎锦晖又创办了明月社，在去南京演出时，钱蓁蓁在节目单上写下了自己擅自改的，但让她很得意的名字——黎莉莉。之后，这个名字便一直沿用下来。

黎莉莉擅长舞蹈，王人美则在歌唱上很突出，在明月社的鼎盛时期，黎莉莉与王人美、薛玲仙、胡笳并称"四大天王"。不久，黎莉莉因为美貌和舞艺而走红，与王人美、胡蝶并称为"歌舞三杰"。

横空出世的体育皇后

黎莉莉走上电影之路是因为加入了联华公司的明月歌舞团，进而成为了联华公司的基本演员。

1930 年，黎莉莉只有 16 岁，因为没有机会上学，刚进入联华公司的黎莉莉，便迫切地感到自己需要长知识、学文化。于是，她开始半工半读的生活，一边拍电影，一边上学。在南洋高商读书的日子里，黎莉莉很快乐，她每天背着书包，拿着网球拍，骑着自行车从徐家汇到善钟路上学。那时候她已经小有名气，一部电影的收入足足有 150 块大洋，但全家老小都要靠她生活，所以，黎莉莉肩上的担子还是很重的。不过，黎莉莉是特别乐观向上的人，不管多么辛苦，她对学习一点儿都没有松懈。

黎莉莉学习非常努力，遇到不认识的字，便随时向路过的人请教。但南来北往路过的人哪个地方的都有，所以，黎莉莉很多字念得都不是很准确。不过，正是因为黎莉莉的好学，才让她在有声影片出现的时候，可以字正腔圆地说出每一句台词，为创作出更好的银幕形象打下良好的基础。

半工半读的日子是黎莉莉一生中最快乐、最难忘的时光，热衷体育、广泛接触文艺对她很有好处。当时中国的电影，占领银幕的都是小姐、太太们，"五四"运动后，青年学生们则更喜欢《渔光曲》《大路》等现实主义电影。那个时代、那个环境下的知识青年，对救国救亡、反抗外族侵略的爱国主义电影格外喜欢。这一阶段，黎莉莉拍摄了十几部影片，其中有影响的有《小玩意》《大路》《狼山喋血记》《塞上风云》《天明》等。

她在"联华"拍的第一部长片是 1932 年的《火山情血》，剧本要求演员跳呼啦舞，那些娇滴滴的女演员没有一个会跳的，而黎莉莉不但会跳，还会唱。于是，公司没有像以往那样用那些"才子佳人"式的演员，而是决定让黎莉莉出演。

黎莉莉的活力与朝气让人惊叹。出演《火山情血》初试锋芒后，孙瑜导演敏锐地发现了黎莉莉青春与率真的独特气质。在他导演的作品中，处处充满着自然清新的风格，这不正与黎莉莉的气质相契合吗？孙瑜导演和黎莉莉合作了多部经典影片，为早期中国影坛留下了浓墨重彩的一笔。

黎莉莉曾说："孙先生是我的启蒙老师。我的表演不怎么样，虽说有我自己的气质，比较活泼、粗犷，有时却演得砸锅，还常常因演不好戏闹小孩脾气，有人说我拖了孙瑜的后腿，可是他却不灰心，总是勉励我说：'不要紧，失败了再来。'"正是在孙瑜导演的支持与鼓励下，黎莉莉这朵娇艳的表演之花才得以完美绽放。

1933 年，黎莉莉主演了《天明》，与阮玲玉合演了《小玩意》，个个角色都是蹦蹦跳跳，活力非常，给当时的影坛带来了特别的味道。

拍摄《小玩意》时，阮玲玉已经是红极一时的明星，而黎莉莉是新人，她很忐忑，但让她没想到的是，《小玩意》开拍第一天，阮玲玉竟然第一个到了化妆间。当二人各自默默化妆、四目相遇时，阮玲玉嫣然一笑，黎莉莉的紧张心情一下子便轻松了大半。在后来的拍摄中，阮玲玉总是主动指导黎莉莉，也是从这部电影起，阮玲玉和黎莉莉成了要好的朋友。

20 世纪 30 年代初期，中国银幕上中西混杂，光怪陆离。几位进步的艺术大师想拍摄一些新鲜活泼、健康向上的片子，于是便有了孙瑜导演的《大路》和《体育皇后》，这两部影片的主演都是黎莉莉。

在《大路》里，黎莉莉扮演的茉莉和陈燕燕扮演的丁香形成了鲜明的对比，丁香娇羞婉转，茉莉则热烈奔放。黎莉莉的表演夸张却不造作，在她又笑又跳的形象中，一股清新的活力透过银幕扑面而来。

《大路》于1935年元旦在上海金城大戏院首映，获得了强烈的反响，影片带有的浓厚时代感适应了当时全国人民，尤其是工农群众抗日救亡的要求。聂耳为影片创作的《大路歌》和《开路先锋》，慷慨激昂地唱出了广大人民群众的心声。

《体育皇后》是孙瑜导演为黎莉莉量身定制的一部影片，此影片被称为中国体育题材电影的开山之作。黎莉莉在影片中扮演体育女校的一名短跑冠军，赛场上身姿矫健，生活中更是一个疯丫头。在影片中，黎莉莉活力四射的形象深入人心，此片一上映，健美女性蔚为风尚。

黎莉莉对于游泳、跳水、开车、骑马样样精通，因此她演起《体育皇后》来得心应手。她更以活泼、健康、富有时代性的形象征服了观众，被称为"甜姐儿"，颇受学生及青年人欢迎。

《大路》和《体育皇后》犹如刮起的一阵清风，使混浊的影坛透出了缕缕霞光，黎莉莉也因此走红。

毅然投身到抗战中

从1935到1937年，黎莉莉在"联华"公司主演了《秋扇明灯》《国风》《狼山喋血记》《到自然去》《人海遗珠》《如此繁华》等8部抗日题材影片。

《狼山喋血记》又名《冷月狼烟录》，由沈浮编剧、费穆导演，主要演员有黎莉莉、张翼、刘琼等。这是一部"寓言式"的影片，那时的上海，是不可以公开讲抗日的，如果想讲抗日，要以"打狼"代指。

该片中的《打狼歌》高亢嘹亮："东山有黄狼，西山有白狼，四方人呐喊，遍地举刀枪。""情愿打狼死，不能没家乡！"句句歌词都是正直电影人在恶劣环境之下聪明的选择，是血性和刚烈的表现。

作为国防电影的开山之作，《狼山喋血记》公映后，评论界反响热烈，当时的32位影评人联名推荐，将之誉为"在中国电影史上开始了一个新的纪元"。

上海发生"八一三"惨案后，黎莉莉毫不犹豫地放弃了联华公司的工作，公司欠发的一千元薪金也不要了，决心立即投身抗战。当时，她的父亲钱壮飞已秘密去了江西苏区，黎莉莉把家里的事情交给了母亲，离开孤岛上海撤往内地。武汉已成为抗战的中心，黎莉莉辗转到达武汉，在此加入了"中国电影制片厂"。

纷飞战火中的另类婚礼

在去汉口的火车上，在拥挤不堪的人群中，黎莉莉不知所措地四处张望，她实在是太困了，好想睡觉，但她连褥子都没带。正当她为此发愁时，发现有人递过来一床褥子，原来是中国电影制片厂厂长罗静予，他自己睡板子，把褥子让给了黎莉莉。

黎莉莉很感动，觉得罗静予这个人很厚道，便对其产生了好感。当时拍电影所用的胶片都是国外进口的，罗静予的理想是能在国内自产胶片，他不但英文好，还研究化工，在中国电影制片厂筹建之初，就是厂里的技术骨干。

兵荒马乱的日子，黎莉莉非常渴望能安定下来，当与自学成才、憨厚老实的罗静予接触时，竟有了成家的想法。当然，罗静予也从内心里喜欢上了这个具有爱国情怀的女子，对黎莉莉关怀备至。

1938年，两人在武汉举行了婚礼，郭沫若担任证婚人，荷兰纪录片大师伊文思在婚礼上致了贺词。婚礼举行时，正赶上防空警报，大家不得不躲进防空洞，半个小时后，警报解除，婚礼继续进行，这一另类婚礼也成了流传下来的一段佳话。

不久，中国电影制片厂决定开拍抗战影片《热血忠魂》，黎莉莉担任女主角，参演演员还有高占非、龚稼农、赵丹、郑小秋等。

后来，为形势所迫，中国电影制片厂撤退到重庆。1939年，罗静予、黎莉莉夫妇由重庆去了香港，同年，黎莉莉参加了由蔡楚生导演的《孤岛天堂》的拍摄。

《孤岛天堂》是一部讲述抗战的影片，讲的是上海沦为孤岛后，一群爱国青年冒死跟汉奸斗争，最后，这群青年机智地把汉奸一网打尽，并加入游击队，为国家杀敌的故事。在拍摄这部影片时，黎莉莉正怀着孕，为了在镜头前看不出自己是个孕妇，她每天都要在腰上绑上绷带，结果受其影响，孩子出生时不到5斤，又瘦又小。

为了不耽误影片的拍摄，生完孩子的第三天，黎莉莉就又投入到紧张的拍摄中，她还把母亲接到香港，让母亲帮忙照顾孩子。这部抗战影片公映后，在香港引起了极大的轰动。

1941年，黎莉莉到内蒙古参演了由阳翰笙编剧、应云卫导演的影片《塞上风云》，该片的主要演员有舒绣文、陈天国、周伯勋、吴茵等。《塞上风云》中展现蒙古沙漠和草原的镜头，具有一定的气势和浓郁的地方特色。

在拍摄《塞上风云》期间，黎莉莉将家搬到了成都，并于同年生下女儿罗小玲。当时，丈夫罗静予应邀去美国访问，直到1945年底才回国。一个女人一边带孩子，一边拍戏，辛苦程度可想而知。但让人欣慰的是，黎莉莉在《塞上风云》中的表演获得了各界好评。

一颗赤心留丹青

1944年，黎莉莉应美国"赫特演出公司"的邀请，参演一部古装中国话剧《孤寂的心》，期间，她结识了美国影片《圣女贞德》的女主角英格丽·褒曼。黎莉莉非常欣赏英格丽·褒曼，但并不是因为她出演了圣女贞德，而是因为她在剧场外反对种族歧视所表现出的一身正气。由于种种原因，演出未能如期举行，但黎莉莉却得到了十分难得的学习和考察机会。

在美国的三年里，为了开阔视野，黎莉莉先后在几所大学进修了英语、表演、化妆和声乐等专业课程，参观考察了好莱坞的各大影片公司，访问了喜剧大师卓别林，结识了好莱坞摄影大师黄宗霑……在美国的所见所闻，使黎莉莉受益匪浅。

在美国学习考察期间，为了有钱交学费，黎莉莉去一个罐头工厂做临时工，教那里的华侨学习国语。她在恩师孙瑜导演那里学会的唐诗在这里派上了用场，成了她赚取学费的一种手段。

为了说一口流利的英语口语，黎莉莉还去她的美国女同学家住了一段时间。为了省去麻烦的手续和路费，黎莉莉和孙瑜驾车从纽约去好莱坞，每天开二三百公里，十几天才到洛杉矶。为了省下一笔开支，他们还从旅馆搬到华侨家里，作为回报，黎莉莉每天做中国菜给他们吃。

不久，有个美国公司找黎莉莉拍戏，这让她在生活拮据中似乎看到了曙光。但当她看完剧本，发现要饰演的是一个侮辱中国人的角色后，便毫不犹豫地拒绝了。

1947 年，黎莉莉回到中国，先是在南京休养。两年后，黎莉莉和史东山、蔡楚生等人从香港到北京参加第一届文化艺术界代表大会。会后，黎莉莉选择留在北京，再也没有回南方生活。黎莉莉喜欢北京，这是她从小生长的地方，是她最想念的地方，也是她永远无法割舍的地方。

新中国成立后，黎莉莉被分配到北京电影制片厂工作，由于演出任务不多，她便和大家一起下乡下厂，参加群众文艺活动。1954 年，黎莉莉参加了影片《智取华山》的拍摄，在影片中，她扮演敌司令的姨太太，为"鬼子王"方化配戏。虽然是配角，但黎莉莉却对这一角色一丝不苟，表演得入情入理。

1955 年，黎莉莉到北京电影学院进修，结业后留校任教，后成为表演系教授，以满腔热血为祖国培养了一届又一届的电影生力军。但是，这样一位优秀的园丁，在"文革"中却被定性为"30 年代黑线人物"，并遭到了残酷的迫害。"肃反""反右""文革"等运动期间，黎莉莉的日子过得战战兢兢，但最终她以坚强的毅力挺了过去。她的丈夫罗静予不堪忍受批斗，在北京最冷的一个冬天，以自杀告别了世界和妻儿。

"文革"期间，黎莉莉曾被剃了"阴阳头"游街，受尽了屈辱和磨难。对于漂亮又爱美的黎莉莉来说，这是痛苦至极的，但她相信党，相信国家，相信自己早晚有一天会走出这个噩梦。

黑夜过后是黎明。"四人帮"粉碎后，黎莉莉又重返课堂，一直到 1984 年退休。1978 年，黎莉莉与著名油画家艾中信结为伴侣。

黎莉莉一生待人友善。父亲钱壮飞以前有过一段旧式婚姻，父亲为革命牺牲后，黎莉莉毅然担起了奉养两个母亲的责任。照顾弟弟钱江，也是黎莉莉相当长一段时间里的责任。

1991 年，为了表彰黎莉莉为中国电影事业作出的贡献，中国电影表演艺术学会为她颁发了"特别荣誉奖"；1992 年，北京电影学院为她颁发了首届"金烛奖"，肯定了她在电影教育园地上的辛勤耕耘。

老年的黎莉莉依然心系中国电影，她曾说："我有时候看现在的电影一个是露肚脐儿，一个是打架，没有什么思想……现在也要有现在的思想，完全为了商业是不行的！"她是在为中国电影的将来担忧啊。

2005 年 8 月 7 日，黎莉莉去世，享寿 90 岁。黎莉莉是默片时代最后一位女明星，她的去世，标志着中国默片时代的结束。